MEMENTO

DE

DROIT CIVIL

POUR

LA PRÉPARATION AUX EXAMENS

PAR

SIGISMOND LACROIX

AVOCAT A LA COUR D'APPEL DE PARIS

NOUVELLE ÉDITION

TOME I

PREMIER EXAMEN

PARIS

LIBRAIRIE A. MARESCQ AINE

A. CHEVALIER-MARESCQ, GENDRE ET SUCCESSEUR

20, RUE SOUFFLOT, 20

au coin de la rue Victor-Cousin

1881

MEMENTO

DE

DROIT CIVIL

PARIS. — IMPRIMERIE DE CH. NOBLET

13, RUE CUJAS, 13

MEMENTO

DE

DROIT CIVIL

POUR

LA PRÉPARATION AUX EXAMENS

PAR

SIGISMOND LACROIX

AVOCAT A LA COUR D'APPEL DE PARIS

NOUVELLE ÉDITION

TOME I.

PREMIER EXAMEN

PARIS

A. MARESQ AINÉ, LIBRAIRE-ÉDITEUR

20, RUE SOUFFLOT, 20

au coin de la rue Victor-Cousin

1881

AVIS AUX ÉTUDIANTS.

Le *Manuel de Droit civil* par le professeur Emile Acollas est un livre excellent, dont la haute valeur est unanimement appréciée.

Les étudiants ont été heureux de trouver dans cet enseignement si logique et si ferme, une critique sérieuse, rompant ouvertement avec les traditions banales d'une admiration peu justifiée, une démonstration solide des principes de morale et d'économie sociale qui dominent le droit. Le commentaire des textes éclairé par les principes de la science, c'est ce qu'ils demandaient depuis longtemps ; c'est ce que le livre de M. Emile Acollas leur a donné. La précision de la méthode, la netteté du style, devaient être et ont été tout particulièrement goûtées.

De plus, la jeunesse aime les hommes de convictions. Or, le *Manuel de Droit civil*, sous son titre trop modeste, est une œuvre de conviction et de liberté : l'auteur y affirme toujours sa pensée, en même temps qu'il invite le lecteur à raisonner l'opinion qu'il doit se faire, et lui fournit les éléments du jugement. Il provoque irrésistiblement ces réflexions personnelles, spontanées, qui animent le travail et le rendent vraiment utile et fécond.

Les jeunes gens de nos Ecoles de Droit ne s'y sont pas trompés ; et, dès aujourd'hui, le *Manuel de Droit civil* a sa place marquée dans la bibliothèque de tout étudiant curieux de penser par lui-même, désireux d'approfondir ses idées.

Mais la préparation aux examens a des exigences spéciales : à la veille de l'épreuve scolaire, il ne s'agit plus de développer l'esprit par de libres recherches ; il faut astreindre la mémoire à la condensation rapide d'un grand nombre de textes mêlés de quelques théories. Ce travail particulier, qui, dans l'organisation actuelle du haut enseignement, précède inévitablement l'examen, est pour l'étudiant, même laborieux, une difficulté et une fatigue ; il ne peut être facilité que par l'emploi des *résumés* écrits. Avoir sous les yeux, dans ces jours d'angoisses, une sorte de tableau, aussi complet, aussi court, aussi clair que possible, de toutes les matières de l'examen, — une page, si cela se pouvait, — n'est-ce pas là l'idéal du pauvre candidat ?

Il s'efforce bien de réaliser son idéal : il se met vivement à résumer. Mais généralement il s'y prend trop tard. Un résumé, pour être bien fait, a besoin de patience et de réflexion ; et déjà la fièvre de l'épreuve redoutable, qui a envahi le cerveau du malheureux, l'empêche de travailler avec patience et réflexion. Il voudrait tout résumer en un jour, tout repasser en une heure.

Ce *résumé*, ce *memento* si utile, nous avons essayé de le faire pour l'étudiant qui aura négligé de le préparer à l'avance. Prenant pour guide le livre de M. Emile Acollas, nous en avons extrait et relié les notions indispensables à l'examen. Ne laisser sans explication aucun point susceptible d'être l'objet d'une question, donner cette explication avec le moins de mots, de façon que l'élève saisisse l'idée sans s'attacher aux mots, exposer les idées dans un ordre méthodique, afin qu'elles s'enchaînent bien dans l'esprit du lecteur ; en un mot, présenter un tableau complet, court et clair, voilà ce que nous avons voulu faire. Quant aux développements, on les trouvera dans le livre si substantiel du savant professeur.

En résumé, pour le travail continu de l'année scolaire, pour l'étude sérieuse, réfléchie, nous recommandons, comme base, le *Manuel de Droit civil* de M. Emile Acollas. Pour la préparation aux examens, nous conseillons l'emploi du résumé. Aux étudiants qui feront le résumé eux-mêmes, nous ne pouvons que souhaiter bonne chance ; aux autres, nous offrons le concours de ce petit livre.

INTRODUCTION[1].

NOTIONS PHILOSOPHIQUES.

LA LOI, LA MORALE, LE DROIT.

Les lois, au sens philosophique, sont « les rapports nécessaires qui dérivent de la nature des choses. » Il existe des êtres reliés entre eux d'après la manière que détermine et que commande leur nature ; ce lien, ce rapport, c'est la loi, fondée sur la nature humaine, et constatée par la raison humaine.

Lès lois morales sont celles qui n'ont pour sanction que la conscience. La science de la morale considère l'homme, soit dans ses rapports avec lui-même, soit dans ses rapports avec les autres hommes.

D'autres lois ont pour sanction, outre la conscience, une coercition extérieure et sociale : celles-là forment la science du droit. Le droit ne considère l'homme que dans ses rapports avec les autres

1. *Voir*, pour les développements, la magistrale Introduction qui ouvre le *Manuel de Droit civil*.

hommes, et il n'embrasse que ceux de ces rapports dans lesquels l'intervention sociale est nécessaire.

Le droit est l'ensemble des lois qui donnent lieu à l'emploi de la force sociale pour contraindre celui qui empiète sur la liberté d'autrui. Cette sanction, qui caractérise le droit, se nomme l'action en justice.

La loi, au sens juridique, est l'expression du droit, c'est-à-dire qu'elle détermine, en principe, les cas où l'action en justice doit exister.

LE DROIT NATUREL, LE DROIT POSITIF, LE LÉGISLATEUR.

La nature humaine progresse et se renouvelle ; le droit, dont elle est la base, se renouvelle et progresse également : l'idée de la justice se perfectionne avec l'éducation du genre humain.

Le droit, à l'état idéal, constitue le droit naturel ; traduit en formules, il devient le droit positif. Le droit positif emprunte toute sa légitimité au droit naturel.

Le rôle du législateur est de dégager le droit naturel tel qu'il existe à un moment donné de son évolution et d'en trouver la meilleure formule. Si tout individu connaissait et voulait son droit et en même temps le droit d'autrui, il n'y aurait plus matière à coercition sociale, à action en justice, la morale aurait supprimé le droit : c'est là le terme du progrès. En attendant, le législateur, c'est-à-dire la société tout entière directement ou par délégation, n'a qu'à constater des rapports [1].

1. Comparer *Manuel de Droit civil*, **Introduction, p. IV** et V.

DIVISIONS DU DROIT POSITIF.

Les divisions usitées se rattachent à deux points de vue : 1° origine du droit ; 2° rapports qu'il exprime.

Au point de vue de l'origine, on distingue le droit écrit et le droit non écrit. Le droit écrit est celui qui est formulé par le législateur ; en d'autres termes, c'est le droit exprès. — Le droit non écrit est celui qui dérive de l'usage ; c'est le droit tacite. Le droit tacite a l'avantage d'émaner directement de la société et d'être constamment ratifié par elle.

Au point de vue des rapports qu'il exprime, on distingue :

1° Le droit international ou droit des gens, expression des rapports des nations entre elles. A proprement parler, le droit international est une morale et non pas un droit : il lui manque, pour être un droit, la sanction de l'action en justice. La nation dont le droit est violé ne peut recourir qu'à sa propre force, opposer une résistance de fait.

Ce que l'on appelle le droit international ou droit des gens se compose aujourd'hui de préceptes d'auteurs sur la paix et la guerre, — de règlements d'étiquettes sur la préséance, le cérémonial des réceptions et la courtoisie réciproque des agents diplomatiques, — d'usages diplomatiques relatifs aux déclarations de guerre, aux préliminaires de paix, à la tenue des congrès, — enfin, de traités entre gouvernements.

2° Le droit politique ou public, expression des rapports qui régissent les citoyens membres d'une même société. La définition habituelle est la suivante : la partie du droit qui règle les rapports des particuliers avec l'État. Elle est défectueuse en ce qu'elle suppose à l'État une existence propre, en dehors des particuliers [1].

On subdivise le droit public en droit constitutionnel et droit administratif.

3° Le droit privé ou civil, expression des rapports qui régissent les individus en ce qui concerne la famille et la propriété.

—

NOTIONS HISTORIQUES.

L'histoire du droit français se divise en trois périodes :

Le droit ancien, jusqu'au 5 mai 1789 ;

Le droit de la Révolution, du 5 mai 1789 jusqu'au 18 brumaire an VIII ;

Le droit napoléonien, depuis le 18 brumaire an VIII.

I. Le *droit ancien* provient de cinq sources :

Le droit celtique, le droit romain, le droit germanique, le droit ecclésiastique, enfin les règlements d'autorités, ordonnances et édits des rois, décisions des États généraux, arrêts des Parlements.

Les différences d'origine et de forme amenèrent la division des provinces en pays de droit écrit et pays de droit coutumier.

1. Comparer *Manuel de Droit civil*, Introduction, pag. XII à XVI.

Les pays de droit écrit comprenaient tout le Midi, où le droit romain avait survécu à la domination romaine.

Les pays de droit coutumier étaient les provinces du Nord, où les usages locaux avaient acquis force légale.

D'ailleurs, même dans les pays de droit écrit, la coutume comblait les lacunes du droit romain, comme, dans les pays coutumiers, le droit romain était invoqué à titre d'autorité.

Trois cent soixante coutumes, les unes provinciales, les autres locales, se partagèrent la France. La rédaction officielle des coutumes, commencée sous le règne de Charles VII (1453, ordonnance de Montils-les-Tours), ne fut achevée que sous Henri II, vers 1550.

II. *Le droit de la Révolution* comprend.

1° Une série de lois qui détruisirent l'ancien régime, en décrétant l'égalité civile, la sécularisation du droit, l'égalité sociale entre l'enfant né dans le mariage et l'enfant né hors le mariage, en transformant la puissance paternelle, en renouvelant les bases du système des successions, etc.

2° Quatre projets d'un Code des lois civiles : le premier est le Code présenté, le 9 août 1793, à la Convention par un comité dont faisaient partie Guadet, Couthon, Vergniaud, Robespierre, Barère, Cambacérès, etc.

III. *Le droit napoléonien* se compose du Code civil, qui, après avoir porté, à deux reprises, le nom de Code Napoléon, est revenu aujourd'hui à son titre primitif : Code civil des Français, — et des lois postérieures.

Le Code civil a eu pour point de départ un arrêté des consuls du 24 thermidor an VIII ; il a été terminé le 30 ventôse an XII (31 mars 1804), par la loi en date de ce jour.

L'arrêté de l'an VIII nommait une commission chargée de rédiger un avant-projet de Code civil. Au bout de quatre mois, la commission, composée de MM. Tronchet, Portalis, Bigot de Préameneu et Maleville, avait terminé son travail. Cet avant-projet, communiqué au tribunal de cassation et aux tribunaux d'appel, revint accompagné de leurs observations.

Alors commença l'élaboration du projet, suivant les formes fixées par la constitution du 22 frimaire an VIII, par les diverses autorités législatives : Consulat, Conseil d'État, Tribunat, Corps législatif, Sénat conservateur.

Le gouvernement consulaire avait l'initiative de la loi.

La proposition, portée au Conseil d'État, était discutée par la section compétente, qui la rédigeait en articles.

Le Consulat réunissait le Conseil d'État en assemblée générale, et soumettait le projet à une nouvelle discussion.

Trois Conseillers d'État, choisis par le premier Consul, étaient chargés de le présenter au Corps législatif et d'en exposer les motifs.

Le Corps législatif prenait seulement connaissance du projet, et le communiquait au Tribunat.

Le Tribunat discutait et émettait un vœu pour ou contre.

Trois membres du Tribunat portaient le vœu adopté au Corps législatif, où ils prenaient la parole contradictoirement avec les trois membres du Conseil d'État délégués par le gouvernement.

Le Corps législatif, après cette discussion, qu'il ne pouvait qu'écouter sans y participer, acceptait ou rejetait en bloc.

Le projet accepté devenait Décret ; il pouvait être déféré comme inconstitutionnel au Sénat conservateur ; il devait être promulgué par le premier Consul, et prenait alors le nom de Loi.

Pour vaincre l'opposition du Tribunat, une modification fut apportée à ce mécanisme. Avant d'être porté au Corps législatif, le projet dut être communiqué officieusement par le Conseil d'État au Tribunat : le Tribunat et le Conseil d'État s'entendaient sur la rédaction définitive avant de saisir le Corps législatif, lequel n'en restait pas moins obligé de communiquer encore au Tribunat, officiellement cette fois, le projet déjà connu de ce même Tribunat.

C'est ainsi que furent décrétées successivement les trente-six lois qui composent le Code civil ; elles furent réunies sous le nom collectif de Code civil des Français par la loi du 30 ventôse an XII.

Le Code civil est donc le recueil des lois concernant le droit de famille et le droit de propriété.

Le Code se divise en livres et en articles. Les livres sont au nombre de trois, précédés d'un titre préliminaire. Il y a 2281 articles. Les livres se subdivisent en titres, les titres en chapitres, puis en sections, quelquefois en paragraphes, enfin en articles.

Quant aux lois nouvelles, elles ont touché à des matières diverses, sans modifier, d'ailleurs, la physionomie essentielle du Code de 1804.

CODE CIVIL

TITRE PRÉLIMINAIRE.

DE LA PUBLICATION, DES EFFETS ET DE L'APPLICATION DES LOIS.

SOMMAIRE : I. Comment se fait la loi ? A-t-elle besoin d'une sanction ? Qu'est-ce que la promulgation ? La publication ? Comment se fait la promulgation? En quoi consiste la publication ? Qu'est-ce que l'abrogation d'une loi ? — II. A quels faits peut s'appliquer une loi ? Qu'est-ce que la non-rétroactivité ? Quelle est la différence entre le droit acquis et la simple expectative ? — III. Qu'est-ce qu'un statut réel ? Un statut personnel ? Quel est l'intérêt pratique de cette distinction ? — IV. Combien distingue-t-on de sortes d'interprétation ? Quelle est l'autorité de l'interprétation de la justice, et, en particulier, de la Cour de cassation ? L'interprétation n'est-elle pas un devoir pour le juge ? Quelle est la sanction de ce devoir ? Un tribunal peut-il rendre des arrêts de règlement ? — V. Peut-on donner une notion précise de l'ordre public et des bonnes mœurs ? Comment discerner la limite imposée aux conventions particulières au nom de l'ordre public et des bonnes mœurs ?

I. Le titre préliminaire appartient presque tout entier au droit politique. Les six articles qui le composent n'ont aucun lien entre eux, et demandent à être expliqués séparément.

PROMULGATION ET PUBLICATION DES LOIS.

(Art. 1.)

Dans le régime actuel, l'initiative des lois appartient à chaque député, mandataire du peuple, et, en outre, au Président de la République.

La loi existe dès qu'elle est décrétée par l'Assemblée nationale ; aucune sanction n'est aujourd'hui nécessaire, ni celle du peuple, comme dans la constitution de 1793, ni celle du chef de l'État, comme dans les constitutions monarchiques.

Cependant, le Président de la République a le droit de demander une nonvelle délibération, lorsqu'il a l'intention de s'opposer à l'adoption de la loi ; il peut ainsi retarder de deux mois le vote définitif des lois non urgentes, et de trois jours le vote des lois urgentes.

La loi, *existante* à la suite du vote de l'Assemblée, devient *exécutoire* après la promulgation et *obligatoire* après la publication.

La *promulgation* est l'acte qui atteste à la société l'existence de la loi, ordonne aux citoyens de lui obéir, et invite les autorités à veiller à son exécution. La promulgation se fait par décret du Président de la République.

Les lois urgentes doivent être promulguées dans les trois jours, et les lois non urgentes dans le mois après le vote de l'Assemblée.

La *publication* est le moyen employé pour porter la loi et la promulgation qui en est faite, à la connaissance des citoyens et des autorités. D'après le

Code, la publication ne se fait réellement pas ; elle consiste dans une présomption légale : on suppose qu'après l'expiration d'un certain délai, variable selon les distances, la loi est connue sur tout le territoire français.

Le point de départ du délai de publication est la date de la promulgation. En vertu d'une ordonnance du 27 novembre 1816, la date de la promulgation n'est pas celle du décret qui la contient : cette date est celle de la réception au Ministère de la justice du numéro du *Bulletin officiel des Lois*, qui enregistre la loi à promulguer. Dans la pratique, chaque numéro du *Bulletin des Lois* est daté du jour même de la réception à la Chancellerie.

Le délai de publication est d'un jour, à partir de celui de la promulgation, dans le département où siége le gouvernement ; pour chacun des départements autres que celui où siége le gouvernement, le délai d'un jour est augmenté d'autant de jours qu'il y a de fois 10 myriamètres (environ vingt lieues anciennes) entre la ville où la promulgation a été faite et le chef-lieu du département.

Le délai de publication est franc ; c'est-à-dire qu'on ne compte ni le jour de la promulgation, ni celui où expire le délai.

Le délai de publication peut être supprimé dans les cas d'urgence, en vertu de l'ordonnance du 27 novembre 1816 (art. 4) : quand le gouvernement juge convenable de hâter l'exécution des lois, elles sont censées publiées, et sont exécutoires, du jour où elles sont parvenues au préfet, qui en constate la réception sur un registre.

Un décret du 5 novembre 1870 fait résulter la

promulgation de l'insertion au *Journal officiel de la République;* les lois sont obligatoires un jour franc après la réception du *Journal officiel* au chef-lieu de chaque arrondissement.

Le délai de publication importe peu d'ailleurs aujourd'hui : ce qui importe, c'est la publication effective par l'impression et l'affichage. Ce mode de publication, ordonné par la Convention, supprimé par la loi du 12 vendémiaire an IV, a été de nouveau prescrit par une ordonnance du 18 janvier 1817.

L'*abrogation* d'une loi est la substitution d'une loi nouvelle à une loi ancienne. Elle est expresse, lorsque la loi nouvelle déclare expressément que l'ancienne loi est rapportée; tacite, lorsqu'il y a incompatibilité totale ou partielle entre la loi nouvelle et la loi ancienne.

PRINCIPE DE LA NON-RÉTROACTIVITÉ DES LOIS.

(Art. 2.)

II. Il est évident qu'une loi nouvelle ne peut régler les faits accomplis avant sa promulgation; cela serait contraire à la raison comme à la justice; mais il reste à déterminer ces faits, et la formule de l'art. 2 : « la loi ne dispose que pour l'avenir », ne suffit pas pour les reconnaître.

On précise cependant en disant que les lois nouvelles ne doivent pas préjudicier aux *droits acquis,* c'est-à-dire à ceux qui sont entrés dans notre patrimoine, et qu'un tiers ne peut nous enlever. Au contraire, la *simple expectative*, qui peut être anéantie par la volonté d'un tiers, est susceptible d'être modifiée par la loi.

STATUTS RÉELS ET STATUTS PERSONNELS.

(Art. 3.)

III. On appelle *statuts réels* les lois qui concernent principalement les biens, et *statuts personnels* celles qui regardent principalement les personnes.

Par extension, et au point de vue de l'intérêt pratique, on fait rentrer dans la classe des statuts réels les lois de police et de sûreté, et de même les lois qui concernent la forme et l'exécution des actes.

Cet intérêt pratique est le suivant :

Le statut réel régit l'étranger et le Français se trouvant en France. Le statut personnel ne s'applique qu'au Français, et le suit même en pays étranger.

POUVOIRS DU JUGE.

(Art. 4 et 5.)

IV. Le rôle du juge est en général d'appliquer la loi. Dans les cas où elle n'a posé qu'un principe, ou bien où elle est obscure, le juge doit l'interpréter.

On distingue trois sortes d'interprétation :

1° L'*interprétation doctrinale* vient des jurisconsultes ; elle vaut ce que valent les auteurs.

2° L'*interprétation judiciaire* est donnée par les magistrats ; elle n'a de force obligatoire que pour la cause particulière dans laquelle elle intervient.

L'interprétation qui émane de la Cour de cassation a, en vertu de la loi du 1er avril 1837, une autorité particulière. Lorsque, après deux pourvois successifs, la Cour de cassation casse successivement deux arrêts de Cour d'appel et renvoie l'affaire devant une troisième Cour, cette troisième Cour est obligée d'adopter, en ce qui concerne l'affaire en litige, l'interprétation donnée par la Cour de cassation. Une fois cette cause terminée, tous les tribunaux, et la Cour de cassation elle-même, reprennent la plénitude de leur droit d'interprétation.

3° L'*interprétation législative* émane du législateur; elle est générale et obligatoire comme toute loi ; elle s'assimile à la loi interprétée et prend la même date que cette loi.

L'interprétation n'est pas seulement un droit pour le juge, elle est un devoir pour lui. Il ne peut refuser de juger sous prétexte du silence, de l'obscurité ou de l'insuffisance de la loi : il se rendrait alors coupable de déni de justice; la sanction du déni de justice est organisée, dans le Code de procédure, sous le nom de prise à partie (art. 505, 4°).

Le juge doit donc prononcer, lors même que la loi est muette ou obscure; en matière criminelle, il absout; en matière civile, il décide d'après l'équité.

Mais il ne peut prononcer que sur une affaire particulière : il lui est interdit de décider par voie de disposition générale et réglementaire. Les parlements de l'ancien régime, à l'occasion d'un procès particulier, déclaraient souvent qu'ils jugeraient toujours la même question de droit d'une manière identique; ils prenaient alors ce qu'on appelait des arrêts de règlement. L'art. 5 a eu spécialement pour objet de mettre fin à cette habitude.

ORDRE PUBLIC ET BONNES MŒURS.

(Art. 6.)

V. L'ordre public et les bonnes mœurs doivent être respectés par les conventions particulières. Mais qu'est-ce que l'ordre public et les bonnes mœurs?

En l'absence de toute définition de ces expressions, soit dans le Code, soit dans les auteurs, on ne peut se faire une idée de ce qu'elles veulent signifier qu'en parcourant les principales applications qu'en ont faites les rédacteurs du Code.

C'est ainsi que sont prohibées : la séparation de corps par consentement mutuel (art. 307), les stipulations sur une succession non ouverte (art. 791 et 1130), la renonciation au droit de révocation d'une donation pour survenance d'enfants (art. 965), les conventions matrimoniales restreignant la puissance maritale, la puissance paternelle, ou modifiant l'ordre des successions (art. 1387 et suiv.), la renonciation à la faculté d'accepter la communauté ou d'y renoncer (art. 1453), la renonciation au droit de faire rescinder une vente pour cause de lésion (art. 1674), les conventions établissant des services personnels à vie (art. 1780), les stipulations relatives à la contrainte par corps (art. 2063), la renonciation au bénéfice de la prescription (art. 2220), etc...

D'autres textes mentionnent encore l'ordre public et les bonnes mœurs : ainsi une condition contraire aux bonnes mœurs, insérée dans un contrat à titre onéreux, annule le contrat (art. 1172) ; une condition contraire aux bonnes mœurs, insérée dans un contrat à titre gratuit, est réputée non écrite, et laisse subsister le contrat (art. 900) ; une cause illicite, c'est-à-dire contraire aux bonnes mœurs ou à l'ordre public, annule les obligations (art. 1131 et 1133) ; les sociétés doivent avoir un objet licite (art. 1833), etc...

Mais ces textes négligent toujours de définir l'ordre public et les bonnes mœurs, et laissent la marge aux appréciations discrétionnaires des auteurs et des tribunaux [1].

1. *Voir*, tout particulièrement ici, *Manuel de Droit*, I, pag. 12 et 13.

LIVRE PREMIER

DES PERSONNES.

SOMMAIRE : Qu'est-ce qu'une personne ? Quels sont les éléments de la personnalité ? Qu'est-ce qu'une personne morale ? Par qui est-elle créée ?

La *personne* est tout être libre et responsable, susceptible de droits et de devoirs [1].

En principe, la liberté et la responsabilité, d'où découlent les droits et les devoirs, appartiennent à tout individu doué de conscience. En outre, la loi, organe de la collectivité des citoyens, investit d'une personnalité abstraite certains groupes d'individus, considérés dès lors comme des êtres plus ou moins libres et responsables, capables par conséquent de droits et de devoirs. Tels sont l'Etat, les Communes, les Départements ; telles encore les Sociétés commerciales. On les appelle *personnes morales* ou *civiles*.

Les divisions des personnes se fondent sur la considération de certaines qualités fondamentales au point de vue du droit civil : ces qualités sont l'objet du livre premier.

1. *Voir*, pour les développements, *Manuel de Droit civil*, I, p. 16.

TITRE PREMIER.

DE LA JOUISSANCE ET DE LA PRIVATION DES DROITS CIVILS.

Sommaire : I. Qu'entend-on par droits civils? Qu'est-ce que la jouissance et l'exercice de ces droits? — II. Quelle différence y a-t-il entre le droit réel et le droit personnel?

I. Les droits civils comprennent, d'une façon générale, les droits de famille et de propriété.

Tout individu naît avec l'*aptitude à avoir* les droits civils, c'est-à-dire avec la *jouissance* de ces droits.

Au contraire, la loi prive certaines personnes, dans une mesure plus ou moins large, de l'*aptitude à user* des droits civils, c'est-à-dire de l'*exercice* de ces droits.

II. La division capitale des droits civils est la suivante : *droits réels* et *droits personnels*.

Dans tout droit, il y a :

1° Une personne à qui il est dû, — sujet actif;

2° Une personne qui le doit, — sujet passif;

3° Une chose sur laquelle il porte, — objet.

D'après cela, le droit réel est celui dans lequel l'objet est toujours déterminé *à priori*, le sujet passif restant indéterminé : exemple, la propriété. Le droit personnel est celui dans lequel le sujet passif est toujours déterminé *à priori*, l'objet pouvant être ou non déterminé : exemple, la créance [1].

1. Voir *Manuel de Droit civil*, I, pag. 17-2.

CHAPITRE I.

DE LA JOUISSANCE DES DROITS CIVILS.

SOMMAIRE : I. Qu'est-ce que la qualité de citoyen? A qui appartient-elle? — II. Quelles personnes jouissent des droits civils? Quelles sont les deux manières d'être Français? — III. Pour les Français de naissance, quelle différence signale-t-on entre l'ancien droit et le droit actuel? Quelle est aujourd'hui la règle générale? Le lieu de naissance détermine-t-il la nationalité? Combien de catégories de personnes françaises par la naissance? — IV. D'où vient la règle que l'enfant légitime suit la condition du père? Quelle est la règle relative à l'enfant naturel reconnu par un de ses parents seulement, ou reconnu à la fois par le père et par la mère? — V. A quel moment se détermine la nationalité de l'enfant? Quel est le principe, quel est le tempérament? L'enfant né en France de parents inconnus n'est-il pas réputé Français? Quelle est la situation de l'enfant né en France d'un étranger qui lui-même y est né? — VI. Comment s'acquiert la qualité de Français? Qu'entend-on par le bienfait de la loi? A qui s'applique cette faveur? Que doit faire l'enfant né en France de parents étrangers qui n'y sont pas nés, lorsqu'il veut devenir Français? Quelle est la majorité dont parle l'art. 9? N'y a-t-il pas une exception pour le fils d'étranger qui a servi dans l'armée française? Le bénéfice de l'art. 9 n'a-t-il pas été étendu à une nouvelle catégorie de personnes? Par quelle loi? — VII. L'enfant de l'ex-Français a-t-il une situation plus favorable lorsqu'il est né en France que lorsqu'il est né à l'étranger? La règle que la femme suit la condition de son mari est-elle absolue? — VIII. Comment définit-on la naturalisation? Quelles étaient les dispositions de la loi de 1849, et en quoi ont-elles été modifiées par la loi de 1867? Combien y a-t-il de naturalisations? Quels sont les caractères communs? quelles sont les différences? Comment se prouve la qualité de Français? — IX. Certains étrangers n'ont-ils pas la jouissance des droits civils? Quel est le sens de l'expression : autorisation d'établir un domicile en France? L'assimilation entre les Français et les étrangers autorisés est-elle complète ? — X. Quelle est la condition des étrangers non autorisés ? Quel est l'historique de la législation en cette matière ? Quelles modifications résultent de la loi de 1819 ? Quelle est la portée de l'art. 11 ? — XI. Quels étaient avant la loi du 22 juillet 1867, les droits expressément refusés aux étrangers ? Quelles sont les restrictions encore applicables ? — XII. Quelle est la règle de compétence en matière personnelle ? En quoi est-il dérogé à cette règle lorsqu'un étranger est débiteur d'un Français ? Dans quels cas l'étranger demandeur est-il astreint à donner caution ? Peut-il en être dispensé ?

I. La jouissance des droits civils est indépendante de la jouissance des droits politiques : tel est le sens de l'art. 7.

La *jouissance des droits politiques*, c'est-à-dire l'aptitude à avoir ces droits, est attachée à la qualité de *citoyen*.

La qualité de citoyen appartenait, d'après la constitution du 22 frimaire an VIII, à tout Français mâle âgé de vingt-deux ans accomplis, inscrit sur le registre civique de sa commune, et résidant depuis un an au moins sur le territoire de la République.

Aujourd'hui, et depuis la Révolution de 1848, est de plein droit citoyen, tout Français mâle âgé de vingt et un ans.

Les principaux droits politiques étant l'électorat et l'éligibilité, on appelle spécialement citoyen l'individu qui a la jouissance de ces deux droits. D'autres droits politiques sont subordonnés par des lois spéciales à des conditions particulières.

II. La *jouissance des droits civils*, tels qu'ils sont réglés par les lois françaises, est attachée à la qualité de *Français*. Cependant les *étrangers* y participent, d'une façon générale, lorsqu'ils sont admis à fixer leur domicile en France; d'une façon plus restreinte, lorsqu'ils n'ont pas cette autorisation. Certains Français, tout en ayant la jouissance des droits civils, n'en ont pas directement l'exercice : les femmes, les mineurs, les interdits, ne les exercent que par mandataires, maris ou tuteurs.

FRANÇAIS.

Il s'agit maintenant de déterminer quelles personnes sont Françaises.

On est Français : 1° par la naissance; 2° par un fait postérieur à la naissance.

I. — FRANÇAIS PAR LA NAISSANCE.

III. Dans l'*ancien droit*, étaient Français de naissance, d'une façon générale :

1° L'enfant né en France, même de parents étrangers;

2° L'enfant né même à l'étranger, de parents français.

L'origine et le lieu de naissance donnaient alors la nationalité française.

Aujourd'hui, l'origine est seule restée comme règle générale. Sont ainsi Français de naissance :

1° L'enfant légitime né d'un père français;

2° L'enfant né hors mariage reconnu, lorsque l'auteur de la reconnaissance est Français.

Cependant l'influence du lieu de naissance, pour déterminer la nationalité, se retrouve dans deux cas spéciaux. Sont encore Français de naissance :

3° L'enfant né en France de parents inconnus;

4° L'enfant né en France d'un étranger qui lui-même y est né.

Reprenons chacune de ces *quatre* catégories :

IV. 1° *Enfant légitime né d'un père français.*

L'enfant légitime prend la nationalité de son père, sans qu'il y ait lieu d'avoir égard à celle de sa mère. (Nous verrons plus loin que, malgré les termes des art. 12 et 19, la condition des père et mère légitimes peut être différente.)

Cette règle vient du droit romain, qui la formulait en ces termes : *Cum legitimæ nuptiæ factæ sunt, patrem liberi sequuntur.*

2° *Enfant né hors mariage reconnu.*

D'après la tradition du droit romain et du droit coutumier, l'enfant né hors mariage prenait toujours la nationalité de la mère : *Qui nascitur sine legitimo matrimonio, matrem sequitur.*

Aujourd'hui, c'est la reconnaissance qui détermine la nationalité; l'enfant reconnu par son père seul ou par sa mère seule est Français, si l'auteur de la reconnaissance est Français.

Lorsque le père et la mère ont tous deux reconnu l'enfant, et que l'un d'eux est étranger, faut-il attribuer à l'enfant la condition du père ou celle de la mère?

D'après l'esprit du Code et l'organisation de la puissance paternelle à l'égard des enfants nés hors mariage, il convient, contrairement à la règle romaine, de régler la nationalité de l'enfant d'après celle du père [1].

1. Voir *Manuel de Droit civil*, I, pag. 24-25.

V. Nous venons de voir les cas où l'enfant reçoit la nationalité de son père ou de sa mère ; à quel moment se détermine cette nationalité ?

En principe, la nationalité de l'enfant se détermine au moment de la conception, lorsqu'il suit la condition de son père, et au moment de la naissance, lorsqu'il suit celle de sa mère.

Cependant, par application de la maxime : *Infans conceptus pro nato habetur, quoties de commodis ejus agitur*, il suffit, pour qu'un enfant naisse Français, que la personne dont il doit suivre la nationalité ait été Française à un moment quelconque de la grossesse.

3° *Enfant né en France de parents inconnus.*

Il est réputé Français jusqu'à preuve contraire ; il y a lieu, en effet, de supposer qu'il est né de parents français.

4° *Enfant né en France d'un étranger qui lui-même y est né.*

C'est la loi du 7 février 1851 qui a rétabli, dans ce cas, l'influence du lieu de la naissance. Toutefois, cet enfant n'est déclaré Français que sous une condition résolutoire ; il a le droit, dans l'année qui suit l'époque de sa majorité, de réclamer la qualité d'étranger.

II. — FRANÇAIS PAR SUITE D'UN FAIT POSTÉRIEUR A LA NAISSANCE.

VI. La qualité de Français s'acquiert de *trois* façons :

1° Par le bienfait de la loi ;

2° Par la naturalisation ;

3° Par l'annexion d'un territoire à la France.

1° BIENFAIT DE LA LOI.

On dit qu'il y a bienfait de la loi lorsque la qualité de Français se trouve acquise par le seul effet de certaines conditions fixées à l'avance par la loi, et sans que l'appréciation du gouvernement ait à intervenir. *Trois* sortes de personnes ont le droit de réclamer ainsi la qualité de Français :

1° L'enfant né en France de parents étrangers qui n'y sont pas nés ;

2° L'enfant né à l'étranger d'un ex-Français;

3° La femme étrangère qui épouse un Français.

1° *Enfant né en France de parents étrangers qui n'y sont pas nés.*

Le fils d'étranger qui se trouve dans ces conditions doit déclarer que son intention est de fixer son domicile en France, et, s'il ne réside déjà en France, venir effectivement s'y établir dans l'année de cette déclaration (art. 9).

La déclaration doit être faite, en général, dans l'année qui suit l'époque de la majorité. La majorité dont parle l'article 9 est celle qui est fixée par la loi du pays auquel l'enfant appartient : tant que l'enfant est étranger, il est soumis au statut personnel étranger [1]. Mais la déclaration accomplie le fait considérer rétroactivement comme Français dès le jour de sa naissance, sous une condition suspensive.

Par exception, et en vertu de la loi du 22 mars 1849, la déclaration peut être faite à tout âge par le fils d'étranger, lorsqu'il a servi dans les armées

1. Voir *Manuel de Droit civil*, t. pag. 27-28.

françaises, ou lorsqu'il a satisfait à la loi du recrutement sans opposer sa qualité d'étranger.

La loi du 7 février 1851, art. 2, a étendu le bénéfice de l'article 9 à l'enfant de l'étranger naturalisé, lors même qu'il est né en pays étranger. Mineur lors de la naturalisation du père, il doit faire sa déclaration dans l'année de sa majorité ; majeur lors de la naturalisation, il a un délai d'un an à dater du jour de la naturalisation.

VII. 2° *Enfant né en pays étranger d'un Français qui aurait perdu la qualité de Français.*

Sous le Code, il n'y avait aucune différence entre l'enfant de l'ex-Français né en France et l'enfant de l'ex-Français né à l'étranger : tous deux avaient à faire une déclaration (art. 10). Depuis la loi du 7 février 1851, l'enfant d'un ex-Français, en supposant que le père soit né en France, est Français de plein droit lorsqu'il est né en France ; c'est seulement lorsqu'il est né à l'étranger qu'il doit faire la déclaration prescrite par l'art. 9; mais il a le droit de faire cette déclaration à toute époque de sa vie.

3° *Femme étrangère qui épouse un Français.*

La femme étrangère devient Française en épousant un Français (art. 12). A l'inverse, la femme française devient étrangère en épousant un étranger (art. 19). — D'où la règle : la femme suit la condition de son mari.

Cependant la femme étrangère peut conserver sa nationalité, si la loi du pays étranger ne la lui enlève pas ; elle aura alors deux patries. Et à l'inverse, la femme française peut ne pas acquérir la nationalité étrangère, si la loi étrangère ne le lui permet pas; dans ce cas, elle n'aura plus de patrie.

De plus, et quoi que disent les articles 12 et 19, les auteurs n'admettent pas qu'après le mariage, le mari puisse, en changeant lui-même de nationalité, faire varier celle de sa femme. Ainsi, la femme de l'étranger qui se fait naturaliser Français n'acquiert pas, *ipso facto*, la qualité de Française. A l'inverse, la femme d'un Français qui devient étranger peut rester Française.

2° NATURALISATION.

VIII. La naturalisation doit être définie, dans l'état actuel : une décision du gouvernement conférant à un étranger la qualité de Français.

On distinguait, sous l'empire de la loi du 11 décembre 1849, trois espèces de naturalisation : ordinaire, extraordinaire et grande. L'*ordinaire* exigeait un stage de dix ans; l'*extraordinaire*, un stage de un an; la *grande*, qui seule conférait l'éligibilité, ne s'obtenait que par une loi.

Depuis la loi du 29 juin 1867, la grande naturalisation n'a plus de raison d'être; les étrangers naturalisés sont tous éligibles dans les mêmes conditions que les Français de naissance. La même loi a réduit à trois ans le stage nécessaire pour la naturalisation ordinaire.

Il n'existe donc plus que *deux* sortes de naturalisation : l'*ordinaire* et l'*extraordinaire*.

Caractères communs aux deux naturalisations :

1° Majorité de vingt-un ans accomplis;

2° Requête adressée au chef de l'État, par l'intermédiaire du ministre de la justice;

3° Autorisation du gouvernement de fixer son domicile en France ;

4° Résidence effective en France, à la suite de l'autorisation : cette résidence est vulgairement appelée *stage de naturalisation ;*

5° Décret du Président de la République, rendu après avis du Conseil d'État.

Différences :

1° La naturalisation extraordinaire est accordée seulement à l'étranger qui a rendu à la France des services importants, y a apporté soit une industrie, soit une invention, soit des talents distingués.

2° Le stage est de trois ans pour la naturalisation ordinaire, de un an pour l'extraordinaire.

3° ANNEXION D'UN TERRITOIRE.

L'annexion d'un territoire est considérée par les auteurs comme régulière, soit lorsqu'elle dérive d'un traité ratifiant une conquête, soit lorsqu'elle a lieu par cession amiable de puissance à puissance [1].

La *preuve de la qualité de Français* se fait par la possession d'état ; on peut aussi mettre à profit la loi du 7 février 1851, et constater la nationalité par la naissance en France.

ÉTRANGERS AUTORISÉS.

IX. Les étrangers admis à établir leur domicile en France par autorisation du gouvernement forment la seconde catégorie des personnes jouissant des droits civils.

1. *Voir*, pour l'idée philosophique, *Manuel de Droit civil*, I, pag. 33.

Il faut remarquer d'abord que les mots : *autorisation d'établir un domicile en France*, n'ont pas un sens d'une précision absolue. Même sans autorisation d'aucune sorte, tout étranger peut avoir un domicile en France. Il suffit pour cela, selon l'article 102, d'avoir un principal établissement, et tout étranger peut remplir cette condition [1].

L'autorisation a pour effet d'assimiler, en principe, l'étranger au Français pour la jouissance des droits civils. Cependant l'étranger autorisé diffère du Français en *quatre* points :

1° L'étranger autorisé continue, en principe, à être régi par la loi étrangère, en ce qui concerne le statut personnel. — Cette première différence disparaît forcément dans *deux* cas : 1° si l'étranger, en se fixant en France, a perdu sa nationalité ; 2° s'il veut exercer un droit reconnu par la législation française et non reconnu par celle de son pays.

2° Ses enfants sont étrangers, sauf l'application de l'article 9 du Code et des lois postérieures (22 mars 1849 et 7 février 1851) ;

3° La jouissance des droits civils dépend de l'autorisation du gouvernement, laquelle peut être retirée arbitrairement ;

4° L'étranger autorisé perd la jouissance des droits civils, s'il cesse de résider en France.

ÉTRANGERS NON AUTORISÉS.

X. La jouissance des droits civils n'appartient aux étrangers non autorisés que sauf certaines restrictions, qui viennent de l'ancien droit.

1. Voir *Manuel de Droit civil*, I, pag. 35.

Au moyen âge, l'étranger était en dehors de la loi : l'aubain, celui dont on connaît l'origine, et l'épave, celui dont on ignore la patrie, étaient regardés comme serfs : ils étaient notamment incapables de recueillir des successions, de disposer ou de recevoir par testament. On appelle *droit d'aubaine*, cette incapacité pour l'étranger de transmettre sa succession même à ses parents français : il n'y avait d'exception que pour ses enfants français; si l'étranger n'en laissait pas, il avait l'État pour héritier.

Les nécessités du commerce firent adoucir ces rigueurs : le droit d'aubaine fut aboli par conventions entre la France et quelques autres pays, et remplacé par le *droit de détraction*, c'est-à-dire le droit pour l'État de prélever, de distraire un 10e sur la succession de l'étranger.

La Révolution abolit tout d'abord les droits d'aubaine et de détraction (loi du 18 août 1790); puis elle rendit les étrangers capables de recueillir en France les successions de leurs parents même français, de recevoir et de disposer comme les Français (loi du 15 avril 1791).

Le Code civil est revenu en arrière: il déclare d'une façon générale que l'étranger aura en France les droits accordés aux Français par les traités de sa nation (art. 11) ; il prive spécialement les étrangers du droit de succéder (art. 726), et du droit de recueillir par testament ou donation (art. 912).

La loi du 14 juillet 1819 a aboli les incapacités des articles 726 et 912. L'article 11 subsiste; quelle est sa portée?

En présence de textes indiquant formellement les cas où la loi refuse d'assimiler l'étranger aux Français, on a été amené à admettre : *d'abord* que les étrangers jouissent de tous les droits civils, excepté de ceux qui leur ont été nommément refusés ; *ensuite* que le système de réciprocité diplomatique établi par l'art. 11 s'applique à tous les droits expressément refusés. Quelques auteurs posent cependant une règle inverse : « les étrangers ne jouissent que des droits qui leur ont été expressément accordés. » Cette opinion, appuyée sur les termes de l'art. 11, a pour conséquence de refuser aux étrangers les droits d'adoption et de tutelle [1].

XI. La loi du 14 juillet 1819 avait fait disparaître deux des cas où le Code avait expressément privé l'étranger de certains droits ; la loi du 22 juillet 1867, abolitive de la contrainte par corps, a supprimé trois autres cas. Avant cette loi :

1° La contrainte par corps pouvait être prononcée contre les étrangers, dans des circonstances où elle ne pouvait pas l'être contre des Français (loi du 17 avril 1832) ;

2° Lorsque leur dette était exigible, ils pouvaient être arrêtés provisoirement, en vertu d'une simple ordonnance du président du tribunal (loi du 17 avril 1832) ;

3° Ils ne jouissaient pas du bénéfice de la cession de biens (art. 905, Code de procéd. civ.).

Il reste encore les *deux* restrictions suivantes, qui ne s'appliquent, bien entendu, qu'en l'absence d'admission à domicile ou de traité de réciprocité :

1° Les étrangers *défendeurs* ne jouissent pas du bénéfice de la règle : *Actor sequitur forum rei* (art. 14) ;

1. Voir *Manuel de Droit civil*, I, pag. 37-39.

2° Les étrangers *demandeurs* ne sont admis à plaider qu'après avoir fourni la caution *judicatum solvi* (art. 15).

XII. 1re *restriction*. En matière personnelle, c'est-à-dire de dette et de créance, il est de principe que le défendeur doit être assigné devant le tribunal de son domicile (art. 59, Code procéd. civ.) ; par dérogation, lorsqu'un étranger est débiteur d'un Français, qu'il réside ou non en France, que l'obligation ait pris naissance en France ou à l'étranger, et quelle que soit la cause de l'obligation, c'est le tribunal français qui est compétent.

Cette disposition est basée sur deux motifs : d'abord, dit-on, il pourrait être difficile au Français d'obtenir justice devant un tribunal étranger ; ensuite, le jugement étranger, alors même qu'il serait obtenu, ne serait pas exécutoire en France.

L'étranger défendeur en matière personnelle devra donc être traduit : s'il réside en France, devant le tribunal de sa résidence ; s'il n'y réside pas, et que l'obligation ait été contractée en France, devant le tribunal du lieu où elle a été contractée ; enfin, si l'obligation a été contractée en pays étranger, devant le tribunal du domicile du Français demandeur.

Il est vrai que, par réciproque, le Français débiteur envers un étranger pourra être traduit devant un tribunal français (art. 15) ; ce n'est là qu'une simple application de la règle : *Actor sequitur forum rei*.

2° *restriction*. Par crainte, paraît-il, qu'un étranger ne soulevât contre un Français un procès mal fondé et ne disparût après l'avoir entraîné dans des frais difficiles ou impossibles à recouvrer, on a astreint les étrangers demandeurs à fournir d'avance une caution dite *judicatum solvi*.

Cette caution est due même lorsque l'étranger intervient dans un procès déjà commencé, ou lorsqu'il se porte partie civile dans un procès criminel.

L'étranger demandeur est dispensé de donner caution dans *trois* cas :

1° Lorsqu'il intente une action commerciale;

2° Lorsqu'il justifie que ses immeubles situés en France sont suffisants pour répondre des frais et dommages du procès;

3° Lorsqu'il consigne la somme fixée par le tribunal.

CHAPITRE II.

DE LA PRIVATION DES DROITS CIVILS.

La privation des droits civils résulte :
1° De la perte de la qualité de Français;
2° De certaines condamnations judiciaires.

SECTION PREMIÈRE.

DE LA PRIVATION DES DROITS CIVILS PAR LA PERTE DE LA QUALITÉ DE FRANÇAIS.

SOMMAIRE : I. Comment se perd la qualité de Français ? La jouissance des droits civils à l'étranger est-elle suffisante ? — II. Comment apprécie-t-on s'il y a, ou non, esprit de retour ?

Quelle différence fait l'art. 17 entre les établissements civils et les établissements commerciaux à l'étranger? — III. Comment l'ex-Français peut-il recouvrer cette qualité? Quels sont ceux qui peuvent profiter de la naturalisation privilégiée? En quoi diffère-t-elle de la naturalisation ordinaire?—IV. A quelle catégorie d'ex-Français s'appliquent le bienfait de la loi et la naturalisation ordinaire? — V. Les décrets de 1809 et 1811 ont-ils force légale? Quelles sont celles de leurs dispositions qui sont restées en vigueur?

Perte de la qualité de Français.

I. La qualité de Français se perd, d'après le Code civil, de *cinq* manières :

1° Par la naturalisation acquise en pays étranger (art. 17, 1°);

2° Par l'acceptation non autorisée par le chef de l'État de fonctions publiques conférées par un gouvernement étranger (art. 17, 2°);

3° Par tout établissement fait en pays étranger sans esprit de retour (art. 17, 3°);

4° Par le mariage qu'une Française contracte avec un étranger (art. 19);

5° Par l'acceptation du service militaire à l'étranger, ou par l'affiliation à une corporation militaire étrangère (art. 21).

1° *Naturalisation à l'étranger.*

Il faut, pour que la perte de la qualité de Français résulte d'une naturalisation, que cette naturalisation soit acquise; une abdication de la qualité de Français, une simple autorisation de jouir des droits civils à l'étranger, telle que la *denization* anglaise, une demande en naturalisation, ne suffisent pas.

2° *Acceptation de fonctions publiques.*

Lorsque le gouvernement français n'autorise pas un Français à accepter à l'étranger des fonctions politiques, administratives ou judiciaires, le Français qui passe outre perd sa nationalité.

Il y a entre la cause précédente de déchéance et la présente, cette différence que la naturalisation à l'étranger, même accompagnée de l'autorisation du gouvernement français, entraîne forcément la perte de la nationalité.

3° *Établissement sans esprit de retour.*

II. L'esprit de retour est présumé jusqu'à preuve du contraire ; les circonstances qui caractérisent l'absence d'esprit de retour constituent une question de fait.

L'art. 17 déclare que les établissements de commerce ne seront jamais censés faits sans esprit de retour ; il en est de même pour les établissements civils, en ce sens qu'il faudra, dans les deux cas, prouver la perte de l'esprit de retour. Mais voici la différence : — l'établissement civil, abstraction faite de toute autre circonstance, peut suffire à établir la perte de l'esprit de retour ; l'établissement commercial, insuffisant par lui seul, doit être accompagné d'autres circonstances [1].

Les deux autres causes ci-dessus indiquées :

4° Le *Mariage d'une Française avec un étranger ;*

5° L'*Acceptation du service militaire à l'étranger*, ou l'*affiliation à une corporation militaire étrangère*, ne demandent aucun développement.

1. Voir *Manuel de Droit civil*, I, pag.

On doit ajouter, comme pouvant amener la perte de la qualité de Français :

1° Le démembrement d'une partie du territoire français ;

2° La possession ou le trafic des esclaves, même en pays étranger.

Le décret du 27 avril 1848, art. 8, qui prononçait cette déchéance, a été presque entièrement abrogé par la loi du 28 mai 1858.

Manières de recouvrer la qualité de Français.

III. L'ex-Français peut, en général, recouvrer cette qualité plus facilement qu'un étranger ne l'acquiert ; mais cette réintégration ne produit effet que pour les droits ouverts depuis l'époque où elle a eu lieu (art. 20).

On distingue *trois* manières de recouvrer la qualité de Français :

1° La naturalisation privilégiée ;

2° Le bienfait de la loi ;

3° La naturalisation ordinaire.

1° *Naturalisation privilégiée.*

La naturalisation privilégiée s'applique :

1° Au Français naturalisé à l'étranger (art. 18) ;

2° A celui qui a accepté à l'étranger, et sans autorisation, des fonctions publiques (art. 18) ;

3° A celui qui a fait à l'étranger un établissement sans esprit de retour (art. 18) ;

4° A l'ex-Française mariée à un étranger, qui, à l'époque de la dissolution de son mariage, réside à l'étranger (art. 19).

La naturalisation privilégiée, *dispensée de tout stage*, astreint le Français :

1° A déclarer son intention de fixer son domicile en France;

2° A obtenir l'autorisation du gouvernement français.

2° *Bienfait de la loi.*

IV. Le bienfait de la loi s'applique :

A l'ex-Française mariée à un étranger, qui, à l'époque de la dissolution de son mariage, réside en France (art. 19).

La nationalité française est recouvrée de plein droit.

3° *Naturalisation ordinaire.*

La naturalisation ordinaire s'applique :

Au Français qui a pris du service militaire ou s'est affilié à une corporation militaire à l'étranger (art. 21).

Il doit remplir les conditions imposées à l'étranger pour devenir Français; de plus, il ne peut rentrer en France qu'avec la permission du gouvernement.

Le décret du 26 août 1811 permet au chef de l'État de restituer immédiatement, dans ce cas, la qualité de Français par des lettres de relief.

Décrets de 1809 et 1811.

V. Deux décrets impériaux, l'un du 6 avril 1809, l'autre du 26 août 1811, ont été rendus relativement aux Français qui se faisaient naturaliser ou prenaient du service militaire à l'étranger sans autorisation. Ces deux décrets, évidemment inconstitutionnels, puisqu'ils ont pour objet de modifier une loi, n'ayant point été déférés au Sénat, gardien de la constitution de l'an VIII, et n'ayant point été annulés par lui, sont généralement considérés comme ayant force légale. D'ailleurs, quelques-unes seulement des dispositions qu'ils contenaient sont restées en vigueur.

Du décret du 6 avril 1809, il subsiste *une procédure* pour rappeler les Français au service d'une nation étrangère en guerre avec la France, et pour constater leur retour.

Du décret du 26 août 1811, deux points ont été maintenus :

1° *L'incapacité de succéder* prononcée contre le Français naturalisé sans autorisation, ou qui a pris du service militaire à l'étranger sans autorisation :

2° *La nécessité de lettres de relief* accordées par le chef de l'État dans la forme des lettres de grâce, pour faire recouvrer la qualité de Français, après une naturalisation ou un service militaire à l'étranger non autorisés. Cette disposition *aggrave* la situation du Français naturalisé sans autorisation, car, d'après l'art. 18 du Code, le Français naturalisé en pays étranger devait seulement obtenir l'autorisation de rentrer en France, et déclarer qu'il voulait s'y fixer; elle *améliore* la situation du Français qui a pris du service militaire sans autorisation, car elle l'affranchit du stage imposé à l'étranger.

SECTION II.

DE LA PRIVATION DES DROITS CIVILS PAR SUITE DE CONDAMNATIONS JUDICIAIRES [1].

SOMMAIRE : I. Quelles sont les différentes catégories de peines? Quelles sont les peines criminelles? En quoi diffèrent les condamnations contradictoires des condamnations par contumace? — II. Quels étaient les effets de la mort civile? Par quelle loi a-t-elle été abolie? Par quelles incapacités la mort civile a-t-elle été remplacée? Le gouvernement ne peut-il pas relever le condamné de certaines de ces déchéances? Quelle distinction faut-il établir entre les peines criminelles, quant à leurs conséquences civiles? — III. A quel moment sont encourues les privations de droits civils résultant des condamnations criminelles? Quelles sont les causes qui les font cesser? Toutes ces causes font-elles disparaître les mêmes déchéances? — IV. Les condamnations criminelles par contumace produisent-elles les mêmes déchéances que les condamnations contradictoires? Combien de périodes faut-il distinguer? — V. Quel est l'état du contumax dans chacune de ces périodes? Spécialement pour la troisième période, l'art. 30 du Code civil est-il abrogé par la loi du 31 mai 1854? — VI. Les déchéances sont-elles encourues au même moment, quelle que soit la peine prononcée? Quelles sont les causes qui les font cesser, lorsque la condamnation n'est pas contradictoire? — VII. Quel est l'effet des condamnations correctionnelles? Quelles différences entre l'interdiction des droits civiques et la dégradation civique?

I. Les privations de droits civils varient suivant les peines auxquelles elles sont attachées.

On distingue :

1° Les peines criminelles ;

2° Les peines correctionnelles ;

1. *Voir*, pour les principes philosophiques, *Manuel de Droit civil*, I, pages 52, et aussi 68, *in fine*.

3° Les peines de simple police. Ces dernières ne donnent jamais lieu à aucune déchéance civile.

PEINES CRIMINELLES.

Les peines criminelles sont de deux sortes :

1° Afflictives et infamantes ;

2° Simplement infamantes.

Les peines criminelles *afflictives et infamantes* sont :

La mort, les travaux forcés à perpétuité, la déportation, peines perpétuelles ;

Les travaux forcés à temps, la détention, la reclusion, peines temporaires.

Les peines criminelles *simplement infamantes* sont : le bannissement et la dégradation civique.

Les condamnations sont : *contradictoires* lorsqu'elles sont prononcées contre des accusés présents ; *par contumace*, lorsqu'elles sont prononcées contre des accusés absents.

Au point de vue des privations de droits civils, il existe deux différences entre les condamnations contradictoires et les condamnations par contumace :

1° Les privations de droits civils sont plus restreintes dans les condamnations par contumace que dans les condamnations contradictoires : l'interdiction légale n'a pas lieu dans les premières ;

2° Le point de départ des privations de droits civils n'est pas le même dans ces deux sortes de condamnations.

Condamnations contradictoires.

§ 1. *Des conséquences civiles des condamnations criminelles contradictoires.*

PEINES AFFLICTIVES ET INFAMANTES PERPÉTUELLES.

II. Le Code civil (1804) et le Code pénal (1810) attachaient aux peines criminelles afflictives et infamantes perpétuelles une déchéance connue sous le nom de mort civile.

Entre autres effets, la mort civile produisait les trois suivants :

1° Le mariage du condamné était dissous

2° Sa succession était ouverte;

3° Les biens acquis par le condamné depuis la peine encourue étaient attribués à l'État par droit de déshérence.

La loi du 31 mai 1854 a aboli la mort civile, en la remplaçant par une série d'incapacités tantôt réunies, tantôt séparées. Les peines criminelles afflictives et infamantes perpétuelles entraînent aujourd'hui :

1° La dégradation civique;

2° L'interdiction légale;

3° L'incapacité de disposer et de recevoir par donation entre-vifs et par testament.

1° Dégradation civique.

La dégradation civique consiste dans la privation perpétuelle de tous les droits politiques, et de certains droits de famille énumérés à l'art. 34 du Code pénal.

Cette peine supprime la jouissance comme l'exercice des droits.

2° Interdiction légale.

L'interdiction légale enlève au condamné, mis en tutelle pendant la durée de sa peine, l'exercice de ses droits civils, sans lui en ôter la jouissance.

On admet que l'interdiction légale ne s'applique qu'aux actes et aux dispositions entre-vifs concernant le patrimoine du condamné, et que celui-ci conserve le droit de tester, de se marier, de reconnaître un enfant naturel[1].

La nullité des actes faits par l'interdit légal est absolue : elle peut être invoquée par les tiers contre lui, par lui-même contre les tiers.

Le gouvernement peut accorder au condamné l'exercice des droits civils dont il est privé, ou de quelques-uns de ces droits.

3° Incapacité de disposer.

L'incapacité de disposer, soit par donation entre-vifs, soit par testament, et de recevoir à ce titre, si ce n'est pour cause d'aliments, enlève au condamné la jouissance des droits auxquels elle s'applique. Elle fait tomber même le testament fait par le condamné, antérieurement à sa condamnation.

Le gouvernement a encore la faculté de relever le condamné, pour le tout ou pour partie, de cette déchéance.

PEINES AFFLICTIVES ET INFAMANTES TEMPORAIRES.

Les peines criminelles afflictives et infamantes temporaires entraînent :

1° La dégradation civique;

1. Voir *Manuel de Droit civil*, I, pag. 56.

2° L'interdiction légale.

Le gouvernement peut accorder aux condamnés l'exercice des droits civils dont ils sont privés, ou de quelques-uns de ces droits.

PEINES SIMPLEMENT INFAMANTES.

Le bannissement entraîne la dégradation civique.

La dégradation est également prononcée comme peine principale.

§ 2. *Du moment à partir duquel sont encourues les privations de droits civils résultant des condamnations criminelles contradictoires.*

III. La mort civile n'avait lieu qu'à compter du moment de l'exécution.

Aujourd'hui, toutes les privations de droits civils datent du jour où la condamnation est devenue irrévocable. Une condamnation contradictoire est irrévocable après l'expiration des trois jours accordés pour le pourvoi en cassation, ou après le rejet du pourvoi.

§ 3. *Des causes qui font cesser totalement ou partiellement les privations de droits civils résultant des condamnations criminelles contradictoires.*

Ces causes sont au nombre de six : 1° l'expiration du temps fixé pour la durée de la peine principale; 2° la prescription de la peine; 3° la grâce; 4° l'amnistie; 5° la réhabilitation; 6° la révision.

1° C'est seulement l'interdiction légale qui cesse avec l'*expiration du temps* fixé pour la peine principale. Cette déchéance n'a lieu que pendant la durée de la peine.

2° La *prescription de la peine* a lieu au bout de vingt ans après l'évasion du condamné. Dans ce cas, l'interdiction légale seule prend fin.

3° La *grâce* est la remise de tout ou partie de la peine faite à un condamné par le chef de l'État. Elle n'a d'effet que pour l'avenir, et ne fait cesser que l'interdiction légale.

4° L'*amnistie* est une mesure collective qui efface, dans l'intérêt de la concorde civile, un délit et toutes ses conséquences. L'amnistie est un acte réservé au pouvoir législatif; elle supprime toutes les déchéances civiles, tant pour le passé que pour l'avenir.

5° La *réhabilitation* est accordée par le chef de l'État, après enquête, et sur l'avis de certaines autorités administratives et judiciaires.

La réhabilitation n'a pas d'effet sur le passé, mais elle fait cesser pour l'avenir la dégradation civique.

6° Le pourvoi en *révision*, qui relève une erreur de fait dans l'arrêt attaqué, n'est admis que dans trois cas (art. 443 à 445, Code d'instruction criminelle, et loi du 29 juin 1867). Lorsque l'erreur est reconnue, l'arrêt tombe, et toutes les conséquences civiles de la condamnation sont anéanties.

Condamnations par contumace.

§ 1. *Des conséquences civiles des condamnations criminelles par contumace.*

IV. Les condamnations par contumace produisent les mêmes conséquences civiles que les condamnations contradictoires, selon les mêmes distinctions, sauf une différence, généralement admise.

L'interdiction légale ne s'applique pas aux peines criminelles afflictives et infamantes, soit perpétuelles, soit temporaires, prononcées par contumace[1].

Quant aux peines criminelles simplement infamantes, elles n'entraînent jamais l'interdiction légale.

§ 2. *Du moment à partir duquel sont encourues les privations de droits civils résultant des condamnations criminelles par contumace.*

PEINES AFFLICTIVES ET INFAMANTES PERPÉTUELLES.

Dans les condamnations criminelles par contumace à une peine afflictive et infamante perpétuelle, il faut distinguer quatre périodes :

La première, depuis l'expiration des délais accordés à l'accusé pour se présenter jusqu'à l'exécution par effigie de l'arrêt de condamnation ;

La seconde, depuis l'exécution par effigie jusqu'à l'expiration du délai de cinq ans, dit délai de grâce ;

La troisième, depuis l'expiration du délai de grâce jusqu'à la vingtième année accomplie, à partir du jour de la condamnation ;

La quatrième, depuis l'expiration des vingt années qui suivent la condamnation, avec une durée indéfinie.

V. 1re *période.* — Etat du contumax jusqu'à l'exécution par effigie.

L'exécution par effigie se fait aujourd'hui, en vertu de la loi du 9 janvier 1850, au moyen d'insertion dans un journal et d'affiches à la porte du der-

1. Voir *Manuel de Droit civil*, I, pag. 62.

nier domicile du condamné, à la porte de la maison commune et du prétoire de la cour d'assises. Le procès-verbal qui constate la dernière affiche détermine le moment de l'exécution par effigie.

Dans cette période, le condamné contumax conserve la jouissance et l'exercice de tous ses droits civils; il perd l'exercice de ses droits de citoyen, et ses biens sont séquestrés.

2e *période.* — Etat du contumax jusqu'à l'expiration du délai de grâce.

La dégradation civique vient seule modifier l'état du condamné. Quant à tous les autres droits, il en conserve la jouissance et l'exercice, sauf l'empêchement du séquestre qui subsiste. S'il meurt, il est réputé mort dans l'intégrité de ses droits.

3e *période.* — Etat du contumax durant la période de vingt années diminuée des deux délais précédents.

A l'expiration du délai de grâce, le condamné est frappé de l'incapacité de disposer par donation entre-vifs et par testament, et de recevoir à ce titre, si ce n'est pour cause d'aliments.

S'il meurt, les donations entre-vifs ou testamentaires faites ou reçues par lui durant cette période restent frappées de nullité. Au contraire, il faut admettre que la comparution volontaire ou forcée, se réalisant dans l'intervalle des vingt ans accordés pour purger la contumace, fait évanouir toutes les conséquences légales de la condamnation; la loi du 31 mai 1854 n'a pas reproduit, dans le système des incapacités actuelles, l'exception formulée sur ce point, en cas de mort civile, par les articles 30 du

Code civil et 476, deuxième alinéa, du Code d'instruction criminelle [1].

4e *période.* — Etat du contumax après l'expiration des vingt ans.

La peine principale est prescrite, les privations de droits civils subsistent indéfiniment, le séquestre des biens cesse.

PEINES AFFLICTIVES ET INFAMANTES TEMPORAIRES ET PEINES SIMPLEMENT INFAMANTES.

VI. Dans les condamnations criminelles par contumace soit à une peine afflictive et infamante temporaire, soit à une peine simplement infamante. la dégradation civique, qui est la seule déchéance applicable, a lieu à la même date que dans les condamnations à une peine perpétuelle, c'est-à-dire à partir du jour de l'exécution par effigie.

§ 3.— *Des causes qui font cesser les privations de droits civils résultant des condamnations criminelles par contumace.*

Ces causes sont au nombre de deux : 1° l'amnistie; 2° la comparution volontaire ou forcée.

1° L'*amnistie* produit les mêmes effets pour les condamnations par contumace que pour les condamnations contradictoires. La grâce ne s'applique pas à ce cas.

2° La *comparution* volontaire ou forcée, qui a lieu dans le délai de vingt ans, à compter de la date de l'arrêt de condamnation, anéantit de plein droit cet arrêt et les conséquences civiles qu'il avait produites,

1. Voir *Manuel de Droit civil*, I, pag. 64-65.

PEINES CORRECTIONNELLES.

VII. Les peines correctionnelles sont : l'emprisonnement et l'amende.

Les condamnations correctionnelles sont *contradictoires* ou *par défaut ;* il est à peu près inutile de les distinguer.

§ 1. *Des conséquences civiles des condamnations correctionnelles.*

Les condamnations correctionnelles tantôt *peuvent*, tantôt *doivent* être accompagnées d'une déchéance désignée sous le nom d'*Interdiction des droits civiques, civils et de famille.*

Cette interdiction porte sur la jouissance du droit ; elle présente de grandes analogies avec la dégradation civique.

Cependant, *trois* différences :

1° La dégradation civique forme un ensemble d'incapacités indivisible.

L'interdiction des droits civiques, civils et de famille est divisible au gré des tribunaux.

2° La dégradation civique n'a pas besoin d'être prononcée par le tribunal.

L'interdiction des droits civiques, civils et de famille doit être inscrite dans le jugement.

3° La dégradation civique comporte une durée indéfinie.

L'interdiction des droits civiques, civils et de famille est temporaire.

§ 2. *Du moment à partir duquel sont encourues les privations de droits civils résultant des condamnations correctionnelles.*

L'interdiction des droits civiques, civils et de famille date du jour où la condamnation est devenue irrévocable; une disposition spéciale peut ordonner qu'elle commencera à l'expiration de la peine principale.

Le jugement est irrévocable après l'expiration des délais d'appel soit par le condamné, soit par le ministère public, ou après l'arrêt confirmatif.

§ 3. *Des causes qui font cesser les privations de droits civils résultant des condamnations correctionnelles.*

L'interdiction des droits civiques, civils et de famille cesse, en matière correctionnelle, pour les mêmes causes que la dégradation civique, en matière criminelle (amnistie, réhabilitation, pourvoi en révision).

De plus, l'interdiction, soit totale, soit partielle, de l'exercice des droits civiques, civils et de famille, cesse de plein droit par l'expiration du temps pour lequel elle a été prononcée.

TITRE II.

DES ACTES DE L'ÉTAT CIVIL.

SOMMAIRE : I. Qu'est-ce que l'état civil? Quels sont les actes inscrits sur les registres? Quelles sont les lois qui ont réglementé la tenue des actes de l'état civil? — II. Quelles personnes figurent dans les actes? Quelle est la fonction de l'officier de l'état civil? Quelles sont les limites de sa compétence? Quelles qualités doivent remplir les témoins? N'y a-t-il pas quelques différences entre les témoins des actes notariés et les témoins de l'état civil? Les déclarants se confondent-ils avec les témoins? — III. Quelles sont les formalités relatives à la confection des actes? Où sont déposés les registres? — IV. Qu'est-ce que la publicité des registres? Quelle est la force probante des extraits? Quelle distinction faut-il faire à cet égard? — V. Comment se prouve l'état civil des personnes? Dans quels cas sont admis les témoins et les titres privés? La preuve testimoniale suffit-elle à prouver la filiation aussi bien que le fait de la naissance? — VI. Comment sont établis les actes de l'état civil d'un Français à l'étranger? — VII. Quelle est la preuve qui résulte de l'acte de naissance? Quelles sont les personnes successivement chargées de déclarer une naissance? — VIII. Quelles énonciations doit contenir l'acte de naissance? Doit-il indiquer le nom de la mère naturelle? Quelles sont les règles relatives aux enfants trouvés, aux enfants nés en mer? — IX. Que doit prouver l'acte de décès? Le jour et l'heure du décès doivent-ils être mentionnés? Dans quels cas les décès donnent-ils lieu à des prescriptions particulières? — X. Par qui sont dressés les actes de l'état civil concernant les militaires en pays étranger? — XI. Quelle est l'autorité compétente pour rectifier un acte de l'état civil? Dans quels cas y a-t-il lieu à rectification? Le ministère public peut-il la demander? A l'égard de quelles personnes les jugements de rectification font-ils autorité?

I. L'état civil est la situation constitutive pour chacun de l'individualité juridique ; il résulte principalement de la naissance et de la filiation.

Les actes de l'état civil sont des registres où sont relatés, par un officier public spécial, les *naissances*, *mariages* et *décès*. On mentionne aussi sur ces registres la *reconnaissance des enfants naturels* et l'*adoption* ; l'*émancipation* est constatée sur les registres du greffe des justices de paix ; l'*interdiction* et la *séparation de corps* sont constatées sur les registres du greffe des tribunaux.

Les premiers registres de l'état civil étaient tenus par le clergé ; ils avaient la valeur de simples écrits, étaient suppléés par la preuve testimoniale.

L'ordonnance de Villers-Cotterets (1539) décida que les registres de baptême, mariage et sépulture, dressés toujours par le clergé, feraient pleine foi pour la naissance de toute personne, pour le décès des ecclésiastiques investis d'un bénéfice.

Les ordonnances de 1579, de 1667, de 1736, réglementèrent la tenue des registres de l'état civil laissés aux mains du clergé catholique, et qui, pour cette raison, n'existaient pas pour les protestants.

La Révolution, séparant le spirituel du temporel, sécularisa l'état civil. La loi du 20 septembre 1792 chargea du soin de recevoir et conserver les actes de naissances, mariages et décès, les municipalités de chaque commune. La loi du 28 pluviôse an VIII, encore en vigueur, a désigné les maires et adjoints comme officiers de l'état civil.

CHAPITRE I.

DISPOSITIONS GÉNÉRALES.

11. Les personnes qui figurent dans les actes de l'état civil sont :

1° L'officier de l'état civil

2° Les témoins;

3° Les comparants ou déclarants.

1° L'*officier de l'état civil* est le maire ou l'adjoint. Sa fonction consiste à inscrire, en présence des témoins, les déclarations qui lui sont faites par les comparants; elle consiste aussi à vérifier *de visu* certains faits.

L'officier de l'état civil n'est compétent que dans les limites de sa commune; là, il est toujours et il est seul compétent.

2° Les *témoins* sont des individus du sexe masculin, âgés de 21 ans, choisis par les parties. — A la différence des actes notariés, les témoins d'état civil n'ont pas besoin d'être citoyens français, de savoir signer, ni d'être domiciliés dans la commune.

Le rôle des témoins consiste à certifier l'identité des déclarants et la sincérité de leurs déclarations.

3° Pour les *déclarants*, aucune condition d'âge ni de sexe n'est exigée.

Ils font connaître à l'officier de l'état civil le fait que l'acte doit constater.

Les déclarants sont ou les parties intéressées elles-mêmes, ou leurs mandataires munis d'une procuration spéciale et authentique, ou d'autres personnes désignées à cet effet par la loi.

Dans les actes de décès, les déclarants sont en même temps témoins ; ils doivent, dans ce cas, être mâles et âgés de 21 ans.

III. Les actes de l'état civil doivent énoncer :

1° L'année, le jour et l'heure où ils sont reçus ;

2° Les prénoms, noms, âge, profession et domicile de tous ceux qui y sont désignés.

Toutes les notes et énonciations non ordonnées par la loi sont proscrites.

Lecture de l'acte doit être donnée aux comparants et aux témoins, qui signent, s'ils le peuvent, avec l'officier de l'état civil.

Les actes doivent être inscrits, à la suite l'un de l'autre, sur des registres, tenus en double original. Ces registres sont cotés et paraphés par première et dernière.

A la fin de chaque année, les registres sont clos et arrêtés par l'officier de l'état civil, et, dans le mois, déposés, l'un aux archives de la commune, l'autre au greffe du tribunal.

Des tables alphabétiques sont dressées pour chaque année par l'officier de l'état civil ; des tables décennales sont dressées pour chaque période de dix ans par le greffier du tribunal.

Les actes postérieurs à un acte déjà dressé et qui le complètent ou le modifient, tels que les reconnaissances d'enfants naturels, ou les jugements rectificatifs, doivent être :

1° Inscrits sur les registres courants ;

2° Mentionnés en marge de l'acte auquel ils se rapportent.

Les expéditions ou copies de l'acte primitif doivent comprendre la mention qui l'accompagne.

IV. Les registres de l'état civil sont publics. La *publicité* résulte du droit pour toute personne de s'en faire délivrer des extraits, c'est-à-dire des copies littérales et intégrales. Les actes notariés, au contraire, ne doivent être communiqués qu'aux parties intéressées.

Les extraits doivent être certifiés conformes au registre par le dépositaire, officier de l'état civil, ou greffier ; de plus, la signature de l'officier public est à son tour légalisée, certifiée véritable, par le président du tribunal. Délivrés dans ces conditions, ils ont, par eux-mêmes, la même force probante que les actes inscrits sur les registres (art. 45).

Quant à la *force probante* des actes inscrits sur les registres, il faut distinguer *trois* sortes d'énonciations :

1° Les énonciations de faits constatés par l'officier de l'état civil, qui affirme avoir vu ou entendu ;

2° Les énonciations résultant des déclarations des comparants ;

3° Les énonciations qui n'eussent pas dû être inscrites.

— Les *premières* ne peuvent être détruites que par une inscription de faux. L'inscription de faux est une procédure compliquée et périlleuse ; elle oblige à triompher dans trois jugements, et expose à des amendes et des dommages-intérêts (Code de procéd. civ., art. 214 à 246).

Cette force probante exceptionnelle, attachée aux actes authentiques, s'explique :

1° Par le caractère public de l'officier qui les reçoit ; 2° par la peine qu'il encourt, s'il commet un faux : cette peine est celle des travaux forcés à perpétuité.

— Les *secondes* peuvent être détruites par la preuve contraire, pour deux raisons :

1° Le premier venu peut se faire comparant ou déclarant ; 2° la peine encourue pour une déclaration mensongère est seulement celle de la reclusion.

— Les *troisièmes* tombent devant la simple dénégation des intéressés. Elles n'ont en effet aucune valeur légale.

En raison même de la force probante attachée aux actes de l'état civil, la loi a voulu en assurer la régularité, en rendant responsables les officiers de l'état civil qui manquent à leurs obligations. *Trois* cas so[illegible] prévus :

1° Destruction ou altération des actes causée par la simple négligence de l'officier civil : il est passible de dommages-intérêts (art. 51).

2° Erreur ou omission, de la part de l'officier de l'état civil, sans intention de nuire : il est passible de dommages-intérêts, d'une amende, et même de l'emprisonnement (art. 156, 192 et 193, Code civ., 192 à 195, Code pénal).

3° Altérations faites par l'officier de l'état civil, avec intention de nuire : il est passible de dommages-intérêts et des travaux forcés à perpétuité (art. 145, Code pénal).

Le procureur de la République est chargé de constater et de poursuivre ces différents délits : de là, pour lui, l'obligation de vérifier l'état des registres, et un certain droit de surveillance sur les officiers de l'état civil de son ressort.

V. Les actes établis en vertu des prescriptions légales, et jouissant d'une force probante exceptionnelle, constituent, en principe, la preuve spéciale et exclusive de l'état civil des personnes (naissances, mariages, décès). Ni les témoins, ni les titres privés ne sont admis.

Par exception, si les actes manquent, on y supplée par les témoins et les titres privés.

Deux cas sont expressément réglés par l'art. 46 :

1° Celui où il n'a pas existé de registres:

2° Celui où les registres sont perdus.

Le premier comprend, par assimilation, le cas de registres tenus d'une manière tout à fait défectueuse, et le cas d'interruption dans la tenue des registres.

Au second se rattache le cas de destruction partielle des registres.

Le cas de l'acte inscrit sur feuille volante ne rentre pas, selon l'opinion générale, dans les termes de l'article 46 : on suppose, en effet, les registres existants et bien tenus, tandis que l'article 46 a pour but de suppléer à l'inexistence ou à la perte des registres [1].

L'inexistence ou la perte des registres se prouvent, conformément au droit commun, soit par titres, soit par témoins.

Les naissances, mariages et décès, dit l'art. 46, *pourront être* prouvés tant par papiers domestiques que par témoins. De ces mots *pourront être*, on tire cette conséquence que les tribunaux ont le pouvoir discrétionnaire d'admettre telle ou telle preuve qui

1. Voir *Manuel de Droit civil*, I, pag. 77.

leur convient; la prescription de l'art. 46 devient une simple recommandation.

En ce qui concerne les mariages et les décès, la preuve testimoniale toute seule supplée complétement les registres. Il en est de même à l'égard de l'acte de naissance d'un enfant légitime; malgré les termes de l'art 323, il faut admettre que la filiation, aussi bien que la naissance, sont établies par la preuve testimoniale; l'hypothèse de l'art. 323 n'est pas la même que celle de l'art. 46, et les termes de l'article 46 ne font aucune restriction [1].

L'art. 46 s'appliquerait encore au cas où un enfant naturel prétendrait que son père ou sa mère l'avait reconnu par un acte inscrit sur des registres détruits.

La loi du 12 février 1872, relative à la reconstitution des actes de l'état civil détruits pendant l'insurrection de Paris (1871), modifie l'art. 46, en ce point que c'est une *commission*, nommée par le ministre de la justice, qui examine les demandes en rétablissement d'actes.

Peuvent servir à la rédaction des actes nouveaux :

1° Les extraits des anciens registres délivrés conformes;

2° Les déclarations des personnes intéressées ou des tiers, et les documents déposés à l'appui ;

3° Les registres tenus par les ministres des différents cultes, les registres des hôpitaux et des cimetières, les tables de décès rédigées par l'administration des domaines, et toutes les pièces qui peuvent reproduire la substance des actes authentiques.

C'est seulement en cas de rejet par la commission

1. Voir *Manuel de Droit civil*, I, pag. 78-79.

des demandes en rétablissement d'actes, que le tribunal civil est appelé à statuer.

VI. Les actes de l'état civil d'un Français en pays étranger peuvent être établis de deux manières différentes :

1° D'après les formes usitées dans le pays et devant l'officier public étranger, conformément à la règle : *Locus regit actum;*

2° D'après les formes françaises et devant les agents diplomatiques français. La compétence des agents diplomatiques français est restreinte aux personnes françaises.

CHAPITRE II.

DES ACTES DE NAISSANCE.

VII. L'acte de naissance a pour but de prouver la *naissance* et l'individualité de tout enfant ; il prouve en outre la *filiation*, si l'enfant est légitime.

La personne qui invoque le bénéfice d'un acte de naissance doit d'abord établir qu'elle est bien l'enfant désigné dans l'acte; en d'autres termes, elle doit prouver son *identité;* cette preuve se fait par tous les moyens possibles.

L'acte de naissance est établi sur la déclaration de certaines personnes qui sont obligées de la faire, sous peine d'emprisonnement et d'amende (art. 346, Code pénal), dans un délai de 3 jours. Passé ce délai, l'officier de l'état civil ne peut plus recevoir la déclaration : un jugement est nécessaire (avis du Conseil d'État).

Le père est la personne chargée, en première ligne, de déclarer la naissance;

A défaut du père, c'est-à-dire s'il est absent, empêché, ou s'il n'avoue pas une paternité naturelle, les médecins, officiers de santé et sages-femmes. Dans le cas où la mère est accouchée en dehors de son domicile, le maître de la maison vient immédiatement après le père;

Enfin, toutes les personnes qui ont assisté à l'accouchement.

VIII. L'acte de naissance doit énoncer :

1° Le jour, l'heure et le lieu de la naissance, le sexe et les prénoms de l'enfant, — pour constater la naissance et l'individualité;

2° Les prénoms, noms, profession et domicile des *père et mère légitimes*, — pour constater la filiation.

L'acte de naissance ne doit jamais énoncer les noms des *père et mère adultérins* ou *incestueux*. Le nom du *père naturel* ne doit être indiqué que si le père reconnaît l'enfant. Quant au nom de la *mère naturelle*, la loi n'en ordonne pas la mention, mais elle ne la prohibe pas; par conséquent, l'officier de l'état civil peut l'inscrire, mais n'y est pas obligé [1].

Pour les enfants trouvés, on inscrit sur les registres le procès-verbal détaillé de toutes les circonstances qui sont notées relativement à leur âge, leurs vêtements, le temps, le lieu, etc., avec les noms qui leur seront donnés d'office. L'obligation de remettre un enfant trouvé à l'officier de l'état civil est sanctionnée par l'emprisonnement et l'amende (art. 347, Code pénal).

1. Voir *Manuel de Droit civil*, I, pag. 83-84.

Les naissances en mer sont constatées au moyen d'un acte inscrit sur le rôle de l'équipage, par le capitaine ou l'officier d'administration du navire. Une copie de cet acte doit être transcrite sur les registres de la commune du domicile du père ou de la mère de l'enfant

CHAPITRE III.

DES ACTES DE MARIAGE.

Voir le chapitre II du titre V: *du Mariage.*

CHAPITRE IV.

DES ACTES DE DÉCÈS.

IX. L'acte de décès a pour but de prouver le fait même du décès et l'individualité de la personne décédée.

Il est rédigé sur la déclaration des deux plus proches parents ou voisins, ou de la personne chez laquelle le décès a eu lieu. L'obligation de faire cette déclaration n'a pas d'autre sanction que la nécessité d'une autorisation de l'officier de l'état civil pour procéder à l'inhumation.

Il doit contenir le plus possible de renseignements concernant l'état civil de la personne décédée. C'est à dessein que l'art. 79 ne prescrit pas de mentionner le jour et l'heure du décès, — qui, en conséquence, et contrairement à l'usage, ne doivent pas être indiqués dans l'acte [1].

Les décès dans les hôpitaux militaires et civils, et autres établissements publics, les décès de suppliciés, les décès par accident, les décès en mer, les décès avec indices de mort violente, sont l'objet de quelques prescriptions particulières. Dans tous ces cas, une copie de l'acte de décès doit être envoyée à l'officier de l'état civil du domicile de la personne décédée.

CHAPITRE V.

DES ACTES DE L'ÉTAT CIVIL CONCERNANT LES MILITAIRES HORS DU TERRITOIRE DE LA RÉPUBLIQUE.

X. Un mode spécial de constater les naissances, mariages et décès a été organisé pour les militaires en activité de service et toutes les personnes employées à la suite des armées, se trouvant sur un territoire étranger occupé par l'armée française.

Les actes de l'état civil sont alors établis, sur des registres spéciaux, par des officiers : capitaine, major, ou intendant militaire. Copie doit en être transmise à l'officier de l'état civil du dernier domicile des personnes que ces actes concernent.

1. Voir *Manuel de Droit civil*, I, pag. 86-87

CHAPITRE VI.

DE LA RECTIFICATION DES ACTES DE L'ÉTAT CIVIL.

XI. La rectification des actes de l'état civil ne peut jamais être faite, même du consentement de toutes les parties, par l'officier qui les a reçus. Un tribunal est seul compétent [1].

Il y a lieu de former une demande en rectification :

1° Lorsque cet acte ne contient pas les énonciations que la loi exige, ou qu'il en contient d'autres que celles exigées, ou qu'il contient des énonciations inexactes ou fausses ;

2° Lorsqu'il est irrégulier en la forme ;

3° Lorsqu'il a été omis sur des registres d'ailleurs bien tenus, ou qu'il a été inscrit sur une feuille volante.

Cette demande ne peut être faite que par les parties intéressées ; le tribunal ne peut pas statuer d'office ; le procureur de la République n'a pas qualité pour provoquer la rectification. Cependant, un avis du Conseil d'État a admis la compétence du ministère public :

1. Cependant, quant aux actes de l'état civil dressés à Paris pendant la période insurrectionnelle (1871) et déclarés nuls, la loi du 19 juillet 1871 a prescrit une procédure nouvelle.

Les *officiers de l'état civil* ont été chargés de dresser de nouveaux actes de naissances, mariages et décès, sur la demande et la déclaration des parties qui ont figuré dans les actes annulés.

En cas de décès des parties, ou à défaut de demande de leur part dans un délai de trente jours, les actes nouveaux ne pourront être dressés que par décision du *tribunal*.

1° Dans l'intérêt de l'ordre public;

2° Dans l'intérêt des indigents.

Le tribunal compétent est, suivant l'objet de la rectification, tantôt celui au greffe duquel le double des registres est déposé, tantôt celui du domicile du défendeur (art. 855 et suiv., Code de procédure civile).

Le jugement de rectification est transmis à l'officier de l'état civil qui a dressé l'acte primitif, pour être :

1° Inscrit sur le registre courant;

2° Mentionné en marge de l'acte primitif.

Les extraits de l'acte rectifié devront être délivrés avec la mention de rectification.

Les jugements de rectification jouissent de l'autorité attribuée en général à la chose jugée, c'est-à-dire ont la force de présomptions légales, n'admettant aucune preuve contraire (art. 1350-1352).

Le jugement passé en force de chose jugée est réputé conforme à la vérité (*Res judicata pro veritate habetur*), mais seulement à l'égard des parties en cause; en ce qui concerne les tiers, le jugement ne peut pas leur être opposé (*Res inter alios judicata aliis neque nocere, neque prodesse potest*).

L'application de ces principes généraux aux jugements de rectification des actes de l'état civil peut produire ce résultat : c'est qu'une même personne se trouvera légalement considérée à la fois comme enfant légitime et comme enfant naturel : légitime dans ses rapports avec certaines personnes, naturel dans ses rapports avec d'autres personnes.

TITRE III.

DU DOMICILE.

SOMMAIRE : I. Quels sont les principaux effets du domicile Pourquoi la succession s'ouvre-t-elle au domicile du défunt ? — II. Qu'est-ce que le domicile ? Où est-il ? Qu'est-ce que la résidence ? — III. Différentes espèces de domicile ? Quel est le domicile d'origine, pour les enfants légitimes, pour les enfants naturels reconnus et non reconnus ? — IV. Que faut-il pour opérer le changement de domicile ? Comment prouve-t-on le fait et l'intention ? — V. Peut-on avoir plusieurs domiciles ? Peut-on n'avoir aucun domicile ? — VI. Qu'est-ce que le domicile acquis légalement ? A quelles personnes s'applique-t-il ? — VII. Toutes les fonctions emportent-elles translation de domicile ? Où est le domicile de la femme mariée ? La femme séparée de corps peut-elle avoir un domicile propre ? Dans quel cas la femme cesse-t-elle d'avoir son domicile chez le mari ? Dans quel cas le mari est-il domicilié chez sa femme ? — VIII. Différences entre le domicile réel et le domicile d'élection ? — IX. Quels sont les effets du domicile d'élection ? Quelle distinction faut-il faire à cet égard ? — X. Dans l'intérêt de qui le domicile peut-il être établi ? Par qui peut-il être révoqué ?

I. *Le domicile est le siége juridique de la personne.* La détermination du domicile a moins d'importance aujourd'hui, depuis que la diversité des coutumes a disparu ; elle est utile cependant dans une foule de cas, dont voici les *quatre* principaux :

1° Les actes ou exploits d'huissier sont aussi valablement signifiés au domicile qu'à la personne même.

2° En matière personnelle et en matière réelle mobilière, le défendeur doit être cité devant le tribunal de son domicile.

3° Le domicile fixe, d'après des règles spéciales, le lieu où le mariage doit être célébré.

4° La succession s'ouvre au domicile de la personne décédée (art. 110). Théoriquement, on considère l'hérédité avant le partage comme constituant une individualité, ayant son siége légal au lieu où était le siége juridique du défunt; pratiquement, il est également utile de centraliser les poursuites devant un seul tribunal, celui qui pourra le plus facilement avoir les renseignements.

II. Le domicile, siége juridique de la personne, est *au lieu de son principal établissement* (article 102).

Le principal établissement est le centre des affaires; l'appréciation des circonstances qui le constituent est une question de fait.

La résidence, qui ne doit pas être confondue avec le domicile, est le lieu où l'on demeure.

III. Le domicile est *réel* ou *d'élection*.

DOMICILE RÉEL.

Le domicile réel est le domicile ordinaire; c'est celui qui est au lieu du principal établissement.

Il se subdivise en *domicile d'origine* et en *domicile acquis*.

1° *Domicile d'origine.*

Le domicile d'origine est le domicile de naissance.

L'enfant *légitime* a son domicile d'origine chez son père.

L'enfant *naturel* a le sien chez le père ou la mère qui l'a *reconnu*. Si tous les deux l'ont reconnu, les auteurs lui attribuent, sans bonne raison, le domicile du père.

L'enfant *naturel non reconnu* a son domicile dans l'hospice ou chez la personne qui l'élève.

2° *Domicile acquis.*

IV. Le domicile acquis l'est soit *volontairement*, soit *légalement*.

Domicile acquis volontairement.

Le domicile acquis volontairement est celui que l'individu choisit lui-même.

Deux circonstances sont nécessaires pour opérer le changement de domicile :

1° Le fait de l'habitation dans un autre lieu ;

2° L'intention d'y fixer son principal établissement (art. 103).

La preuve du fait est toujours facile à fournir.

Quant à l'intention, la loi indique une manière régulière de la constater par une double déclaration (art. 104); mais cette disposition, non impérative, n'est pas suivie en pratique. La preuve de l'intention résulte donc des circonstances (art. 105).

V. L'acquisition d'un nouveau domicile étant subordonnée à l'abandon du domicile antérieur, il en résulte qu'on ne peut avoir à la fois plusieurs domiciles réels. Si, en fait, il arrive qu'une même personne a plusieurs établissements entre lesquels on ne discerne pas le principal, les significations faites à l'un ou à l'autre établissement sont valables.

Les auteurs disent aussi que l'acquisition d'un nouveau domicile est nécessaire pour faire perdre le domicile d'origine ; il résulte de là qu'on ne peut pas n'avoir aucun domicile [1]. Bien qu'en fait une per-

1. Voir *Manuel de Droit civil*, I, pag. 96-97.

sonne soit complétement étrangère à son domicile d'origine, les significations faites à ce domicile seront valables; si le domicile d'origine est inconnu, la résidence en tiendra lieu. Enfin, à défaut de résidence connue, le Code de procédure indique la marche à suivre (art. 59, 2°, et 69, 8°).

Domicile acquis légalement.

VI. Le domicile acquis légalement est celui qui est fixé par la loi, de telle sorte que la volonté du domicilié ne puisse pas prévaloir contre la présomption légale.

Cinq catégories de personnes se trouvent dans ce cas : 1° les fonctionnaires publics nommés à vie et non révocables ; 2° les femmes mariées ; 3° les mineurs non émancipés ; 4° les interdits ; 5° les ouvriers et domestiques demeurant chez autrui.

VII. 1° Les citoyens qui acceptent une fonction *perpétuelle* et *irrévocable* ont leur domicile dans le lieu de l'exercice de leurs fonctions (art. 107).

La translation du domicile résulte immédiatement de l'acceptation de la fonction, avant tout changement d'habitation, et sans égard à l'intention du fonctionnaire : c'est le cas des présidents, juges et conseillers dans les cours et tribunaux.

L'acceptation d'une fonction irrévocable mais *temporaire* (député), ou perpétuelle mais *révocable* (juge de paix, préfet, etc.), n'emporte pas de plein droit translation du domicile (art. 106); elle peut résulter des circonstances, d'après l'intention du fonctionnaire.

2° La femme mariée a son domicile chez son mari (art. 108). Aucun consentement du mari, aucune convention entre le mari et la femme ne peut autoriser la femme à avoir un domicile séparé.

Cependant, après la séparation de corps, il faut admettre que la femme a le droit de se choisir un *domicile* propre : le principal établissement de la femme existe alors ailleurs que chez le mari [1].

3° Le mineur non émancipé qui est en tutelle a son *domicile* chez son tuteur (art. 108), lors même que le tuteur n'est pas le père ou la mère.

Cependant, le père ou la mère, non tuteur, conserve, de par la puissance paternelle, le droit de régler la *résidence* de l'enfant.

Le mineur émancipé a la faculté de se choisir un domicile; il n'a plus de tuteur.

4° La personne interdite, soit judiciairement, soit légalement, a son domicile chez son tuteur (art. 108).

Une femme mariée interdite peut avoir pour tuteur un autre que son mari; dans ce cas, la femme a son domicile chez le tuteur, sa résidence chez le mari. Réciproquement, un mari interdit peut avoir sa femme pour tutrice : dans ce cas, le mari est domicilié chez la femme.

5° Les majeurs et les mineurs émancipés, qui servent ou travaillent habituellement chez autrui, ont leur domicile chez la personne qu'ils servent ou chez laquelle ils travaillent, lorsqu'ils demeurent avec elle dans la même maison (art. 109).

Cependant la femme mariée en service chez autrui reste domiciliée chez son mari; de même, l'interdit chez son tuteur.

1. Voir *Manuel de Droit civil*, I, pag. 98-99.

DOMICILE D'ÉLECTION.

VIII. Le domicile d'élection est celui que l'on choisit pour une affaire particulière, spécialement pour l'exécution d'un contrat; il a pour but de déroger aux règles de la compétence et de faciliter l'exécution de certains actes (art. 111).

L'élection de domicile est en général facultative; elle est cependant forcée dans certains cas.

Le domicile peut être élu au moment où se fait le contrat, et dans l'acte qui le constate; il peut aussi être élu plus tard, et établi par un acte séparé.

Le domicile d'élection se distingue du domicile réel par *cinq* différences :

1° Le domicile réel est général; le domicile d'élection est spécial.

2° On n'a qu'un domicile réel; on peut avoir autant qu'on le veut de domiciles d'élection.

3° Le domicile réel périt avec la personne; le domicile d'élection se transmet aux héritiers.

4° Le domicile réel peut être changé au gré du domicilié (sauf le domicile acquis légalement); il n'en est pas de même du domicile d'élection.

5° La succession s'ouvre au domicile réel; elle ne peut jamais s'ouvrir au domicile d'élection.

IX. Pour déterminer les effets du domicile élu, il faut distinguer s'il est élu *avec* indication d'une personne ou *sans* indication de personne.

Fait *avec* indication de personne, le domicile élu produit *deux* effets :

1° Il est attributif de compétence pour le tribunal dans le ressort duquel il est élu ;

2° Il valide toutes les significations faites au lieu convenu.

Fait *sans* indication de personne, il est *seulement* attributif de compétence.

Dans les deux cas, le jugement rendu par le tribunal du domicile élu est valablement signifié au même domicile que les autres actes relatifs à l'exécution de la convention; le jugement ne fait, en effet, que reconnaître et consacrer les obligations produites par la convention.

X. L'élection de domicile est une des clauses du contrat formé entre les parties; de là *deux* conséquences :

1° Elle ne peut être révoquée que de leur consentement mutuel;

2° Elle est, activement et passivement, transmissible aux héritiers des parties contractantes.

Cependant, si l'élection de domicile a eu lieu dans l'*intérêt exclusif du créancier*, le créancier et ses héritiers peuvent y renoncer; le débiteur et ses héritiers, seuls, sont liés. Si l'élection a eu lieu dans l'*intérêt exclusif du débiteur*, ce sont le créancier et ses héritiers qui sont obligés, le débiteur et ses héritiers pouvant renoncer à cet avantage.

C'est donc seulement pour modifier ou révoquer le domicile élu stipulé dans l'*intérêt commun* du créancier et du débiteur, que le consentement réciproque des deux parties ou de leurs héritiers est nécessaire.

TITRE IV.

DES ABSENTS.

SOMMAIRE : I. Qu'est-ce qu'un non-présent, un présumé absent, un déclaré absent? — II. En combien de périodes se divise l'absence? Quels sont les caractères de chacune de ces périodes? — III. Dans l'intérêt de qui les tribunaux doivent-ils intervenir durant la période de présomption d'absence? Quel est le tribunal compétent? Quelles sont les personnes qui peuvent requérir l'action de la justice? — IV. Quelles mesures peut ordonner le tribunal? N'y a-t-il pas un cas où la loi prescrit une mesure spéciale? Comment un absent peut-il être intéressé dans un partage de succession? Comment cesse la présomption d'absence? — V. Quel est l'intérêt dominant dans la période de déclaration d'absence? A quel moment l'absence peut-elle être déclarée? Sur la requête de qui? Les parties intéressées de l'art. 115 sont-elles les mêmes que celles de l'art. 112? Quelle est la procédure à suivre? — VI. Quels sont les effets de l'envoi en possession provisoire, du droit d'option accordé au conjoint, de l'envoi en possession définitif? A qui sont attribués les droits éventuels qui peuvent compéter à un absent? — VII. Le mariage contracté par le conjoint d'un absent est-il valable? Qui peut en demander la nullité, soit pendant la durée de l'absence, soit après la cessation de l'absence? Quelles preuves doit fournir le fondé de pouvoir de l'art. 139? Dans quel cas le conjoint de l'absent peut-il demander l'envoi en possession provisoire? — VIII. Durant quelle période y a-t-il lieu à la surveillance des enfants mineurs? Quelles différences y a-t-il entre la surveillance et la tutelle? Quels sont les quatre cas prévus par les art. 141 à 143?

1. Les absents, en général, sont les personnes sur l'existence desquelles il y a des doutes.

Le *non-présent* est celui qui n'est pas actuellement à son domicile, ou dans un lieu où sa présence serait nécessaire, mais sur l'existence duquel il ne s'élève aucun doute.

Le *présumé absent* est celui dont l'existence est déjà incertaine, parce qu'il a disparu de son domicile et qu'on n'a pas de ses nouvelles.

L'*absent proprement dit* est celui dont l'absence a été déclarée, c'est-à-dire vérifiée et constatée par un jugement.

II. Le Code divise l'absence en *trois* périodes, selon le degré d'incertitude sur l'existence de la personne :

1° La présomption d'absence;

2° La déclaration d'absence et l'envoi en possession provisoire;

3° L'envoi en possession définitif.

Durant la *première* période, la loi suppose que l'absent est vivant;

Durant la *seconde*, les probabilités de vie et de mort se balancent;

Durant la *troisième*, la loi présume que l'absent est mort.

La *première* période commence à la date de la disparition de l'absent, ou de ses dernières nouvelles; elle dure jusqu'à la déclaration d'absence.

La *seconde* ne peut commencer qu'après cinq ans à partir de la disparition ou des dernières nouvelles, si l'absent n'a pas laissé de procuration; après onze ans, s'il a laissé une procuration.

La *troisième* commence au bout de trente ans à partir de la déclaration d'absence, ou bien lorsqu'il s'est écoulé cent ans depuis la naissance de l'absent: elle dure indéfiniment.

CHAPITRE I.

DE LA PRÉSOMPTION D'ABSENCE.

III. Le point de départ de la présomption d'absence soulève une question de fait, soumise à l'appréciation des tribunaux. La circonstance que la personne a ou n'a pas laissé de mandataire chargé de la représenter est elle-même un des éléments de cette appréciation.

Durant la période de présomption d'absence, l'*intérêt de l'absent* peut exiger certaines mesures de protection. Ce pouvoir de protection, confié aux municipalités par le Code de la Convention, appartient aujourd'hui aux tribunaux.

Les tribunaux ne doivent intervenir que s'il y a nécessité (art. 112). La nécessité, telle est la base, et en même temps la limite, de leur intervention.

Le tribunal compétent est le tribunal de première instance du domicile; en cas d'urgence, et lorsque le domicile et les biens sont situés dans le ressort de deux tribunaux différents, le tribunal de la situation des biens pourrait être directement saisi [1].

La justice ne peut agir que sur la réquisition des parties intéressées (art. 112), c'est-à-dire, dans la circonstance, des personnes qui ont un intérêt propre et pécuniaire à la conservation des biens de l'absent.

Ces personnes sont :

Les créanciers de l'absent, purs et simples, à terme et conditionnels ;

Le conjoint de l'absent ;

1. Voir *Manuel de Droit civil*, I, pag. 105.

Les héritiers présomptifs de l'absent;

Le ministère public, spécialement chargé par la loi de veiller aux intérêts des absents (art. 114). Lorsque le ministère public n'agit pas d'office, il doit être entendu sur toutes les demandes qui intéressent l'absent.

IV. Le tribunal a en général le pouvoir discrétionnaire de prescrire les mesures nécessaires pour pourvoir à l'administration des biens de l'absent (art. 112). Il a le droit de nommer un curateur, représentant légal du présumé absent. Lorsque le présumé absent est intéressé dans des inventaires, comptes, *partages* et liquidations, la loi ordonne qu'il soit représenté par un notaire (art. 113).

Le *partage* prévu dans l'art. 113 est d'abord le partage d'une *société*.

Quant au partage d'une *succession*, il semble que le présumé absent ne puisse pas y être intéressé, puisque les successions auxquelles il devrait être appelé sont de droit attribuées aux personnes qui viennent après lui dans l'ordre des successibles. Cependant, l'art. 113 peut s'appliquer dans *deux* cas :

1° Celui où la succession s'est ouverte avant le commencement de l'absence;

2° Celui où, la succession s'étant ouverte depuis le commencement de l'absence, les personnes appelées à la recueillir à défaut du présumé absent refusent d'user de la faculté qui leur est accordée.

La présomption d'absence cesse :

1° Par le retour, ou par la preuve de l'existence de l'absent;

2° Par la preuve acquise de son décès ;
3° Par le jugement de déclaration d'absence.

CHAPITRE II.

DE LA DÉCLARATION D'ABSENCE.

V. Durant la période de la déclaration d'absence, la loi a en vue l'*intérêt de ceux qui ont des droits subordonnés* au décès de l'absent.

Au bout de quatre ans, si l'absent n'a pas laissé de procuration, au bout de dix ans, s'il en a laissé une, la déclaration d'absence peut être poursuivie (art. 115, 121, 122). L'étendue et la durée de cette procuration sont laissées à l'appréciation des tribunaux.

Le point de départ du délai des quatre ou dix années est la date de la disparition ou des dernières nouvelles.

La déclaration d'absence doit être demandée par les parties intéressées (art. 115), c'est-à-dire, ici, par toutes les personnes qui ont des droits subordonnés au décès de l'absent, telles que les héritiers présomptifs, les légataires, les donataires de biens à venir, le nu-propriétaire.

Les créanciers du présumé absent ne sont plus considérés comme parties intéressées. Le ministère public est écarté, par la raison qu'il est le contradicteur même de la déclaration d'absence.

La demande en déclaration d'absence est formée par voie de requête, adressée au tribunal du domicile du présumé absent, ou, à défaut de domicile connu, au tribunal de sa résidence.

Le tribunal peut, selon les circonstances, la rejeter immédiatement et sans aucun examen, ou ordonner qu'une enquête aura lieu, contradictoirement avec le procureur de la République (art. 116). Le procureur de la République doit transmettre au ministre de la justice le jugement interlocutoire ou préparatoire qui ordonne l'enquête, et celui-ci le rend public (art. 118).

Le jugement définitif, qui reçoit la même publicité que le jugement d'enquête, ne peut être rendu qu'un an après le jugement qui a ordonné l'enquête (article 119). Ce délai d'une année est un minimum : il porte la durée de la présomption d'absence à cinq ou à onze ans : mais, bien entendu, même après l'expiration des cinq ou des onze années, le tribunal a, selon les circonstances, la faculté de ne pas déclarer l'absence (art. 117).

CHAPITRE III.

DES EFFETS DE L'ABSENCE DÉCLARÉE.

SECTIONS I ET II [1].

VI. Ces sections se rapportent :

La 1re aux biens que l'absent possédait au jour de sa disparition ;

La 2e aux droits éventuels qui peuvent compéter à l'absent.

La 1re section traite : 1° de l'envoi en possession provisoire des biens de l'absent ; 2° du droit qu'a

1. Les articles compris dans ces deux sections sont renvoyés au 3e examen.

l'époux commun en biens d'opter pour la continuation ou pour la dissolution de la communauté; 3e de l'envoi en possession définitif des biens de l'absent.

L'envoi en possession provisoire ouvre provisoirement sur les biens de l'absent tous les droits que son décès, s'il était prouvé, ouvrirait définitivement.

Le droit d'option, qui n'existe que sous le régime de communauté, est le droit pour le conjoint de l'absent de choisir entre la disolution et la continuation de la communauté, la continuation étant accompagnée, pour l'époux qui la préfère, du droit d'administrer tous les biens de l'absent. L'époux qui opte pour la continuation de la communauté empêche l'envoi en possession provisoire.

L'envoi en possession définitif rend les envoyés propriétaires vis-à-vis des tiers, en ne laissant à l'absent, s'il revient, ou à ses ayants cause, que le droit de reprendre ses biens dans l'état où ils se trouveront entre les mains de l'envoyé.

La 2e section a rapport aux droits dont l'acquisition est subordonnée à l'existence de la personne qui est appelée à les recueillir (successions, legs, etc.).

Lorsque cette personne est un absent, les droits de cette nature sont attribués, durant les trois périodes, non pas aux héritiers présomptifs de l'absent, mais à ceux qui viendraient à son défaut, s'il était mort.

SECTION III.

DES EFFETS DE L'ABSENCE, RELATIVEMENT AU MARIAGE.

VII. Le Code n'admet pas que l'absence, si prolongée qu'elle soit, de l'un des conjoints donne jamais à l'autre le droit de se remarier.

Il peut arriver cependant que le conjoint présent élude la prohibition légale et contracte un nouveau mariage ; dans ce cas, le nouveau mariage doit être déclaré nul ; mais l'époux absent ou son fondé de pouvoir sont seuls recevables à intenter l'action en nullité (art. 139), au moins tant que dure l'absence. Lorsque l'absence a cessé, l'action en nullité appartient, d'après les règles du droit commun, à toute personne intéressée; telle est du moins la solution que rendent plus probable, malgré les termes absolus de l'art. 139, l'autorité de l'ancien droit et les incidents de la discussion [1].

Le fondé de pouvoir dont parle l'art. 139 doit être d'ailleurs muni d'une procuration *spéciale;* on ne peut supposer que, donnant une procuration même générale, l'absent ait compris le pouvoir d'attaquer le mariage de son conjoint. La procuration authentique contient en elle-même la preuve de l'existence de l'absent; la procuration sous seing privé devra être accompagnée d'un certificat authentique de la vie du mandant.

Le conjoint, héritier présomptif de l'absent, peut demander l'envoi en possession provisoire de ses biens (art. 140). Le conjoint est héritier présomptif, lorsque

1. Voir *Manuel de Droit civil*, I, pag. 114-115.

l'absent n'a laissé ni parents habiles à lui succéder, ni enfants naturels reconnus.

CHAPITRE IV.

DE LA SURVEILLANCE DES ENFANTS MINEURS DU PÈRE QUI A DISPARU.

VIII. La *déclaration d'absence* ouvre provisoirement la *tutelle* des enfants mineurs de l'absent, de même qu'elle ouvre provisoirement la succession.

Mais, pendant la période de *présomption d'absence*, la loi a organisé, dans *quatre cas* différents, un régime de *surveillance*.

La surveillance diffère de la tutelle par *deux* caractères :

1° Elle ne donne pas lieu à la nomination d'un subrogé tuteur ;

2° Elle n'entraîne pas d'hypothèque légale sur les biens de celui qui en est chargé.

1er *cas.* — *Disparition du père, la mère étant vivante et présente.*— La mère reçoit de la loi une sorte de délégation, au nom du mari, quant à l'éducation des enfants et à l'administration de leurs biens (art. 142). Mais, d'une part, le pouvoir de la mère est alors soumis à toutes les restrictions qu'il subit, lorsque la mère exerce la puissance paternelle en son propre nom ; et, d'autre part, elle ne profite pas de l'usufruit des biens qui appartiennent à ses enfants ; elle doit compte à son mari des revenus qu'elle perçoit.

Il n'est pas question du cas de la *disparition de la mère, le père étant vivant et présent ;* rien n'est en effet changé, le père conserve la puissance paternelle.

2e *cas*. — *Disparition du père, depuis le prédécès de la mère.* — Six mois après la disparition du père, la surveillance des enfants sera déférée aux ascendants les plus proches ou à un tuteur provisoire (art. 142). C'est le conseil de famille qui défère la surveillance à l'un des ascendants ou à un tuteur provisoire. Le tuteur provisoire exerce une véritable tutelle; les ascendants n'ont que la surveillance, qui ne doit pas être confondue avec la tutelle à eux déférée de plein droit dans le cas des art. 402 et 403.

3e *cas*. — *Disparition du père, la mère étant vivante, mais venant à décéder avant la déclaration d'absence.* — Ce cas se confond avec les précédents; tant que la mère a vécu, c'est elle qui a eu la surveillance des enfants; après sa mort, la surveillance passe aux ascendants les plus proches ou à un tuteur provisoire (art. 142).

4e *cas*. — *Disparition du père ou de la mère, laissant des enfants d'un précédent mariage.* — Le conjoint qui est présent est étranger aux enfants de l'absent, qui se trouvent ainsi dans la même situation qu'au 2e *cas* (art. 143). La surveillance est donc confiée, soit à l'ascendant le plus proche, soit à un tuteur provisoire.

TITRE V.

DU MARIAGE [1].

SOMMAIRE : Qu'est-ce que le mariage? Est-il resté tel que la Révolution l'avait institué?

Au point de vue purement légal, le mariage peut être défini : un contrat par lequel deux personnes de sexe différent déclarent, dans des formes solennelles, devant un officier de l'état civil, qu'elles entendent se prendre pour époux.

La phrase de Portalis, disant au Conseil d'État : « Le mariage est la société de l'homme et de la femme, qui s'unissent pour perpétuer leur espèce, pour s'aider, par des secours mutuels, à porter le poids de la vie, et pour partager leur commune destinée », ne ressemble en rien à une définition.

Le *mariage*, contrat d'union des personnes, ne doit pas être confondu avec le *contrat de mariage*, qui réglemente leurs intérêts pécuniaires.

Le mariage, *sécularisé* par la Révolution (Constitution du 3 septembre 1791), et déclaré *dissoluble* (loi du 20 septembre 1792), est resté un *contrat civil* (art. 165), mais est devenu *indissoluble* (loi du 8 mai 1816).

1. *Voir* pour l'idée philosophique, *Manuel de Droit civil*, I, pag. 117-122.

CHAPITRE I.

DES QUALITÉS ET CONDITIONS REQUISES POUR POUVOIR CONTRACTER MARIAGE.

SOMMAIRE : I. Quelles sont les conditions requises pour l'existence, pour la validité, pour la célébration du mariage? Qu'est-ce qu'une impossibilité légale, un empêchement dirimant, un empêchement prohibitif? — II. Qui peut accorder des dispenses? Quel est l'effet de l'absence du consentement? Dans quel cas le précédent mariage est-il un empêchement prohibitif? — III. Quelles personnes doivent consentir au mariage? Quelles sont les règles du consentement des ascendants? — IV. Qu'est-ce qu'un acte respectueux? Combien faut-il en notifier? Comment se fait la notification? Par quel moyen prouve-t-on l'absence d'un ascendant? — V. Dans quel cas a-t-on besoin du consentement du conseil de famille? La décision du conseil de famille, peut-elle être réformée par la justice? — VI. Quelle est la sanction civile du défaut de consentement de la famille et du défaut d'actes respectueux? Y a-t-il une sanction pénale? — VII. Qu'est-ce que la parenté et l'alliance? Qu'est-ce qu'une ligne, un degré? Quelles prohibitions résultent de la parenté et de l'alliance? — VIII. La parenté naturelle est-elle un obstacle au mariage? Comment la prouve-t-on? L'alliance naturelle s'oppose-t-elle au mariage? Dans quels cas peut-il y avoir dispense de parenté ou d'alliance? — IX. Quel est l'effet de l'impuissance de l'un des époux? Le prêtre catholique peut-il se marier?

I. Certaines conditions sont requises pour l'*existence* du mariage :

D'autres, pour la *validité* du mariage;

D'autres, simplement pour la *célébration* du mariage.

Les conditions requises pour l'*existence* sont :

1° Le consentement des époux (art. 146);

2° La différence de sexe;

3° L'accomplissement de certaines solennités (article 74);

4° La présence d'un officier de l'état civil (article 75).

L'absence de l'une de ces conditions constitue une *impossibilité légale :* le mariage n'existe pas.

Les conditions requises pour la *validité* du mariage sont :

1° Que le consentement des époux soit libre (article 180) ;

2° Que ce consentement soit exempt d'erreur dans la personne (art. 180);

3° Que les époux obtiennent le consentement des personnes sous la puissance desquelles ils sont placés, quant au mariage (art. 148, 182, 183) ;

4° Qu'ils soient tous les deux pubères (art. 184);

5° Qu'ils ne soient ni l'un ni l'autre engagés dans les liens d'un précédent mariage (art. 147) ;

6° Qu'ils ne soient entre eux ni parents, ni alliés à un degré déterminé (art. 161-163) ;

7° Que le mariage soit public, et l'officier de l'état civil compétent (art. 191).

L'absence de l'une de ces conditions constitue un *empêchement dirimant :* le mariage existe, mais il est annulable.

Les conditions requises pour la *célébration* du mariage sont :

1° Que les enfants, même majeurs quant au mariage, demandent le conseil de leurs ascendants (art. 151-152);

2° Qu'il n'existe pas d'opposition au mariage (article 172);

3° Que les publications exigées par la loi aient eu lieu (art. 192-193);

4° Que la femme observe les dix mois de viduité que la loi lui impose avant un second mariage (article 228).

L'absence de l'une de ces conditions constitue un *empêchement prohibitif* : le mariage ne doit pas être célébré; s'il est célébré, il existe sans être annulable: mais il y a lieu à une sanction pénale.

Le Code a mêlé et confondu dans plusieurs Chapitres et même dans plusieurs Titres les différentes conditions requises pour le mariage ; l'explication ne peut que suivre l'ordre des textes.

AGE DES ÉPOUX.

II. La femme ne peut se marier aujourd'hui avant quinze ans, et l'homme avant dix-huit ans révolus, c'est-à-dire accomplis (art. 144).

Néanmoins, il est permis au chef de l'État d'accorder des dispenses pour des causes graves (article 145).

Il n'y a pas de limite d'âge, passé laquelle on ne puisse plus contracter mariage.

CONSENTEMENT DES ÉPOUX.

Il faut distinguer :

1° L'*absence* totale de consentement;

2° Les *vices* qui peuvent affecter le consentement: défaut de liberté, et erreur dans la personne.

Dans le *premier* cas, il y a *inexistence* du mariage (art. 146). L'action en nullité proprement dite, ayant pour but de faire déclarer le mariage inexistant, présente les caractères suivants :

1° Elle peut être invoquée en tout temps; en d'autres termes, elle ne s'éteint pas par la prescription ;

2° Elle ne peut être détruite par aucune confirmation ou ratification ;

3° Elle peut être exercée par toute personne intéressée.

Dans le *second* cas, il y a *annulabilité* du mariage (*voir* l'art. 180).

Le consentement doit être exprimé au moment même de la célébration et devant l'officier de l'état civil. La promesse de mariage n'est donc pas valable ; tout au plus, donne-t-elle lieu à des dommages-intérêts.

EXISTENCE D'UN PRÉCÉDENT MARIAGE.

La bigamie constitue un délit puni par les lois pénales. De là la règle qu'on ne peut contracter un mariage avant la dissolution du précédent (article 147).

Si le précédent mariage est annulable, il constitue un empêchement prohibitif, tant qu'il n'a pas été annulé.

CONSENTEMENT DES ASCENDANTS.

III. *L'enfant légitime* est obligé, pour se marier, d'obtenir le consentement de ses ascendants : le fils, tant qu'il n'a pas vingt-cinq ans accomplis; la fille, tant qu'elle n'a pas vingt et un ans accomplis (art. 148).

Si les père et mère existent tous les deux, le consentement du père seul est exigible ; la mère est consultée, mais elle n'a qu'une influence morale (art. 148).

Si le père ou la mère est mort, ou dans l'impossibilité légale de manifester sa volonté, le consentement de l'autre suffit (art. 149). La preuve du décès du père ou de la mère se fait en représentant l'acte de décès. Quant à l'impossibilité pour le père ou la mère de manifester sa volonté, elle peut résulter soit d'une cause physique, soit de la déclaration ou de la présomption d'absence, soit d'une interdiction; dans tous les cas, il suffira qu'elle soit constatée.

Si le père et la mère sont tous deux décédés, ou dans l'impossibilité de manifester leur volonté, le droit de consentir au mariage passe aux ascendants supérieurs, qui représentent à cet effet les père et mère dans chacune des deux lignes, paternelle et maternelle (art. 150).

De la combinaison des art. 148, 149 et 150, il résulte que :

1° Dans chaque ligne, on doit consulter l'aïeul et l'aïeule ;

2° Dans chaque ligne, en cas de dissentiment, la volonté de l'aïeul l'emporte sur celle de l'aïeule ;

3° Si l'aïeule est seule dans sa ligne, son consentement suffit pour cette ligne ;

4° S'il n'existe qu'un seul ascendant dans une seule ligne, le consentement de cet ascendant suffit ;

5° Dans la même ligne, le droit de consentir appartient exclusivement à l'ascendant le plus proche ;

6° S'il y a dissentiment entre les deux lignes, ce partage emporte consentement ;

7° Lorsqu'il existe des ascendants dans les deux lignes, mais à des degrés inégaux, il y a lieu d'exclure les ascendants plus éloignés, et de consulter seulement les plus proches ; la prépondérance du degré, admise pour chaque ligne, s'étend d'une ligne à l'autre[1].

IV. Jusqu'à l'âge de vingt-cinq ans pour le fils, de vingt et un ans pour la fille, le *consentement* est nécessaire à la validité du mariage ; après cet âge, l'enfant peut se passer du consentement, mais il doit demander le *conseil* de ses ascendants, par un acte respectueux (art. 151).

L'acte respectueux, jadis nommé sommation respectueuse, supprimé par la loi du 20 septembre 1792, rétabli par le Code civil, est un acte authentique, notifié aux ascendants par deux notaires, ou par un notaire assisté de deux témoins (art. 154). Il doit être conçu en termes formels et respectueux (art. 151).

L'acte respectueux doit être notifié aux mêmes ascendants qui seraient appelés à donner leur consentement, si l'enfant était mineur quant au mariage : le même ordre hiérarchique doit être observé (article 151).

Le fils de vingt-cinq à trente ans, la fille de vingt-un à vingt-cinq, sont astreints à faire trois actes respectueux de mois en mois. Un mois après le troisième, l'enfant peut passer outre au mariage (art. 152).

Après trente ans pour le fils et vingt-cinq ans pour la fille, un seul acte respectueux suffit ; un mois après, il peut être passé outre à la célébration du mariage (art. 153).

La notification doit être faite à la personne de l'ascendant ; s'il refuse de la recevoir, ou s'il n'est pas présent, la signification à domicile suffit (art. 68,

1. Voir *Manuel de Droit civil*, I, pag. 128-12[illegible]

Code de procéd. civ.). En cas d'absence, il sera également passé outre, moyennant qu'on aura prouvé l'absence.

Cette preuve se fait au moyen :

1° Soit du jugement de déclaration d'absence ;

2° Soit du jugement qui a ordonné l'enquête pour constater l'absence ;

3° Soit d'un acte de notoriété délivré par le juge de paix du dernier domicile sur la déclaration de quatre témoins (art. 155).

Le décès des père et mère ou des ascendants se prouve en général par l'acte de décès ; l'absence, par les moyens ci-dessus. Lorsque les futurs époux ne connaissent ni le lieu du décès, ni le lieu du dernier domicile de leurs père, mère, aïeuls et aïeules, ils sont admis à remplacer la preuve par une déclaration sous serment, certifiée par les quatre témoins du mariage, devant l'officier de l'état civil (avis du Conseil d'État, 4 messidor an XIII) [1].

V. S'il n'y a ni père ni mère, ni aïeuls ni aïeules, ou s'ils se trouvent tous dans l'impossibilité de manifester leur volonté, le fils ou la fille *majeur de vingt-un ans* peut se marier sans le consentement de personne ; le fils ou la fille *mineur de vingt-un ans* a besoin du consentement du conseil de famille (article 160).

Dans le cas où les actes de décès des père et mère,

1. L'attestation autorisée par l'avis du Conseil d'État du 4 messidor an XIII supplée encore, provisoirement, l'acte de décès non représenté par suite de la destruction des registres de l'état civil à Paris (Loi du 10 juillet 1871).

aïeuls et aïeules, ne pourraient pas être représentés, et où il serait impossible de dresser un acte de notoriété, l'attestation faite sur ce chef par le conseil de famille serait suffisante.

La décision du conseil de famille pouvait, d'après l'ancien droit, être réformée par les tribunaux. Aujourd'hui, l'art. 883, Code de procéd., qui permet aux membres de la minorité d'un conseil de famille de se pourvoir devant la justice contre les décisions de la majorité, n'est applicable qu'aux avis de parents. En matière de consentement à mariage, le conseil de famille est souverain, comme le sont les père et mère et les ascendants qu'il remplace.

L'*enfant naturel*, reconnu par ses père et mère, est astreint à leur demander leur conseil, d'après les mêmes règles que l'enfant légitime (art. 158). La reconnaissance ne produisant pas d'effet à l'égard des ascendants des père et mère de l'enfant, ceux-ci n'ont jamais le droit de consentir à son mariage.

Lorsque l'enfant naturel reconnu a perdu ses père et mère, il est dans la même position que l'enfant naturel qui n'a point été reconnu. Aussi, la loi, assimilant les deux situations, décide-t-elle que, dans les deux cas, il sera nommé un tuteur *ad hoc* pour consentir au mariage de l'enfant naturel mineur (art. 159). On s'accorde à admettre que ce tuteur doit être choisi par un conseil dit de famille, conformément aux règles ordinaires des tutelles. Le tuteur ordinaire peut recevoir une délégation spéciale pour consentir au mariage.

Quand il s'agit d'un enfant légitime mineur, c'est le conseil de famille qui doit consentir. Quand il s'agit d'un enfant naturel mineur, c'est le tuteur qui donne son consentemeut ; le conseil n'intervient que pour choisir le tuteur.

VI. Le défaut de *consentement* des ascendants ou de la famille constitue un empêchement *dirimant ;* le défaut d'*acte respectueux* constitue un empêchement *prohibitif.* En outre, les prescriptions de la loi à cet égard ont pour sanction la responsabilité de l'officier de l'état civil (art. 156 et 157, Code civil, et 193, Code pénal).

L'officier de l'état civil qui néglige d'énoncer dans l'acte de mariage des consentements qui ont été donnés, est puni de l'amende (300 fr. au *maximum*), et de l'emprisonnement (6 mois au *minimum*).

L'officier de l'état civil qui célèbre un mariage lorsque des actes respectueux qui étaient nécessaires n'ont pas été dressés, est frappé de l'amende (300 fr. au *maximum*), et de l'emprisonnement (1 mois au *minimum*).

Enfin, l'officier de l'état civil qui célèbre un mariage sans s'assurer de l'existence du consentement, encourt l'amende (de 16 à 300 fr.), et l'emprisonnement (de 6 mois à 1 an).

PARENTÉ ET ALLIANCE.

VII. La parenté est le lien qui unit des personnes descendant les unes des autres ou d'un auteur commun.

Cette définition comprend :

1° La parenté *légitime*, dérivant du mariage ;

2° La parenté *naturelle*, résultant d'une union en dehors du mariage.

On appelle parenté *civile*, celle qui est produite par l'adoption.

La parenté est directe, lorsque les personnes descendent les unes des autres ; elle est collatérale, lorsqu'elles descendent d'un auteur commun. Elle forme ainsi deux lignes, c'est-à-dire deux séries de parents : ligne directe et ligne collatérale.

La ligne directe est ascendante ou descendante, suivant que l'on considère les auteurs ou la postérité d'une personne.

On appelle degré l'intervalle qui, dans la ligne, sépare chaque génération.

En ligne directe, on compte autant de degrés qu'il y a de générations ; en ligne collatérale, on compte les degrés par les générations, en remontant d'abord de l'un des parents à l'auteur commun, et en redescendant ensuite jusqu'à l'autre parent.

L'alliance est le lien qui unit l'*un des époux* aux parents de l'autre ; elle emprunte ses lignes et ses degrés à la parenté.

VIII. En ligne directe de parenté légitime ou naturelle, et en ligne directe d'alliance, le mariage est prohibé à l'infini (art. 161).

En ligne collatérale, il est prohibé entre le frère et la sœur légitimes ou naturels, et les alliés au même degré (art. 162), entre l'oncle et la nièce, la tante et le neveu (art. 163). On peut dire, d'une façon générale, que le mariage est prohibé, en ligne collatérale, toutes les fois qu'il n'y a qu'un degré d'intervalle entre l'un des futurs et l'auteur commun : cette formule étend les termes de l'art. 163 au mariage entre grand-oncle et petite-nièce, grand'tante et petit-neveu[1].

1. Voir *Manuel de Droit civil*, I, pag. 134-135.

Quatre observations :

1° La parenté naturelle dans la ligne directe, et, dans la ligne collatérale, entre frères et sœurs seulement, crée le même obstacle au mariage que la parenté légitime.

Il faut d'ailleurs admettre que la preuve de la filiation naturelle, en tant qu'il s'agit de faire obstacle au mariage, reste soumise aux restrictions ordinaires' les art. 335 et 340 ne comportent aucune exception; en dehors du système de preuves que ces textes ont organisé, la filiation naturelle n'est pas réputée légalement existante [1].

2° L'alliance est un empêchement à l'infini, en ligne directe; en ligne collatérale, elle n'est un obstacle qu'au degré de frère et sœur.

L'alliance ne peut dériver que du mariage; aujourd'hui et contrairement à l'ancien droit, l'union formée en dehors du mariage n'est considérée dans aucun texte comme produisant une sorte d'alliance naturelle, alors même que l'existence de cette union serait légalement et antérieurement établie [2].

L'alliance ne cesse point par la dissolution du mariage, lors même qu'il n'en reste point d'enfants.

3° La parenté civile, résultant de l'adoption, crée des obstacles au mariage limitativement énumérés dans l'art. 348.

4° La prohibition, concernant le mariage de parents ou alliés en ligne collatérale, peut être levée dans *deux cas*, par le chef de l'État :

1er *cas*. — Mariage entre parents : oncle et nièce,

1. Voir *Manuel de Droit civil*, I, pag. 135-136.
2. Voir *Manuel de Droit civil*, I, pag. 136-137.

tante et neveu. La loi du 20 septembre 1792 admettait ce mariage; le Code l'a prohibé, avec possibilité de dispenses (art. 164).

2e *cas*. — Mariage entre alliés : beau-frère et belle-sœur. Le Code prohibait ce mariage d'une façon absolue; la loi du 16 avril 1832 a étendu à ce cas le système des dispenses.

IX. Les empêchements au mariage sont de droit étroit : ils ne peuvent résulter que d'un texte formel, et jamais d'une interprétation doctrinale.

L'impuissance, naturelle ou accidentelle, était autrefois un empêchement dirimant. Il n'en est plus de même aujourd'hui. L'ignorance d'une telle circonstance pourrait cependant constituer une erreur sur la personne [1].

La prêtrise catholique n'apporte au mariage aucun empêchement, même prohibitif : l'engagement du prêtre voué au célibat est un acte purement religieux, que la loi civile ignore, et dont elle n'a pas à tenir compte; le mariage est un contrat civil, rien que civil [2].

CHAPITRE II.

DES FORMALITÉS RELATIVES A LA CÉLÉBRATION DU MARIAGE.

SOMMAIRE : I. Quelles formalités précèdent le mariage? Quelles formalités doivent l'accompagner? — II. Dans quelles communes doit-on faire les publications? Quel est le sens de l'art. 167? En quoi l'acte de notoriété qui supplée l'acte de naissance diffère-t-il de l'acte de notoriété qui constate l'absence

1. Voir *Manuel de Droit civil*, I, pag. 139-140.
2. Voir *Manuel de Droit civil*, I, pag. 140-141.

d'un ascendant ? — III. Qu'est-ce que la publicité du mariage? Où doit-il être célébré ? La compétence de l'officier de l'état civil est-elle territoriale ou personnelle? Quelles sont les formalités indispensables? Quelles énonciations doit contenir l'acte de mariage ? — IV. Quelles sont les conditions requises pour la validité du mariage d'un Français à l'étranger ? Dans quelle forme doit-il être célébré? — V. Le mariage non précédé des publications en France est-il valable? Qu'arrive-t-il lorsque le mariage n'est pas transcrit dans le délai légal ?

I. Les formalités relatives à la célébration du mariage sont de deux sortes : les unes précèdent la célébration du mariage, les autres l'accompagnent.

Les formalités qui *précèdent* la célébration sont :

1° Les publications ;

2° La remise des pièces à l'officier de l'état civil.

Ces formalités ont un double but :

1° Elles avertissent les tiers du mariage projeté et les mettent à même de faire une opposition en forme, ou de donner à l'officier de l'état civil un avis officieux ;

2° Elles permettent à l'officier de l'état civil de s'assurer que toutes les conditions requises pour le mariage sont remplies.

Les formalités qui *accompagnent* la célébration consistent :

1° Dans la publicité de la célébration ;

2° Dans l'observation de formes déterminées ;

3° Dans la rédaction de l'acte de mariage.

La publicité et l'observation des formes constituent la célébration du mariage. L'acte sert à en établir la preuve.

FORMALITÉS QUI PRÉCÈDENT LA CÉLÉBRATION.

1° Publications.

II. Les art. 63-65 et 169 se rapportent au nombre des publications, à la manière d'y procéder, au délai durant lequel elles restent valables, enfin, à la dispense de la seconde publication.

Sur ces points, nous renvoyons aux textes.

Les art. 166-168 ont pour but de déterminer les communes où les publications doivent avoir lieu ; ils désignent :

1° Les communes où chacun des futurs a son domicile (art. 166). S'il existe un domicile spécial au mariage, lequel s'acquiert par six mois de résidence, et qu'en outre les parties aient un domicile réel distinct, les publications seront faites également à ce domicile (art. 167).

2° Toutes les communes où sont domiliées les personnes dont le consentement est nécessaire pour le mariage (art. 168). Lorsque c'est le conseil de famille qui doit consentir, les publications se font dans la commune où siége ce conseil.

2° Remise des pièces.

Les art. 70-73 indiquent, parmi les pièces qui doivent être remises à l'officier de l'état civil, l'acte de naissance des futurs et l'acte du consentement des ascendants.

Un acte de notoriété délivré par le juge de paix du lieu de naissance ou du domicile sur l'attestation de sept témoins, et homologué par le tribunal de 1re instance, pourra suppléer l'acte de naissance [1]. L'acte de notoriété des art. 70-72 diffère, dans la forme, de l'acte de notoriété de l'art. 155.

Les autres pièces nécessaires varient suivant la situation des futurs [2].

La loi du 10 juillet 1850 exige, lorsqu'il a été fait un *contrat de mariage*, la production d'un certificat délivré par le notaire qui l'a dressé.

FORMALITÉS QUI ACCOMPAGNENT LA CÉLÉBRATION.

1° Publicité.

III. Cette publicité résulte de la célébration du mariage dans la mairie de la commune où l'un des époux a son domicile, de l'admission du public à cette célébration, de l'intervention d'un officier de l'état civil et de la présence de quatre témoins (art. 74 et 165).

La question de savoir dans quelle commune le mariage doit être célébré, vu les termes contradictoires des art. 74 et 165, a donné lieu à quatre systèmes. Dans le doute, et en raison de l'avantage

1. La loi du 10 juillet 1871 a décidé que, provisoirement, l'acte de naissance, non représenté par suite de la destruction des registres de l'état civil à Paris (1871), pourrait être suppléé par l'attestation des père et mère, aïeuls et aïeules présents au mariage, jointe à toute pièce ou document rendant vraisemblable la date de la naissance indiquée.

En l'absence des père et mère, aïeuls et aïeules, la déclaration des futurs époux, jointe à toute pièce ou document..., serait suffisante.

A défaut de toute pièce ou document..., un acte de notoriété, dressé par le juge de paix avec l'assistance de quatre témoins de l'un ou de l'autre sexe, remplacerait l'acte de naissance.

2. Voir *Manuel de Droit civil*, I, pag. 145.

pratique, il y a lieu d'admettre que le mariage peut être célébré, soit au lieu de la résidence continue de six mois, soit au lieu du domicile ordinaire [1].

Les termes formels de l'art. 74 ne permettent pas à l'officier de l'état civil du domicile de l'une des parties de se transporter dans une autre commune pour y célébrer le mariage : la compétence de l'officier de l'état civil est donc *territoriale*, et non *personnelle* [2].

2° Formes de la célébration.

L'art. 75 règle les formes requises pour la célébration du mariage.

L'inobservation de toutes ces formalités n'entraîne pas la nullité ; il y a lieu de distinguer, et d'apprécier selon les circonstances. Sont indispensables :

1° La présence de l'officier de l'état civil ;

2° La déclaration, faite par lui, que les époux dont il reçoit le consentement, sont unis par le mariage.

Bien que le vœu de la loi soit que le mariage soit célébré à la maison commune, et en présence des parties elles-mêmes, aucun texte ne défend d'y procéder au domicile de l'une des parties, et par l'intermédiaire d'un mandataire [3].

3° Rédaction de l'acte.

L'art. 76 énumère neuf énonciations que doit contenir l'acte de mariage. Une dixième énonciation est exigée par la loi du 10 juillet 1850 :

1. Voir *Manuel de Droit civil*, I, pag. 146-147.
2. Voir *Manuel de Droit civil*, I, pag. 148-149.
3. Voir *Manuel de Droit civil*, I, pag. 150-151.

L'officier de l'état civil doit désormais mentionner si les époux se sont mariés avec ou sans contrat; et, s'il existe un contrat, en indiquer la date, ainsi que les noms et résidence du notaire.

MARIAGE DES FRANÇAIS

EN PAYS ÉTRANGER

IV. La validité du mariage contracté par un Français en pays étranger est subordonnée à quatre conditions :

1° Les « conditions et qualités » requises par la loi française doivent être observées (art. 170).

C'est l'application de la règle d'après laquelle le Français, partout où il réside, est régi par son statut personnel.

2° Le mariage doit être célébré dans les formes légales : si l'un des futurs seulement est Français, devant l'officier public étranger, et dans les formes usitées dans le pays étranger (art. 170) ; si les deux futurs sont Français, au choix des parties, soit devant l'officier public étranger et dans les formes usitées dans le pays étranger , soit devant l'agent diplomatique français, et selon les formes françaises (art. 48).

V. 3° Le mariage doit avoir été précédé des publications en France (art. 170), comme s'il était célébré en France.

Quelle est la sanction de cette condition ? Le mariage est-il nul, parce que le texte de l'art. 170 dit formellement : « Le mariage sera valable pourvu que » ; ou bien est-il valable, parce que les nullités de mariage ne se suppléent point par interprétation ?

Il vaut mieux admettre, par application de l'art. 191, que le mariage est nul, lorsque l'absence des publications a entraîné le défaut de publicité, — et valable, lorsque la publicité a été suffisante, malgré l'absence des publications : c'est une question de fait, laissée à l'appréciation des tribunaux [1].

4° L'acte de mariage doit être transcrit sur les registres de l'état civil, en France, dans le délai de trois mois après le retour du Français (art. 171).

Quelle est encore la sanction de cette obligation ? Quatre systèmes ont été proposés, sans qu'aucun d'eux puisse s'appuyer sur un texte. Cependant, considérant que la transcription est un élément de publicité, et que la publicité est exigée dans l'intérêt des tiers, nous dirons qu'il faut, d'une part, distinguer *en fait* si les tiers ont ou non connu l'existence du mariage non transcrit, et d'autre part, admettre *en droit* que le mariage non transcrit ne sera pas opposable aux tiers qui ne l'auront pas connu, au moins quant à ses effets civils résultant spécialement de la publicité : l'hypothèque légale de la femme ne prendra donc rang que du jour de la transcription tardive ; et la femme sera réputée capable de s'obliger sans autorisation du mari ou de justice [2].

CHAPITRE III.

DES OPPOSITIONS AU MARIAGE.

SOMMAIRE : I. Qu'est-ce que l'opposition ? A quelles personnes appartient le droit de former opposition ? Dans quel ordre les ascendants peuvent-ils exercer ce droit ? — II. Quelles

1. Voir *Manuel de Droit civil*, I, pag. 152-154.
2. Voir *Manuel de Droit civil*, I, pag. 154-15[illegible]

différences y a-t-il entre le droit d'opposition des collatéraux et celui des ascendants ? — III. Le ministère public peut-il former opposition ? — IV. Que doit contenir l'acte d'opposition ? A qui doit-il être signifié ? — V. Quel est l'effet de l'opposition ? L'officier de l'état civil doit-il s'arrêter devant une opposition irrégulière ? — VI. Comment se fait la main-levée volontaire ? L'appel et le pourvoi en cassation sont-ils suspensifs ? Quels opposants peuvent être condamnés à des dommages-intérêts ?

I. L'opposition est un acte d'huissier par lequel certaines personnes, que la loi détermine, font défense à l'officier de l'état civil de célébrer un mariage.

L'opposition a pour but de faire connaître à l'officier de l'état civil certains empêchements ; elle ne sert quelquefois qu'à retarder le mariage.

DROIT D'OPPOSITION.

Le droit de former opposition appartient :

1° Au conjoint ; 2° aux ascendants ; 3° à certains collatéraux ; 4° au tuteur et au curateur.

1° L'*époux* du vivant duquel son conjoint veut se remarier peut former opposition (art. 172). Il défend ses droits en empêchant la célébration d'un mariage entaché de bigamie.

2° Les *ascendants* ne peuvent exercer le droit d'opposition que dans un ordre successif déterminé (art. 173) : le père, puis la mère ; dans chaque ligne, l'aïeul, puis l'aïeule ; enfin le bisaïeul, puis la bisaïeule. Dans chaque ligne, l'ascendant plus proche exclut l'ascendant plus éloigné ; mais l'aïeul d'une ligne n'exclut pas l'aïeule de l'autre ; chaque ligne a un droit propre d'opposition.

Le droit d'opposition existe pour les ascendants

— alors même que les enfants ou descendants ont plus de vingt-cinq ans ; — même après la notification des actes respectueux ; — enfin, sans obligation de motiver l'opposition. Lorsque l'opposition ne s'appuie sur aucun empêchement légal, elle n'est qu'un moyen de retarder le mariage.

II. 3° A défaut d'aucun ascendant, le droit d'opposition passe à certains *collatéraux* majeurs, qui peuvent l'exercer individuellement. Ces collatéraux sont : le frère ou la sœur, l'oncle ou la tante, le cousin ou la cousine germains.

Trois restrictions sont imposées aux collatéraux, que ne subissent pas les ascendants :

L'opposition doit toujours être motivée (art. 176);

Le droit d'opposition est limité à *deux* cas (article 174) ;

Le collatéral qui succombe peut être condamné à des dommages-intérêts (art. 179).

Les *deux* cas qui donnent ouverture à l'opposition des collatéraux sont :

Le défaut de consentement du conseil de famille;

L'état de démence du futur époux.

4° Les *tuteurs et curateurs* n'ont le droit de former opposition que tout autant qu'ils y sont autorisés par le conseil de famille, et seulement dans les deux cas où l'opposition est permise aux collatéraux.

L'application du second cas est à peu près introuvable [1].

De même que les collatéraux, le tuteur ou curateur n'est admis à former opposition qu'à défaut d'aucun

1. Voir *Manuel de Droit civil*, I, pag. 159.

ascendant : ce droit lui appartient, au contraire, concurremment avec les collatéraux.

III. L'énumération des personnes qui ont le droit de former opposition est certainement limitative. Sont donc exclus les alliés de tout degré, les descendants, les neveux et les nièces. Quant au ministère public, l'art. 46 de la loi du 20 avril 1810 — article ainsi conçu : « En matière civile, le ministère public agit d'office dans les cas spécifiés par la loi... Il poursuit d'office l'exécution des lois dans les dispositions qui intéressent l'ordre public, » — renferme une contradiction ; il y a lieu de refuser le droit d'opposition au ministère public, parce que le droit de demander la nullité n'entraîne pas le droit plus grave de former opposition [1].

FORMES DE L'OPPOSITION.

IV. On trouvera dans les art. 66, 67, 69 et 176 les règles relatives à la forme des oppositions.

L'acte d'opposition doit énoncer : 1° la qualité de l'opposant ; 2° les motifs de l'opposition ; 3° l'élection d'un domicile dans le lieu où le mariage doit être célébré. De plus, l'original et la copie de l'opposition doivent être signés par l'opposant ou son fondé de pouvoir.

L'opposition doit être signifiée : 1° aux parties ; 2° à l'officier de l'état civil, qui doit mettre son visa sur l'original.

Les oppositions sont mentionnées sur le registre des publications.

Le certificat qui constate l'accomplissement des pu-

1. Voir *Manuel de Droit civil*, I, pag. 160-161.

blications dans les différentes communes où elles sont nécessaires, constate en même temps qu'il n'est point survenu d'opposition.

EFFETS DE L'OPPOSITION.

V. L'opposition faite dans les formes, par les personnes et pour les causes que la loi détermine, a pour effet d'arrêter la célébration du mariage.

Si l'opposition est nulle en la forme, signifiée à la requête d'une personne sans qualité, ou pour une cause que la loi n'indique pas, l'officier de l'état civil ne doit pas en tenir compte : attribuer des effets légaux à toute opposition, quels qu'en soient la forme, l'auteur et la cause, serait détruire le système limitatif du Code [1].

En cas d'opposition régulière, l'officier de l'état civil doit en attendre la mainlevée. S'il passe outre, il est passible d'une amende et de dommages-intérêts (art. 68).

VI. La mainlevée peut être volontaire ou judiciaire.

La mainlevée volontaire n'est soumise à aucune forme : c'est un simple désistement.

La mainlevée judiciaire doit être demandée, sans préliminaire de conciliation, au tribunal de première instance, qui prononce dans les dix jours (art. 177). L'appel du jugement en suspend l'exécution ; il doit être statué sur l'appel dans le même délai de dix jours (art. 178). Les juges, faute de statuer, au moins préparatoirement, dans le délai indiqué, peuvent être pris à partie (art. 505-506, Code procéd. civ.).

1. Voir *Manuel de Droit civil*, I, pag. 162-163.

2. Voir *Manuel de Droit civil*, I, pag. 164.

Le pourvoi en cassation ne produit pas d'effet suspensif : le mariage peut donc être célébré après le premier arrêt de mainlevée. Si, après cassation, l'arrêt définitif maintient l'opposition, il semble bien que le mariage célébré doive être considéré comme n'existant pas.

En règle générale, l'opposant qui succombe doit supporter les frais du procès ; il peut, en outre, être condamné à des dommages-intérêts (art. 179). Cependant, si l'opposant est l'ascendant, le frère ou la sœur du futur, les frais pourront être compensés entre les parties (art. 131, Code procéd.) ; de plus, si l'opposant est l'ascendant du futur, il ne pourra jamais être condamné aux dommages-intérêts.

CHAPITRE IV.

DES DEMANDES EN NULLITÉ DE MARIAGE.

SOMMAIRE : I. Qu'appelle-t-on nullité absolue, nullité relative? Quels sont les cas d'annulation prévus par le Code? — II. Quels sont les vices du consentement en matière de mariage? Le défaut de liberté comprend-il la violence, la séduction? Comment faut-il entendre l'erreur sur la personne? — III. L'action résultant du défaut de consentement des ascendants est-elle couverte de la même manière quand elle est invoquée par les ascendants ou par l'époux lui-même? — IV. Les ascendants qui ont consenti au mariage ont-ils le droit de le faire annuler pour impuberté? N'y a-t-il pas un mode spécial de ratification? — V. La nullité qui se base sur la bigamie ou l'inceste peut-elle être couverte? Quelles personnes peuvent l'invoquer? — VI. Dans quel cas les collatéraux et les enfants nés du mariage peuvent-ils agir ? Le ministère public peut-il agir après la mort des époux? Peut-il intenter une action en validité? — VII. Comment apprécier le défaut de publicité? L'incompétence de l'officier de l'état civil entraîne-t-elle nécessairement la nullité?

Comment se couvrent ces deux causes de nullité ? — VIII. Quelle est la sanction du défaut de publications ? — IX. Quelle est la règle pour prouver le mariage ? La possession d'état est-elle une preuve ? Quel est l'effet de la possession d'état ? Quelle est l'hypothèse prévue par l'art. 196 ? — X. Quelles sont les exceptions à la règle ? Quel est le sens du mot : *action criminelle,* dans l'art. 198 ? Dans quel cas le ministère public peut-il intenter l'action civile ? Quelles dérogations au droit commun contient l'art. 197 ? — XI. Quelles conditions sont exigées pour l'application de l'art. 197 ? — XII. Qu'est-ce qu'un mariage putatif ? Dans quel cas le mariage est-il putatif ? L'erreur de droit est-elle un cas de bonne foi ? Quelles différences y a-t-il entre le mariage contracté de bonne foi et le mariage contracté de mauvaise foi ? — XIII. Quels sont les effets du mariage putatif ? Quant aux époux ? Quant aux enfants ? Quant aux tiers ? Les enfants naturels peuvent-ils être légitimés par le mariage putatif ?

I. Ce chapitre s'occupe successivement :

Des annulabilités de mariage, ou des divers empêchements dirimants ;

D'un empêchement prohibitif, le défaut de publications ;

De la preuve du mariage ;

Du mariage putatif.

ANNULABILITÉS DE MARIAGE.

Nous avons vu que le mariage célébré en l'absence de l'une des conditions requises pour sa *validité* était *annulable.* Par une terminologie impropre, le Code et les auteurs appellent un tel mariage *nul*, et distinguent deux sortes de nullités : les nullités *relatives,* ne pouvant être invoquées que par certaines personnes, et susceptibles d'être couvertes par la prescription ou la ratification ; et les nullités *absolues*, pouvant être proposées par toute personne intéressée, et en tout temps.

Le Code prévoit *deux* cas de nullité relative :

1° Les vices du consentement de l'un des époux ;

2° Le défaut de consentement des ascendants.

Et *cinq* cas de nullité absolue :

1° Le défaut d'âge, ou l'impuberté;

2° L'existence d'un premier mariage, en d'autres termes, la bigamie;

3° La parenté ou l'alliance à un degré prohibé, en d'autres termes, l'inceste;

4° Le défaut de publicité;

5° L'incompétence de l'officier de l'état civil.

NULLITÉS RELATIVES.

1° VICES DU CONSENTEMENT DE L'UN DES ÉPOUX.

II. L'*inexistence* du consentement est prévue par l'art. 146; il s'agit, dans les art. 180-181, des *vices* du consentement.

D'après le droit commun, les vices du consentement dans un contrat sont : la violence, l'erreur et le dol.

En matière de mariage, le dol est indifférent.

Deux vices sont admis : 1° le défaut de liberté; 2° l'erreur dans la personne.

1° La formule : *défaut de liberté*, est plus large que le terme général : *violence.*

Le défaut de liberté comprend nécessairement la violence, telle qu'elle est définie dans les art. 1111 et 1113; mais la violence n'est pas le seul vice qui puisse altérer la liberté du consentement. Il y a dans le défaut de liberté une question à examiner en fait.

La séduction, qui est une sorte de dol, ne suffit pas à vicier le consentement.

2° Les auteurs ne s'entendent pas sur le sens de ces mots : *erreur dans la personne*, mal éclaircis par la discussion confuse du Conseil d'État. Les termes généraux de l'art. 180 permettent de croire qu'il y est question, non-seulement de l'erreur sur l'identité physique ou sur l'identité civile de la personne, mais de toute erreur grave sur les qualités physiques, morales, civiles et sociales de la personne; les tribunaux apprécieront [1].

L'impuissance de l'un des époux peut donc être la cause d'une annulation.

L'action en nullité résultant des vices du consentement n'appartient qu'à l'époux trompé ; même, s'il meurt dans le délai utile pour l'intenter, elle ne se transmet pas à ses héritiers. S'il meurt pendant l'instance, l'action peut être continuée.

L'action en nullité ne peut être ici couverte que par la ratification expresse, ou par la ratification tacite, résultant, d'après l'art. 181, d'une cohabitation continuée pendant six mois. La prescription n'est pas applicable, en vertu de la règle qui admet que toutes les actions d'état sont imprescriptibles [2].

2° DÉFAUT DE CONSENTEMENT DES ASCENDANTS.

III. Cette cause d'annulation peut être invoquée : 1° par les personnes dont le consentement était requis; 2° par l'époux qui avait besoin de ce consentement (art. 182).

1° L'action en nullité appartient *exclusivement* aux personnes dont le consentement était nécessaire pour

1. Voir *Manuel de Droit civil*, I, pag. 169-171.
2. Voir *Manuel de Droit civil*, I, pag. 172.

la validité du mariage, à l'époque de la célébration. Les héritiers de l'ascendant ne pourraient pas la continuer. Lorsque le consentement nécessaire était celui du conseil de famille, l'action est intentée soit par le tuteur, soit par un membre, au nom du conseil.

La nullité peut être couverte par une ratification expresse, par une ratification tacite résultant de procédés amicaux envers les époux, ou par la prescription d'une année (art. 183).

2° L'époux qui avait besoin du consentement peut lui-même demander l'annulation de son mariage.

Dans le cas où l'enfant naturel qui a besoin du consentement d'un tuteur *ad hoc* (enfant non reconnu ou enfant reconnu dont les parents sont morts ou incapables de manifester leur volonté, mineur de vingt-un ans) s'est marié sans ce consentement, l'enfant seul peut invoquer la nullité[1].

La ratification expresse, et la ratification tacite résultant de la prescription d'une année sans réclamation, à dater du jour de la majorité quant au mariage, font perdre à l'époux le droit d'intenter l'action.

NULLITÉS ABSOLUES

1° IMPUBERTÉ.

IV. L'action qui dérive de l'impuberté des époux ou de l'un des époux peut être intentée : 1° par les époux ; 2° par les ascendants (dans l'ordre suivant lequel la loi les appelle à consentir au mariage ou à former opposition) ; 3° par toute personne ayant un intérêt pécuniaire né et actuel (créanciers et collatéraux); 4° par le ministère public.

1. Voir *Manuel de Droit civil*, I, pag. 174.

L'action est refusée au père, à la mère, aux ascendants et au conseil de famille qui ont consenti au mariage (art. 186). Quand ils n'ont pas consenti, ils ont l'action pour défaut de consentement, et n'ont pas besoin d'invoquer l'impuberté; cependant l'action en nullité pour défaut d'âge leur sera utile dans certains cas, par exemple lorsque, les ascendants qui ont consenti au mariage étant décédés, d'autres ascendants exercent à leur place la puissance paternelle, ou bien si l'action fondée sur le défaut de consentement est prescrite [1].

La nullité résultant de l'impuberté est couverte : 1° lorsqu'il s'est écoulé six mois depuis que l'époux ou les époux ont atteint l'âge de la puberté légale; 2° lorsque la femme qui n'avait pas cet âge a conçu avant l'échéance des six mois (art. 185).

La ratification expresse ou tacite ne suffirait pas.

2° BIGAMIE et 3° INCESTE.

V. Dans les deux cas de bigamie et d'inceste, le mariage est annulable, mais il existe : on doit donc admettre que les enfants nés de cette union sont réputés enfants du mari [2].

Les personnes qui peuvent intenter l'action en nullité sont : 1° les époux; 2° les ascendants et la famille; 3° toute personne ayant un intérêt né et actuel (créanciers, collatéraux, enfants d'un précédent mariage); 4° le ministère public; 5° l'époux au préjudice duquel le mariage a été contracté (articles 184 et 188).

1. Voir *Manuel de Droit civil*, I, pag. 178.
2. Voir *Manuel de Droit civil*, I, pag. 181.

L'existence d'un premier mariage constitue un empêchement dirimant, s'il n'est pas annulable; un empêchement prohibitif, s'il est annulable; il y a donc lieu, lorsque les nouveaux époux le demandent, de juger préalablement la validité ou la nullité du premier mariage (art. 189).

Cette nullité ne peut être couverte ni par la ratification, ni par la prescription.

VI. Dans les trois cas de nullité absolue qui précèdent : impuberté, bigamie, inceste, nous avons vu que l'action peut être intentée par les personnes qui n'ont qu'un intérêt pécuniaire, telles que les créanciers, les collatéraux et les enfants nés d'un précédent mariage. En règle générale, les collatéraux et les enfants ne peuvent agir que lorsqu'ils y ont un intérêt né et actuel, et par conséquent après le décès des époux (art. 187); cependant il est possible, dans *deux* hypothèses, que l'intérêt né et actuel se présente du vivant des époux [1].

Les ascendants et la famille peuvent agir soit du vivant, soit après le décès des époux.

Quant au ministère public, il ne peut intenter l'action que du vivant des époux (art. 190). Il est d'ailleurs libre, dans tous les cas, d'exercer ou de ne pas exercer l'action ; c'est l'opinion que soutenait Portalis, au Corps législatif [2]. Le droit de demander la nullité d'un mariage n'emporte pas pour le ministère public, pas plus que pour les parties privées en général, le droit d'agir pour en soutenir la validité [3].

1. Voir *Manuel de Droit civil*, I, pag. 180.
2. Voir *Manuel de Droit civil*, I, pag. 182-183.
3. Voir *Manuel de Droit civil*, I, pag. 183-184.

SECTION VIII.

DE LA COMMUNAUTÉ A TITRE UNIVERSEL.

XXIII. La clause de communauté universelle est celle qui fait entrer dans l'actif de la société *tous les biens, tant meubles qu'immeubles, présents et à venir;* les clauses qui feraient entrer dans la communauté *tous les biens présents* seulement, ou *tous les biens à venir* seulement, constituent un ameublissement et une réalisation (*V.* p. 94 et p. 97).

La clause de communauté universelle est interdite entre les associés ordinaires (art. 1837); elle est permise entre époux (art. 1526).

Toutefois, même dans le cas où une communauté de cette sorte a été établie entre les époux, il est possible que l'un et l'autre aient des *propres;* c'est ce qui arriverait des biens donnés ou légués aux époux, sous la condition qu'ils ne tomberaient pas dans la communauté.

SECTION IX.

DES CONVENTIONS EXCLUSIVES DE LA COMMUNAUTÉ.

Le Code s'est occupé, sous cette rubrique, de *deux* RÉGIMES de mariage (*V.* p. 6) :

1° Le régime sans communauté (art. 1530-1535);

2° Le régime de séparation de biens (articles 1536-1539).

Ces deux régimes ont été puisés, comme la communauté elle-même, dans la législation coutumière.

§ 1. — Régime sans communauté.

XXIV. L'effet du régime exclusif de communauté st le suivant :

Il *enlève à la femme :* 1° le droit d'administrer ses biens personnels; 2° le droit d'en percevoir les fruits (art. 1530).

Il *transporte au mari :* 1° le droit d'administrer les biens de la femme; 2° le droit de percevoir les revenus de la femme (art. 1531).

En ce qui concerne le *droit d'administration* du mari sur les biens de la femme, il faut appliquer les mêmes règles que sous le régime de la communauté.

Ainsi, par exemple, le mari a le droit d'exercer seul les actions mobilières et possessoires de la femme; mais il n'a pas le droit d'intenter les actions pétitoires immobilières.

En ce qui concerne le *droit de jouissance* du mari sur les biens de la femme, il se règle, en général, d'après le droit commun relatif à l'usufruit.

Ainsi, le mari doit supporter toutes les charges qui grèvent un usufruitier universel (art. 1533).

Ainsi encore, le droit d'usufruit du mari devient un droit de propriété : 1° à l'égard des objets mobiliers livrés au mari sur estimation, sans qu'il ait été déclaré que cette estimation ne vaudrait pas vente; 2° à l'égard des choses dont on ne peut faire usage sans les consommer (art. 1532). — Lorsque le mari est simple usufruitier, il doit restituer à la femme les meubles ou les immeubles mêmes qu'il en a reçus; lorsqu'il devient propriétaire, il restitue, à la place des meubles estimés, l'estimation ; à la place des choses fongibles, la valeur de ces choses, ou des choses de pareille quantité et qualité (art. 587).

Cependant, à moins de stipulation contraire, le mari n'est point obligé de donner caution.

par les époux, ni par les tiers pour prouver le mariage (art. 195).

La possession d'état produit cependant un certain effet, que l'art. 196 a pour but d'indiquer ; ce texte suppose un cas où, l'acte de célébration étant nul, la possession d'état en répare le vice, en ce qui concerne les époux. Il est difficile de trouver une semblable hypothèse; il est permis de croire que les rédacteurs ont oublié ici qu'aucune des formalités requises pour les actes de l'état civil n'était prescrite à peine de nullité [1].

Il est d'ailleurs certain que la possession d'état couvre le défaut de publicité et l'incompétence de l'officier de l'état civil, et qu'elle rendrait non recevable la demande en nullité formée de ce chef, soit par les tiers, soit par les époux.

X. 1re *Exception :* Cas où il n'a pas existé de registres ou bien où ils sont perdus. — La preuve se fait alors par papiers domestiques et par témoins, conformément à l'art. 46.

2e *Exception :* Cas où l'acte de célébration du mariage a été mis par un délit hors d'état de servir aux intéressés. — Le jugement de condamnation a la même force probante que l'acte de célébration (art. 198). Il faut que le fait allégué soit réprimé par la loi pénale, crime ou délit, peu importe : apposition de fausses signatures, supposition de personnes, falsification ou destruction de l'acte de mariage, acte rédigé sur feuille volante. Que le délit ou le crime ait été commis par l'officier de l'état civil ou par un tiers, peu importe encore.

1. Voir *Manuel de Droit civil*, I, pag. 190-191.

Dans ces cas, deux actions sont possibles : l'action publique, qui tend à faire punir le coupable (celle-là ne peut être intentée que par le ministère public); l'action civile, qui a pour but le rétablissement de l'acte et la réparation du dommage. L'art. 199 déclare, en des termes très-obscurs, que l'action civile peut être intentée d'abord par les époux, puis, soit du vivant des époux, soit après leur mort, par toute autre personne intéressée, ou par le ministère public[1].

L'art. 199 consacre ainsi *trois* dérogations au droit commun : 1° le ministère public exerce une action civile ; 2° il agit en rectification d'un acte de l'état civil ; 3° l'action civile ne peut être portée que devant les tribunaux criminels.

L'action publique s'éteint par la mort de l'officier civil; l'action civile ne peut alors être intentée contre ses héritiers que par le ministère public, en présence des parties intéressées et sur leur dénonciation (art. 200).

XI. 3° *Exception :* La preuve résultant de la possession d'état est autorisée en faveur des enfants issus du mariage (art. 197).

Il faut, pour qu'elle soit applicable : que les père et mère soient tous deux décédés; — qu'ils aient eu la possession d'état d'époux légitimes ; — que les enfants eux-mêmes aient la possession d'état d'enfants légitimes ; — enfin, que cette possession d'état ne soit pas contredite par leur acte de naissance.

1. Voir *Manuel de Droit civil*, I, pag. 192-194.

MARIAGE PUTATIF.

XII. Le mariage putatif est le mariage nul ou annulable, contracté de bonne foi par les époux ou par l'un d'eux. Que le mariage soit nul, c'est-à-dire inexistant, ou annulable, dès qu'il y a bonne foi de la part des époux ou de la part de l'un d'eux, le mariage peut être déclaré putatif[1].

La bonne foi des époux peut résulter aussi bien d'une erreur de droit que d'une erreur de fait; il y a là une question de circonstances[2]. Il suffit que la bonne foi ait existé à l'instant du mariage.

Les résultats de la bonne foi sont ceux-ci :

Le mariage *nul*, contracté de mauvaise foi, est dépourvu de tout effet ; — le mariage nul, contracté de bonne foi, produit ses effets civils jusqu'au jugement qui en constate l'inexistence;

Dans le mariage *annulable*, contracté de mauvaise foi, la nullité, une fois prononcée, rétroagit et fait évanouir les effets antérieurs ; — dans le mariage annulable, contracté de bonne foi, les effets produits persistent malgré l'annulation.

XIII. D'une façon générale, le mariage putatif produit les effets civils à l'égard de l'époux ou des époux de bonne foi, à l'égard des enfants, et aussi à l'égard des tiers (art. 201 et 202).

1° *Quant aux époux*. S'ils sont tous deux de bonne foi, le mariage produit tous les effets civils, soit dans leurs rapports entre eux, soit dans leurs rapports avec leurs enfants.

Dans leurs rapports entre eux, les conventions

1. Voir *Manuel de Droit civil*, I, pag. 197-198.
2. Voir *Manuel de Droit civil*, I, pag. 198-199.

matrimoniales et les donations faites reçoivent leur exécution, le droit de successibilité réciproque subsiste jusqu'à l'annulation.

Dans leurs rapports avec leurs enfants, les époux ont la puissance paternelle et le droit de succession.

Lorsque l'un des époux seul est de bonne foi, le mariage ne produit les effets civils qu'à l'égard de l'époux de bonne foi et des enfants issus du mariage.

Dans les rapports entre époux, l'époux de bonne foi sera libre de demander l'exécution des conventions matrimoniales; il aura le droit de successibilité.

Dans les rapports avec les enfants, l'époux de bonne foi aura la puissance paternelle, — même lorsque cet époux sera la mère, — et le droit de successibilité.

Les parents de l'époux de mauvaise foi ont le droit de consentement au mariage et le droit de successibilité : l'exclusion est personnelle à l'époux de mauvaise foi.

2° *Quant aux enfants.* Ils sont toujours réputés légitimes par rapport aux deux époux. Ils succéderont à l'un et à l'autre époux, comme aux parents de l'un et de l'autre; ils auront droit à des aliments, à une réserve.

Les enfants naturels simples reconnus avant la célébration du mariage seront légitimés [1].

3° *Quant aux tiers.* La femme devient incapable, et elle a le droit de se prévaloir contre les tiers du défaut d'autorisation du mari ou de justice. Elle peut, en outre, invoquer son hypothèque légale contre les tiers qui ont traité avec son mari.

1. Voir *Manuel de Droit civil*, I, pag. 201.

CHAPITRE V.

DES OBLIGATIONS QUI NAISSENT DU MARIAGE.

SOMMAIRE : I. Qu'est-ce que la dette d'éducation? En quoi consiste-t-elle? — II. A qui incombe la dette d'éducation envers l'enfant légitime? Les ascendants autres que le père et la mère en sont-ils tenus? A qui appartient l'action? Dans quels cas est-ce le tuteur qui l'exerce? — III. La dette d'éducation envers l'enfant naturel est-elle admise? Le ministère public a-t-il le droit d'intenter l'action? — IV. Qu'est-ce que la dette alimentaire? Entre quelles personnes existe-t-elle? N'y a-t-il pas une exception à la règle de réciprocité? — V. Dans quel ordre la dette alimentaire est-elle exigible? — VI. Dans quelles limites existe-t-elle? Est-elle solidaire, est-elle indivisible? — VII. Comment s'acquitte-t-elle? Quels sont les cas où elle ne se paye pas en argent? Les héritiers du débiteur en sont-ils tenus?

Ce chapitre, quoique très-général dans les termes de sa rubrique, ne contient point la théorie générale des effets du mariage : les effets du mariage sont expliqués çà et là dans divers titres. Le Code s'occupe ici spécialement : 1° de la dette d'éducation, obligation des père et mère envers leurs enfants; 2° de la dette alimentaire, obligation de certains parents et alliés entre eux.

DETTE D'ÉDUCATION.

I. L'enfant a, contre ceux qui lui ont imposé la vie, le droit à être élevé, c'est-à-dire à recevoir le développement physique, intellectuel et moral dont il a besoin pour devenir un homme : le droit de l'enfant est la base de l'obligation énoncée dans l'art. 203.

Les père et mère doivent donc élever leur enfant; ils ne lui doivent rien de plus, et, notamment, ils ne doivent pas l'établissement par mariage ou autrement (art. 204).

L'obligation étant constatée, il faut voir comment la loi l'a organisée en ce qui concerne : 1° l'enfant légitime ; 2° l'enfant naturel.

II. **Enfant légitime.** — Le droit à l'éducation, pour l'enfant légitime, est certainement muni d'action ; toute obligation consacrée par la loi est civilement obligatoire, et toute obligation civile engendre une action.

L'obligation est d'abord commune aux deux auteurs de l'enfant : cela résulte de la raison, et aussi du texte de l'art. 203 : *les époux contractent ensemble...* Lorsque l'un des époux est dans l'impossibilité de satisfaire à son obligation, elle incombe tout entière à l'autre; si l'un des époux est mort, l'obligation passe entièrement au survivant.

Si les deux époux sont dans l'impossibilité de l'acquitter, indigents ou décédés, ce sont les ascendants en état d'acquitter la dette d'éducation, qui prennent la place des père et mère. Cette solution n'est pas formellement écrite dans la loi ; mais elle se justifie par la démonstration suivante : L'enfant majeur, qui est hors d'état de se suffire, a le droit de demander des aliments à ses ascendants (art. 205 et 207) ; la quotité de ces aliments varie selon l'appréciation des besoins du créancier (art. 208), et dans cette appréciation il faut faire entrer les besoins intellectuels et moraux, aussi bien que les besoins physiques. L'enfant mineur, dont les père et mère sont indigents ou décédés, a évidemment un droit égal à celui du majeur, c'est-à-dire un droit basé sur ses besoins physiques, intellectuels et moraux; or les besoins intellectuels et moraux de l'enfant mineur comprennent l'éducation : donc, la dette alimentaire envers le mineur comprend la dette d'éducation, et les ascendants, autres que le père et la mère, tenus de la dette alimentaire, sont également tenus de la dette d'éducation.

D'après cela, il est facile de déterminer à qui appartient l'action.

Si le père et la mère existent tous les deux, chacun a l'action contre l'autre; si l'un des deux n'est pas en état de l'acquitter et que l'autre le soit, le premier a l'action contre le second. Si aucun des deux n'a les moyens suffisants et qu'il existe des ascendants qui aient ces moyens, le père et la mère ont l'un et l'autre l'action contre les ascendants, dans l'ordre où ces ascendants sont appelés à la tutelle légitime.

Si le père ou la mère n'existe plus, c'est le survivant qui est tenu de l'obligation; s'il est tuteur, l'action appartient au subrogé tuteur; s'il n'est pas tuteur, l'action appartient au tuteur.

Lorsque le survivant n'a pas les moyens suffisants, l'action contre les ascendants sera exercée par lui s'il est tuteur, ou à la fois par lui et par le tuteur.

Si le père et la mère n'existent plus, l'action contre les ascendants appartiendra au tuteur ou au subrogé tuteur.

III. **Enfant naturel.** — L'enfant naturel, dans le cas où sa filiation se trouve établie, n'a d'action que contre ses père et mère; et encore n'est-ce que par induction que les auteurs arrivent à la reconnaître (consentement à mariage, puissance paternelle, droit de successibilité, etc.).

Chacun des parents a l'action contre l'autre; si le père ou la mère n'existe plus, l'action contre le survivant appartiendra au subrogé tuteur ou au tuteur.

Quant aux ascendants, ils ne sont jamais tenus de la dette d'éducation à l'égard d'un enfant qui leur est légalement étranger.

Le droit du ministère public à intenter l'action, dans l'intérêt de l'enfant soit *légitime*, soit *naturel*, ne peut être admis que par argument d'analogie (art. 267 et 302).

DETTE ALIMENTAIRE.

IV. Le majeur qui se trouve dans le besoin par suite de maladie, d'infirmités ou de vieillesse, a droit de réclamer la protection, tantôt momentanée, tantôt permanente, des membres de sa famille : de là, l'obligation alimentaire des art. 205-207.

La dette alimentaire *réciproque* existe : 1° entre ascendants et descendants à l'infini; 2° entre alliés à titre d'ascendants et descendants, à l'infini.

Elle existe encore : 3° entre époux (art. 212); 4° entre l'adoptant et l'enfant adoptif (art. 349); 5° enfin, dans le cas spécial du donataire vis-à-vis du donateur (art. 955).

Entre alliés, la dette alimentaire cesse dans deux cas (art. 206) : 1° lorsque la belle-mère convole en secondes noces. Dans ce cas, aucun texte ne la libère elle-même de la dette alimentaire : c'est une *exception* à la règle de réciprocité. — 2° Lorsque celui des deux époux qui produisait l'alliance, et les enfants issus de son union avec l'autre époux, sont décédés : l'obligation est éteinte de chaque côté.

V. Le Code n'a pas déterminé l'ordre dans lequel les différentes personnes tenues de la dette alimentaire devront l'acquitter ; il y a lieu de prendre pour base la gradation des devoirs dans la famille, et d'adopter l'ordre suivant :

Les enfants ; — à défaut d'enfants, c'est-à-dire s'il n'en existe pas, ou s'ils ne sont pas en état de fournir des aliments, les ascendants ; — à défaut d'ascendants, les alliés en ligne descendante ; — à défaut d'alliés en ligne descendante, les alliés en ligne ascendante.

Dans chaque catégorie, la dette s'impose d'abord aux plus proches.

Les enfants naturels *simples* sont tenus envers leurs père et mère, concurremment avec les enfants légitimes : les textes du Code relatifs aux père et mère *adultérins* ou *incestueux* ne permettent pas de leur étendre cette décision [1].

VI. La dette alimentaire suppose, du côté du créancier, le besoin ; du côté du débiteur, des ressources suffisantes pour qu'il soit en état de l'acquitter. Ces deux éléments forment en même temps la limite de la dette alimentaire : on doit donc avoir égard : 1° à l'étendue du besoin actuel de celui qui réclame ; 2° à la fortune actuelle de celui qui doit (art. 208). Mais la fixation n'est jamais définitive ; la quotité des aliments varie avec le besoin du créancier et la fortune du débiteur (art. 209) : il y a toujours lieu de l'augmenter, de la réduire ou de la supprimer, selon les circonstances.

1. Voir *Manuel de Droit civil*, I, pag. 214.

S'il y a plusieurs débiteurs, l'obligation se répartit entre eux proportionnellement à la fortune de chacun ; la dette alimentaire n'est, en effet, ni solidaire, ni indivisible [1].

VII. En principe, la dette alimentaire doit être payée en argent. Le payement en argent peut être suppléé par l'entretien en nature dans deux cas :

1° Le cas où le débiteur ne peut payer la pension alimentaire ; le tribunal, *après justification de cette impossibilité*, autorise le débiteur à se libérer en nature en recevant chez lui son créancier (art. 211).

2° Le cas où le père et la mère offrent de recevoir leur enfant chez eux : le tribunal peut, dans ce cas, accorder dispense du payement en argent, *sans aucune justification d'impossibilité* (art. 211).

La dette alimentaire est personnelle au créancier, c'est-à-dire qu'elle est intransmissible de son chef.

On s'est demandé si l'obligation était également personnelle au débiteur, ou si, au contraire, elle se transmettait à ses héritiers ou successeurs universels. On admet, en général, que l'obligation alimentaire passe aux héritiers du débiteur, lorsqu'elle a commencé dans la personne de leur auteur [2].

CHAPITRE VI.

DES DROITS ET DES DEVOIRS RESPECTIFS DES ÉPOUX.

SOMMAIRE : I. Quelles sont les obligations communes aux deux époux ? Quelle est la sanction de ces obligations ? — II. Quelles sont les obligations particulières à chaque époux ?

1. Voir *Manuel de Droit civil*, I, pag. 217.
2. Voir *Manuel de Droit civil*, I, pag. 219-220

Quelle est la sanction de l'obligation d'habitation? — III. Qu'entend-on par l'incapacité de la femme mariée? Cette incapacité est-elle absolue? Dans quels cas la femme mariée a-t-elle l'administration de ses biens? — IV. L'incapacité d'ester en justice est-elle générale? L'autorisation est-elle toujours nécessaire en matière pénale? La poursuite de la partie civile affranchit-elle la femme de la nécessité de l'autorisation? — V. A quels actes s'applique la disposition de l'art. 217? Qu'est-ce qu'aliéner? L'incapacité d'acquérir est-elle générale? N'y a-t-il pas lieu de distinguer les différents modes d'aliénation ou d'acquisition?—VI. La femme peut-elle s'obliger par contrat? par quasi-contrat? — VII. Le principe de l'incapacité ne reçoit-il pas des restrictions? Quelle règle peut-on poser à cet égard? — VIII. L'autorisation du mari peut-elle être verbale? L'autorisation tacite peut-elle s'induire de toute circonstance? L'autorisation générale est-elle valable? Quelle différence entre l'autorisation et le mandat? — IX. La justice peut-elle suppléer l'autorisation du mari? Quel est le tribunal compétent? — X. Quels sont les cas où le mari est dans l'impossibilité d'autoriser sa femme? La dégradation civique entraîne-t-elle cette impossibilité? Quelle est la capacité de la femme tutrice de son mari interdit? — XI. Dans quels cas l'autorisation doit-elle nécessairement émaner de la justice? Quelle autorisation est nécessaire dans les contrats entre mari et femme? — XII. Quelle procédure faut-il suivre pour obtenir l'autorisation de justice, en cas de refus comme en cas d'impossibilité du mari? — XIII. Par qui, et comment, doit être autorisée la femme commerçante? Pour quels actes est-elle capable? — XIV. Dans quels cas l'autorisation doit-elle nécessairement émaner du mari?—XV. Quel est l'effet de l'autorisation? Dans quels cas le mari se trouve-t-il obligé? — XVI. Quels sont les effets du défaut d'autorisation? La nullité est-elle absolue? — XVII. Quelles sont les personnes appelées à invoquer la nullité? Les héritiers du mari peuvent-ils l'invoquer? Les créanciers ont-ils ce droit? Que peuvent faire les tiers? — XVIII. Par quel délai se prescrit l'action en nullité? Le consentement du mari postérieur à l'acte est-il une autorisation ou une ratification? Quel est l'effet de la ratification donnée par le mari ou par la femme? — XIX. Pourquoi la femme mariée peut-elle tester sans autorisation? Quels sont les autres actes pour lesquels l'autorisation n'est pas exigée

Ce chapitre comprend : 1° les obligations générales des époux l'un envers l'autre; 2° les règles relatives à l'incapacité de la femme mariée.

OBLIGATIONS GÉNÉRALES DES ÉPOUX.

I. L'art. 212 consacre *trois* obligations *communes* aux deux époux, dont chacune est sanctionnée par une action :

1° Obligation de *fidélité*. La sanction est plus rigoureuse contre la femme que contre le mari.

Au point de vue civil, l'adultère de la femme, dans tous les cas, donne au mari le droit de demander la séparation de corps ; l'adultère du mari ne donne le même droit à la femme que s'il a tenu sa concubine dans la maison commune.

Au point de vue pénal, l'adultère de la femme est puni de 3 mois à 2 ans d'emprisonnement ; celui du mari, d'une amende de 100 à 2,000 francs.

2° Obligation de *secours*. La sanction consiste dans une action en pension alimentaire contre l'époux dans l'aisance.

3° Obligation d'*assistance*, c'est-à-dire de soins personnels. Le refus d'assistance constitue une injure grave de nature à entraîner la séparation de corps.

II. Les obligations *particulières* à chaque époux sont, d'après le Code, les suivantes :

1° Le mari doit *protection* à sa femme ; la femme doit *obéissance* à son mari (art. 213). La puissance maritale, ainsi formulée, est considérée comme d'ordre public.

2° Du devoir d'obéissance naît pour la femme l'obligation d'*habiter* avec son mari, et de le suivre partout où il réside, même à l'étranger. Réciproquement, le mari est tenu de *recevoir* sa femme chez lui et de l'y traiter convenablement (art. 214).

Quant à la sanction de ces obligations, il est certain d'abord que le refus de la femme d'habiter avec son mari, ou le refus du mari de recevoir sa femme, constituerait une injure grave de nature à amener la séparation de corps. De plus, l'époux coupable perdrait le droit d'exiger des secours alimentaires. On admet en outre que la femme peut être contrainte *manu militari* [1].

INCAPACITÉ DE LA FEMME MARIÉE.

III. L'incapacité de la femme mariée est le manque d'aptitude de la femme à faire sans autorisation du mari ou de justice tout un ensemble d'actes.

L'incapacité commence à la célébration du mariage, survit à la séparation de corps, et dure jusqu'à la dissolution.

Elle comprend, en général, tous les actes de la vie civile ; cependant la femme mariée ayant, dans certains cas, l'administration de ses biens, ce droit d'administration se trouve nécessairement en opposition avec le principe de l'incapacité, et finalement, comme nous le verrons, en restreint l'application. Ce conflit se présente notamment :

1° Sous le régime de communauté conventionnelle, lorsque le contrat a réservé à la femme la pleine pro-

1. Voir *Manuel de Droit civil*, I, pag. 223-224.

priété et, par conséquent, l'administration de tout ou partie de ses biens personnels ;

2° Sous le régime exclusif de communauté, lorsque la femme s'est réservé la jouissance et l'administration de certains de ses biens ;

3° Sous le régime de séparation de biens, d'une façon constante : la femme conserve ou reprend la propriété, la jouissance et l'administration de tous ses biens ;

4° Sous le régime dotal, en ce qui concerne les biens non constitués en dot (appelés paraphernaux), dont la femme a l'administration.

Les textes appliquent successivement l'incapacité de la femme : aux actes judiciaires, qui se rattachent à une instance ; aux actes extrajudiciaires, faits en dehors de toute instance.

Actes judiciaires.

IV. Il faut distinguer si la femme figure dans un procès civil ou dans une poursuite pénale.

1° Procès civil. — L'art. 215 déclare, d'une manière générale, que la femme ne peut, sans autorisation, ester en justice (*stare in judicio*).

La nécessité de l'autorisation existe, même lorsque la femme est marchande publique, c'est-à-dire lorsqu'elle a la capacité la plus étendue que puisse avoir une femme mariée, et quel que soit le régime matrimonial adopté par les époux. Il n'y a pas à distinguer entre le cas où la femme agit comme demanderesse, et celui où elle agit comme défenderesse. La femme, plaidant contre son mari, demandant la nullité de son mariage, a besoin de l'autorisation de son mari.

Une double *exception* concerne la demande en séparation de corps et la demande en séparation de biens, qui doivent être autorisées, non par le mari, mais par justice.

2° Poursuite pénale. — En matière criminelle, correctionnelle ou de police, la femme défenderesse a le droit d'agir sans autorisation (art. 216). Si elle est demanderesse, l'autorisation est nécessaire.

Lorsque l'action est intentée par la partie civile, on admet que la femme poursuivie devant les tribunaux de répression n'a pas besoin d'autorisation, parce que l'instance peut aboutir à l'application d'une peine; poursuivie devant les tribunaux civils, elle a besoin de l'autorisation [1].

Actes extrajudiciaires.

V. La règle de l'art. 217 comprend deux termes : incapacité d'*aliéner* et incapacité d'*acquérir*.

1° Incapacité d'aliéner. — Aliéner, c'est, dans un sens général, transférer à un autre la propriété ou un démembrement de la propriété d'une chose. On peut aliéner à titre onéreux, ou à titre gratuit; l'aliénation à titre gratuit comprend la donation et le testament.

L'art. 217, défendant à la femme d'*aliéner*, lui défend par là même de *donner* et d'*hypothéquer :* ces dernières mentions sont inutiles.

D'un autre côté, la défense d'*aliéner* comprend celle de *tester :* ici le terme est trop général, car un autre texte déclare expressément que la femme peut tester sans autorisation (art. 226).

1. Voir *Manuel de Droit civil*, I, pag. 231-232.

2° Incapacité d'acquérir. — L'incapacité d'acquérir est plus générale encore que la précédente : la femme mariée ne peut acquérir, sans autorisation, même par testament, ni par succession *ab intestat.*

L'incapacité d'aliéner ou d'acquérir ne rend d'ailleurs l'aliénation ou l'acquisition impossible qu'autant que la volonté de la femme intervient : toutes les fois que le mode d'aliénation ou d'acquisition ne suppose pas l'intention de la femme, l'aliénation ou l'acquisition est possible.

Ainsi la femme peut aliéner par prescription ; elle peut acquérir par prescription , par accession , par occupation.

VI. L'art. 217 ne dit pas que la femme est incapable de *s'obliger ;* mais toute obligation contenant le principe d'une aliénation pour le cas où elle ne serait pas acquittée, il paraît certain que l'incapacité d'aliéner prohibe l'obligation, au moins par *contrat.* On est d'accord pour admettre que la femme peut être obligée en vertu de la *loi*, du *délit* et du *quasi-délit;* quant au *quasi-contrat*, il oblige la femme lorsqu'elle y a joué le rôle passif ou involontaire; il ne l'oblige pas quand elle y a joué le rôle actif ou volontaire [1]. Le but de la loi est de lier la volonté, d'empêcher le fait personnel de la femme.

VII. Le principe reste donc celui-ci : la femme ne peut ni aliéner, ni acquérir, ni s'obliger *volontairement* sans l'autorisation de son mari.

Mais ce principe est contredit : 1° par le droit qui appartient à la femme séparée de disposer de son

1. Voir *Manuel de Droit civil*, I, pag. 235-237.

mobilier et de l'aliéner (art. 1449); 2° par le pouvoir d'administration qui, sous tous les régimes matrimoniaux, peut appartenir à la femme (voir page 124), et qui ne se conçoit pas sans une certaine capacité de s'obliger contractuellement.

Il en résulte que la femme mariée a le droit d'aliéner et d'acquérir à titre onéreux dans une certaine mesure, difficile à déterminer : on pose comme règle que tout acte, obligation ou aliénation, qui rentre dans les limites d'une libre *administration*, est valable sans autorisation, mais que tout acte, obligation ou aliénation, étranger à l'administration, dépasse la capacité de la femme non autorisée [1].

FORMES DE L'AUTORISATION MARITALE.

VIII. Quant à la forme, l'autorisation n'a pas besoin d'être sacramentelle; le concours du mari dans l'acte est suffisant.

L'autorisation peut être expresse ou tacite.

L'autorisation expresse peut être verbale. L'écrit dont parle l'art. 217 n'est pas exigé pour la solennité de l'acte, mais seulement pour la preuve. A défaut d'écrit, la preuve testimoniale ne pourra pas être employée; l'autorisation sera établie par l'aveu ou la délation du serment.

L'autorisation tacite ne peut résulter que du concours du mari dans l'acte (art. 217).

L'autorisation doit d'ailleurs être toujours spéciale; l'autorisation générale, qui suffisait dans l'ancien droit, est nulle aujourd'hui, alors même qu'elle serait donnée par contrat de mariage (art. 223).

1. Voir *Manuel de Droit civil* I, pag. 237-238.

L'autorisation générale, déclare l'art. 223, n'est valable que quant à l'administration des biens de la femme; ce texte est inexact. La femme qui par son contrat de mariage s'est réservé l'administration de tout ou partie de ses biens, n'a pas besoin de l'autorisation du mari; et si c'est le mari qui a l'administration des biens de la femme, il ne peut pas y renoncer, il ne peut que conférer à la femme un mandat d'administrer. Le mandat diffère de l'autorisation, en ce que le mandataire oblige le mandant sans s'obliger lui-même, tandis qu'en principe la personne autorisée s'oblige elle-même, sans obliger celle qui l'autorise.

AUTORISATION JUDICIAIRE.

IX. C'est au mari d'abord que la femme doit demander l'autorisation. La justice intervient, à défaut du mari, dans *deux* cas :

1° Lorsque celui-ci refuse d'autoriser sa femme soit à ester en jugement, soit à passer un acte (art. 218-219) ;

2° Lorsqu'il est dans l'impossibilité d'accorder à sa femme son autorisation (art. 221, 222, 224).

Premier cas. — En cas de refus du mari, le tribunal compétent pour autoriser la femme à passer un acte (aliéner, acquérir, s'obliger) est le tribunal de première instance du domicile commun (art. 219). Lorsqu'il s'agit pour la femme d'ester en jugement, et que la femme est demanderesse, le tribunal compétent est encore celui du domicile commun : lorsque la femme est défenderesse, c'est celui devant lequel l'affaire est portée.

D'après les art. 861 et 862 du Code de procédure

qui ont réglé la forme de procéder pour obtenir l'autorisation de justice en cas de refus du mari, et modifié à cet égard l'art. 219, la femme doit faire préalablement constater le refus par une sommation; puis elle présente requête au président pour obtenir permission de citer son mari à la chambre du conseil; le mari entendu ou faisant défaut, le tribunal statue en audience publique sur la demande de la femme, après communication au ministère public.

Lorsque la femme est défenderesse dans une instance, c'est le demandeur qui doit assigner le mari, en même temps que la femme : si le mari refuse l'autorisation ou fait défaut, le demandeur, par ses conclusions, invite le tribunal à autoriser la femme.

X. *Deuxième cas.* — L'impossibilité physique ou légale peut avoir *quatre* causes :

1° L'absence présumée ou déclarée du mari (art. 222). En cas de non-présence, on admet la même solution, s'il y a urgence.

2° La condamnation du mari à une peine afflictive et infamante (art. 221).

Bien que les peines afflictives et infamantes entraînent la dégradation civique à perpétuité, c'est seulement pendant la durée de la peine que le mari est déchu du droit d'autoriser sa femme. Lors donc qu'il sera frappé de la dégradation civique comme peine principale, il n'encourra pas la déchéance spéciale dont il est question ici.

3° L'interdiction du mari (art. 222). Il faut assimiler au mari interdit le mari pourvu d'un conseil judiciaire ou placé dans une maison d'aliénés. Lorsque la femme est tutrice de son mari interdit, elle a, comme tutrice, relativement aux biens personnels du mari et à ceux de la communauté, des pouvoirs qui ne lui appartiennent pas relativement à ses propres biens.

4° La minorité du mari (art. 224). Le mari mineur, émancipé par le mariage, a le droit d'autoriser sa femme pour tous les actes qu'il peut faire lui-même, notamment pour intenter une action mobilière ou y défendre. Les autres actes exigent l'autorisation de la justice.

XI. A part les cas où l'autorisation de la justice *peut suppléer* celle du mari, il en existe d'autres où c'est *nécessairement* la justice qui *remplace* le mari. Il en est ainsi dans les demandes en séparation de corps ou en séparation de biens : la femme, sans autorisation du mari, présente au président du tribunal une requête préalable; l'autorisation de plaider est ensuite accordée par le seul président du tribunal.

On a soutenu que l'autorisation judiciaire était aussi nécessaire lorsque la femme s'obligeait avec un tiers dans l'intérêt du mari; mais, en présence des termes généraux de l'art. 217, il faut admettre que le mari, quoique personnellement intéressé, est apte à autoriser sa femme [1].

Lorsque la femme contracte avec le mari, ce qui lui est permis en principe, puisqu'aucune loi ne le défend d'une façon générale, l'autorisation du mari est encore suffisante; le cas des contrats entre mari et femme n'est pas excepté de la règle posée dans l'art. 217 [2].

1. Voir *Manuel de Droit civil*, I, pag. 244.
2. Voir *Manuel de Droit civil*, I, pag. 244-2[illegible].

Il résulte des précédentes solutions que, parmi les *actes extrajudiciaires*, il ne se trouve aucun cas où l'autorisation de la justice doive nécessairement remplacer celle du mari.

XII. La procédure à suivre pour obtenir l'autorisation de la justice en cas d'impossibilité, diffère en deux points de la procédure en cas de refus. Il n'y a lieu dans ce cas ni à faire sommation au mari, ni à le citer ; de plus, il doit être commis un juge pour faire un rapport sur la requête de la femme (art. 863-864 Code de Procédure civ.).

CAPACITÉ DE LA FEMME COMMERÇANTE.

XIII. La femme mariée est réputée commerçante ou, comme dit l'art. 220, marchande publique, lorsqu'elle fait un commerce séparé de celui de son mari ; le commerce est *séparé* dès que les intérêts de la femme sont distincts de ceux du mari.

Le cas de la femme mariée commerçante présente *trois* particularités :

1° L'autorisation doit nécessairement émaner du mari (art. 4, Code comm.) ; l'autorisation de justice ne peut point la suppléer [1].

2° L'autorisation du mari peut être induite de toute circonstance, et non pas seulement du concours du mari dans l'acte, comme le veut l'art. 217.

3° Cette autorisation est générale, contrairement à la disposition de l'art. 223 ; elle embrasse l'ensemble des opérations commerciales de la femme.

XIV. Ainsi autorisée, la femme commerçante est

1. Voir *Manuel de Droit civil*, pag. 251.

capable, non-seulement de s'obliger (art. 220), mais encore d'hypothéquer et d'aliéner ses immeubles (art. 7, Code comm.). Seule, la faculté d'ester en justice n'est pas comprise dans l'autorisation générale.

En s'obligeant, la femme commerçante oblige aussi son mari, s'il y a communauté entre eux (art. 220). Par réciproque, sous le régime de séparation de biens, le mari n'est nullement tenu.

La capacité exceptionnelle de la femme commerçante ne s'applique qu'aux actes qui concernent son négoce : l'incapacité reste la règle pour les actes étrangers au commerce. Aussi, lorsqu'il y a doute sur la nature d'un acte, la présomption est qu'il émane d'un non-commerçant, et c'est aux tiers à en établir la commercialité ; les termes des art. 220, 1426 Cod. civ., et 5 Code comm., ne permettent pas d'adopter une opinion contraire[1].

XV. Nous avons dit que l'autorisation de faire le commerce devait émaner nécessairement du mari. En dehors de cette hypothèse, il y a *deux* cas où l'autorisation de justice ne peut suppléer celle du mari, au moins tant que le mari est présent et en état de consentir :

1° Acceptation d'une exécution testamentaire, sous un régime autre que la séparation de biens (art. 1029) ;

2° Aliénation d'immeubles en vue de l'établissement des enfants communs, sous le régime dotal (art. 1555).

1. Voir *Manuel de Droit civil*, pag. 250.

EFFET DE L'AUTORISATION.

XVI. L'effet de l'autorisation émanée du mari ou de justice est le même : cet effet consiste à relever la femme de son incapacité, et à rendre valable un acte qui, sans cela, serait annulable.

L'autorisation, soit qu'elle procède du mari, soit qu'elle procède de la justice, n'est pas opposable au mari : telle est la règle. Mais l'effet des conventions matrimoniales peut la modifier, et il y a des cas où le mari se trouve obligé par l'autorisation donnée à la femme (art. 220). On peut dire ici, d'une façon générale, que *l'autorisation de la justice* n'a d'effet qu'à l'égard de la femme, quel que soit le régime matrimonial ; et encore, que toutes les fois que la femme a l'administration de tout ou partie de ses biens, *l'autorisation, même émanée du mari*, n'a d'effet qu'à l'égard de la femme.

EFFET DU DÉFAUT D'AUTORISATION.

XVII. Le défaut d'autorisation produisait, dans l'ancien droit, une véritable nullité ; aujourd'hui, il ne produit qu'une annulabilité. D'où trois conséquences : 1° la nullité ne peut être invoquée que par certaines personnes ; 2° elle se prescrit par un certain laps de temps ; 3° elle peut être purgée par la ratification.

Les deux dernières conséquences, quoique non indiquées dans l'art. 225, sont certaines.

XVIII. 1° Les personnes admises à se prévaloir du défaut d'autorisation sont : la femme, le mari, leurs héritiers (art. 225).

La femme fait ainsi annuler les obligations dont

sa dot, doit, en principe, faire la *preuve* que le mari a reçu la dot.

Néanmoins, quand le mariage a duré dix ans, depuis l'époque où la dot était devenue exigible, le mari est tenu de restituer la dot sans que la femme ait à faire aucune preuve contre lui (art. 1569). — Cette disposition repose sur l'idée que si le mari n'a pas reçu la dot, c'est par l'effet d'une négligence dont il doit seul souffrir; de là, pour le mari, le droit de détruire cette présomption de faute en justifiant de « diligences » inutilement faites par lui pour se procurer le payement de la dot.

Dans le cas où la femme a promis elle-même la dot, l'art. 1569 ne pourrait s'appliquer; la femme ne pourrait profiter de ce que le mari ne lui aurait pas réclamé sa dot avec une insistance suffisante, pour le forcer à la lui rendre.

XIX. Dans tous les cas où il y a lieu à la restitution de la dot, les *fruits* et les *intérêts* de la dot sont dus de plein droit à la femme ou à ses héritiers à partir du jour où s'est réalisé le fait qui donne lieu à la restitution (art. 1570, § 1).

Dans le cas particulier où c'est la *mort du mari* qui donne lieu à la restitution de la dot, la femme jouit de *deux avantages* qui lui sont entièrement *personnels* (art. 1570, § 2) :

1° Au lieu d'exiger les fruits et les intérêts de sa dot pendant l'année qui suit la dissolution du mariage, elle a le droit de se faire fournir, durant le même intervalle, sa nourriture et son entretien, aux dépens de la succession du mari ;

2° Même lorsqu'elle exige les fruits et les intérêts

sation, la violation de l'art. 217 a donné naissance à deux actions indépendantes l'une de l'autre, qui ne se prescrivent pas de la même façon ; la volonté du mari ne peut détruire que sa propre action [1].

En conséquence, la ratification faite par le mari seul, pendant ou après le mariage, n'enlève l'action qu'à lui-même et à ses ayants cause.

La ratification donnée par la femme seule pendant le mariage n'a pas d'effet, puisque la femme est incapable.

La ratification donnée par la femme après la dissolution du mariage, ou pendant le mariage avec autorisation de justice, détruit seulement l'action de la femme et de ses ayants cause.

Enfin, l'action du mari et celle de la femme tombent en même temps, lorsque la femme ratifie pendant le mariage avec l'autorisation de son mari.

EXCEPTIONS A LA RÈGLE D'INCAPACITÉ.

XXI. La femme mariée peut faire valablement, sans aucune autorisation, un certain nombre d'actes :

1° Elle peut tester (art. 226), révoquer son testament, et de même révoquer les donations entre-vifs qu'elle a faites à son mari pendant le mariage.

2° Elle peut faire tous les actes qui n'impliquent ni aliénation, ni acquisition, ni obligation intentionnelle. Cela s'applique notamment à la transcription des donations qu'elle a valablement acceptées, à l'inscription de l'hypothèque qui lui appartient sur les biens de son mari, à l'obligation en vertu d'un quasi-contrat, etc.

1. Voir *Manuel de Droit civil*, I, pag. 254.

3° Elle peut exercer certains droits qui lui sont formellement attribués : par exemple, reconnaître un enfant naturel né avant le mariage, consentir au mariage et à l'adoption de ses enfants, accepter pour eux les donations qui leur sont offertes, etc.

4° Elle peut faire les actes qui rentrent dans le pouvoir d'administration que le contrat de mariage lui a réservé.

CHAPITRE VII.

DE LA DISSOLUTION DU MARIAGE.

Le Code énumère *trois* causes de dissolution : la mort naturelle de l'un des conjoints ; la mort civile ; le divorce (art. 227).

Le divorce a été aboli par la loi du 8 mai 1816.

La mort civile a disparu depuis la loi du 31 mai 1854.

Il n'existe aujourd'hui qu'*un seul* mode de dissolution du mariage : la mort naturelle.

CHAPITRE VIII.

DES SECONDS MARIAGES.

Le mari devenu veuf peut se remarier immédiatement, si bon lui semble.

La femme, devenue veuve, ne peut se remarier qu'après dix mois révolus (art. 228). Cette prohibition ne constitue qu'un empêchement prohibitif : le second mariage est valable, bien qu'en fait il ait eu lieu avant l'expiration des dix mois.

TITRE VI.

DU DIVORCE.

SOMMAIRE : I. Qu'est-ce que le divorce? Quel est l'historique de cette institution? — II. Qu'est-ce que la séparation de corps? Pour quelles causes peut-elle être demandée? L'adultère du mari est-il une cause de séparation? Comment définit-on les excès, sévices ou injures graves? L'infamie résultant d'une peine criminelle disparaît-elle par la grâce? La condamnation antérieure au mariage est-elle une cause de séparation? — III. Qui peut demander la séparation? L'action peut-elle être continuée par ou contre les héritiers d'un époux défunt? La réconciliation est-elle une cause de non-recevoir? Que dire de la réciprocité des torts? —IV. Comment s'introduit la demande en séparation? Les preuves sont-elles les mêmes qu'en matière ordinaire? — V. Quelles sont les mesures provisoires à prendre? Le jugement n'est-il pas soumis à des règles spéciales? — VI. A quelle peine peut être condamnée la femme adultère? Par quel tribunal est prononcée cette peine? Quel est le droit du mari en pareille circonstance? — VII. Quels sont les effets de la séparation? Quelles obligations résultant du mariage laisse-t-elle subsister? A quelle époque commence la séparation de biens? — VIII. Comment cesse la séparation de corps? La séparation de biens cesse-t-elle en même temps?

I. Le divorce est la dissolution du mariage prononcée par la justice sur la demande des époux ou de l'un d'eux.

L'ancienne législation n'admettait pas le divorce; elle tolérait la séparation de corps, sous le nom de séparation d'habitation.

La Révolution, par la loi du 20 septembre 1792, introduisit le divorce en France; elle supprima la séparation de corps.

Le Code civil maintint le divorce en le modifiant et rétablit la séparation de corps.

La Restauration (loi du 8 mai 1816) supprima le divorce, et laissa subsister la séparation de corps.

Les quatre premiers chapitres du titre VI, aujourd'hui abrogés, traitaient: des causes du divorce, du divorce pour cause déterminée, du divorce par consentement mutuel, des effets du divorce.

CHAPITRE V.

DE LA SÉPARATION DE CORPS.

II. La séparation de corps fait cesser seulement la communauté d'existence, et les obligations qui en découlent; elle maintient le mariage.

CAUSES DE LA SÉPARATION.

La séparation de corps peut être demandée pour *trois* causes (art. 306, 229, 232) : 1° l'adultère; 2° les excès, sévices ou injures graves; 3° la condamnation à une peine infamante. Le consentement mutuel, qui était une cause de divorce, n'est pas admis pour la séparation de corps (art. 307).

1° L'*adultère* de la femme peut être une cause de séparation de corps, en quelque lieu qu'il soit commis.

Pour le mari, il faut qu'il s'y ajoute la circonstance aggravante d'avoir tenu sa femme dans la maison conjugale, autrement dit, d'avoir eu une liaison continue avec une concubine demeurant dans une maison où la femme avait le droit de résider. En dehors de ces circonstances, l'adultère du mari ne pourrait être considéré que comme injure grave.

2° Les termes : *excès*, *sévices*, *injures graves*, ne sont guère susceptibles d'une définition rigoureuse; il y a lieu d'apprécier en fait.

On dit cependant que les excès sont les violences qui mettent en danger la vie ou la santé de la personne; les sévices sont les mauvais traitements habituels; les injures graves sont les paroles, écrits ou faits qui attentent au respect dû à la personne.

3° La *condamnation* à toutes les peines criminelles entraîne l'infamie; l'infamie subsiste même après l'expiration de la peine, la grâce ou la commutation; elle ne disparaît que par l'amnistie ou la réhabilitation.

La condamnation n'est une cause de séparation de corps qu'autant qu'elle n'est plus susceptible d'être réformée par les voies légales.

Il s'agit d'ailleurs d'une condamnation encourue pendant la durée du mariage; une condamnation prononcée contre l'un des époux antérieurement au mariage, et ignorée de l'autre époux, pourrait tout au plus être considérée comme injure grave; c'est plutôt un cas d'erreur dans la personne [1].

PROCÉDURE DE LA SÉPARATION.

III. Le droit de demander la séparation est aujourd'hui réciproque.

Il est personnel, c'est-à-dire que les créanciers des époux ne sont pas recevables à l'exercer, et que l'action en séparation s'éteint naturellement par la mort de l'un des époux. Si la mort de l'un des époux est survenue pendant l'instance, l'action ne peut

1. Voir *Manuel de Droit civil*, I, pag. 271.

pas être continuée par ou contre les héritiers du défunt [1].

Les règles qui régissent l'action en séparation ne sont pas exactement celles qui s'appliquent au divorce (art. 307) ; cependant elles se complètent sur certains points par les textes relatifs au divorce.

L'action en séparation cesse par la réconciliation des époux, réconciliation qui peut être expresse ou tacite. Si de nouveaux faits viennent motiver une nouvelle demande, les anciens pourront être invoqués, comme s'ils n'avaient pas été pardonnés (art. 273).

Une autre fin de non-recevoir existait pour le divorce, dans le cas où la femme avait abandonné la maison où le tribunal l'avait autorisée à se retirer (art. 269). Elle n'est pas applicable à la séparation de corps [2].

La réciprocité des torts, loin d'être une cause de non-recevoir, est une raison de prononcer la séparation contre les deux époux. Cependant la solution contraire est admise pour le cas d'une condamnation réciproque à une peine infamante [3].

IV. L'époux qui veut intenter l'action doit présenter une requête au président du tribunal de son domicile. Le président, par une ordonnance, enjoint aux parties de comparaître devant lui, sans avoués ni avocats. S'il ne réussit pas à les concilier, il les renvoie, par une seconde ordonnance, devant le tribunal; il autorise, en outre, la femme à procéder et

1. Voir *Manuel de Droit civil*, I, pag. 275-276.
2. Voir *Manuel de Droit civil*, I, pag. 273.
3. Voir *Manuel de Droit civil*, I, pag. 274-275.

à se retirer dans une maison convenue entre les parties ou désignée par lui (art. 875-878 Code procéd.)

On applique ensuite à l'instance les règles ordinaires; cependant, quant à la preuve, on repousse l'aveu et le serment. La preuve testimoniale est la preuve habituelle : on admet comme témoins les domestiques et les parents, à l'exception des ascendants.

V. Si la demande n'est pas admise ou rejetée dès le premier examen, il y a lieu de prendre les mesures provisoires et conservatoires réglées pour le divorce (art. 267-271). Ces mesures se rapportent : 1° à la personne des enfants; 2° à la personne de la femme; 3° aux intérêts pécuniaires de la femme.

1° La puissance paternelle et l'administration des enfants restent au mari pendant l'instance; mais il peut en être ordonné autrement par le tribunal, sur la demande soit de la mère, soit de la famille, soit du ministère public.

2° La femme peut être autorisée par le président à quitter la maison conjugale; si ses ressources sont insuffisantes, le tribunal fixera une pension alimentaire à la charge du mari.

3° La femme mariée sous le régime de communauté peut requérir, pour la conservation de ses droits, l'apposition des scellés sur les effets mobiliers de la communauté.

Le ministère public doit donner ses conclusions.

Le jugement est soumis à certaines formes de publicité spéciales (art. 872, 880 Code procéd.) : si ces dispositions ne sont pas observées, la séparation de biens n'est pas opposable aux tiers.

. EFFETS DE LA SÉPARATION.

VI. *Effet spécial de la séparation pour adultère de la femme.* — La séparation de corps prononcée pour cause d'adultère entraîne contre la femme une condamnation spéciale à l'emprisonnement de trois mois à deux ans (art. 308.)

Par une double dérogation au droit commun, c'est le tribunal civil qui prononce la répression, sur la réquisition du ministère public ; et c'est le mari seul qui a qualité pour la provoquer. Le mari reste maître, à toute époque de l'instance, d'en arrêter le cours ; il peut même faire cesser l'effet de la condamnation en consentant à reprendre sa femme (art. 309).

Le mari peut d'ailleurs persévérer dans la demande en séparation, tout en s'opposant à l'emprisonnement de sa femme, et, réciproquement, sans former aucune demande en séparation, porter plainte contre sa femme et la faire condamner par le tribunal correctionnel (art. 336, 337 Code pénal).

VII. *Effet général de la séparation.* — La séparation de corps affranchit les époux de la vie commune.

Elle laisse subsister : — 1° l'obligation de fidélite pour la femme ; la sanction de cette obligation pour le mari disparaît forcément dès qu'il n'y a pas de maison commune ; — 2° l'obligation de secours, qui se réduit à une dette alimentaire ; — 3° l'obligation d'assistance, qui se conçoit difficilement ; — 4° l'incapacité de la femme, pour tous les actes autres que ceux d'administration ; — 5° le droit de successibilité réciproque ; — 6° le droit de jouissance légale sur les biens des enfants âgés de moins de dix-huit ans, et le droit d'administration des biens des enfants mineurs.

La séparation de corps prononcée a pour effet : — 1° de porter atteinte à la présomption que l'enfant conçu durant le mariage a pour père le mari ; — 2° d'emporter la séparation de biens (art. 311). Dans le cas de la séparation de biens obtenue par action principale, le jugement rétroagit jusqu'au jour de la demande ; au contraire, la séparation de biens résultant de la séparation de corps n'a d'effet qu'à partir du jugement qui prononce la séparation de corps ; — 3° de faire remettre les enfants au demandeur qui a triomphé, du moins en général ; — 4° de rendre à la femme le droit d'avoir un domicile propre ; — 5° de révoquer de plein droit tous les avantages que le demandeur avait faits au défendeur, soit par contrat de mariage, soit pendant le mariage : cette déchéance doit être admise comme fondée sur la volonté présumée du donateur [1] ; — 6° de rendre les donations entre époux révocables pour cause d'ingratitude, selon le droit commun [2].

VIII. La séparation de corps, une fois prononcée, ne peut cesser que par le consentement mutuel des époux. Ce consentement peut être exprimé d'une manière quelconque ; il peut même être tacite.

La séparation de biens survit à la séparation de corps, tant que le régime matrimonial primitif n'a pas été rétabli par une convention spéciale (art. 1451).

1. Voir *Manuel de Droit civil*, I, pag. 282-283.
2. Voir *Manuel de Droit civil*, I, pag. 283-284.

TITRE VII.

DE LA PATERNITÉ ET DE LA FILIATION [1].

La filiation est le rapport qui existe entre l'enfant et ceux qui l'ont procréé. Le Code s'occupe ici de la preuve de ce rapport.

Le Code distingue d'abord :

La filiation dans le mariage, ou filiation légitime ;

La filiation en dehors du mariage, ou filiation naturelle.

Il subdivise ensuite la seconde, en filiation naturelle simple, filiation adultérine et filiation incestueuse.

Il faut ajouter que le contrat d'adoption crée, entre l'enfant et la personne qui l'adopte, un rapport analogue à celui qui constitue la filiation légitime.

De plus, les enfants naturels simples sont considérés légitimes, si leurs père et mère contractent mariage postérieurement à leur naissance.

Donc, *six* espèces d'enfants : 1° enfants *légitimes ;* 2° enfants *légitimés ;* 3° enfants *naturels simples ;* 4° enfants *adultérins ;* 5° enfants *incestueux ;* 6° enfants *adoptifs*.

Les droits de l'enfant varient suivant la catégorie à laquelle il appartient.

1. *Voir*, pour l'idée philosophique, *Manuel de Droit civil*, I, pag. 285-289.

CHAPITRE I.

DE LA FILIATION DES ENFANTS LÉGITIMES.

SOMMAIRE : I. Comment se prouve la filiation légitime ? Au moyen de quelles actions se fait la preuve contraire ? — II. En quoi consiste la présomption relative à la conception ? A quelle époque doit se placer la possibilité de la conception ? Comment calcule-t-on les délais ? — III. Quelle est la présomption relative à la paternité ? La force de cette présomption est-elle toujours la même ? — IV. Dans quels cas le mari est-il autorisé à intenter l'action en désaveu ? L'impuissance naturelle est-elle une cause d'impossibilité ? L'adultère de la femme doit-il être prouvé séparément en cas de recel de l'enfant ? Quelle est la modification qui résulte de la loi du 6 décembre 1850 ? — V. Les enfants nés pendant le mariage et conçus avant, sont-ils légitimes ou légitimés ? Quel est l'intérêt de la question ? Dans quels cas le mari ne peut-il pas désavouer l'enfant ? — VI. Quelle est la force de la présomption de paternité appliquée à l'enfant né dans les trois cents jours après le mariage ? — VII. Quelle est la condition de l'enfant né plus de trois cents jours après le mariage ? Peut-il être déclaré légitime malgré la contestation ? — VIII. Par qui peut être intentée l'action en désaveu ? Les créanciers du mari peuvent-ils l'exercer ? Le délai est-il le même pour le mari et pour ses héritiers ? Comment procède-t-on lorsque l'enfant est mineur ou interdit ? — IX. Quelles différences entre l'action en désaveu et la contestation de légitimité ?

I. Pour fournir la preuve de sa filiation légitime, l'enfant doit établir : 1° que la femme dont il prétend être issu est ou a été mariée ; — 2° que cette femme est sa mère, c'est-à-dire d'abord, qu'elle est accouchée, puis, qu'il est bien l'enfant issu d'elle ; — 3° qu'il a été conçu durant le mariage ; — 4° que le mari de sa mère est bien son père.

Les modes de preuve du mariage sont exposés

dans le titre : *du Mariage;* les modes de preuve de la maternité se trouvent dans le chapitre II du présent titre ; l'époque de la conception et la paternité du mari s'établissent au moyen de deux présomptions légales, qui font l'objet du présent chapitre.

Lorsqu'une personne revendique une filiation légitime, elle intente une action en *réclamation d'état.*

La *contestation d'état, dans un sens général*, est l'action par laquelle on conteste la filiation légitime d'une personne.

L'action en contestation d'état se subdivise ainsi :

1° L'action en *désaveu*, qui prétend que la présomption de paternité du mari est contraire à la vérité, quant à l'enfant prétendu légitime.

2° L'action en *contestation de légitimité*, qui soutient que la mère n'a jamais été mariée, ou, si elle a été mariée, que l'enfant n'a pas été conçu durant le mariage.

3° L'action *en contestation d'état, dans un sens restreint*, qui conteste la maternité, en niant soit l'accouchement de la mère, soit l'identité de l'enfant.

L'action en réclamation d'état, et l'action en contestation d'état proprement dite, sont renvoyées au chapitre II du présent titre. L'action en désaveu et l'action en contestation de légitimité sont traitées dans le présent chapitre.

Nous exposerons successivement : la présomption relative à la conception durant le mariage ; — la présomption relative à la paternité du mari ; — l'action en désaveu ; — l'action en contestation de légitimité.

PRÉSOMPTION RELATIVE A LA CONCEPTION DURANT LE MARIAGE.

II. Pour déterminer l'époque de la conception, la loi s'en réfère à la durée ordinaire de la gestation. Par présomption, elle admet deux limites extrêmes, l'une de cent quatre-vingts jours pour les gestations les plus courtes; l'autre de trois cents jours pour les plus longues (art. 312).

La possibilité de la conception doit se placer dans le temps intermédiaire, compris entre le point de départ du maximum et le point de départ du minimum de la durée de la grossesse. L'enfant est réputé légitime toutes les fois qu'il a pu être conçu durant le mariage, et des œuvres du mari, pendant ce temps intermédiaire.

Le temps intermédiaire comprend les cent vingt et un jours compris entre le trois centième et le cent quatre-vingtième jours qui précèdent la naissance. On calcule ce délai de jour à jour, en y comprenant le jour de la naissance (*dies ad quem*), mais en excluant le jour où le délai commence à courir (*dies a quo*). On arrive finalement à exiger cent soixante-dix-neuf jours pleins pour la plus courte gestation, et, pour la plus longue, deux cent quatre-vingt-dix-neuf jours pleins [1].

La présomption relative à la durée de la gestation ne peut pas être combattue par la preuve contraire.

1. Voir *Manuel de Droit civil*, I, pag. 292-293.

PRÉSOMPTION RELATIVE À LA PATERNITÉ DU MARI.

III. La présomption que l'ancien droit formulait ainsi : *pater is est quem nuptiæ demonstrant*, est répétée en ces termes : « L'enfant conçu pendant le mariage a pour père le mari » (art. 312). Tenant pour constant le double fait de la cohabitation des époux et de la fidélité de la femme, la loi conclut que l'enfant a pour père le mari.

La force de cette présomption n'est pas absolue dans tous les cas ; elle peut être combattue d'après des règles variables. Il y a lieu de distinguer : 1° les enfants conçus et nés durant le mariage ; — 2° les enfants conçus avant et nés durant le mariage ; — 3° les enfants nés après la dissolution du mariage.

1° Enfants conçus et nés durant le mariage.

IV. Le mari n'est en général admis à repousser la présomption : *pater is est...*, en d'autres termes, à intenter *l'action en désaveu de paternité*, que pour *trois* causes. Cependant, si la maternité n'a été établie que conformément à l'art. 323, la présomption peut *toujours* être combattue par la preuve contraire.

1re Cause de désaveu : *Impossibilité physique de cohabitation pendant le délai légal de la conception.* — Il y a impossibilité physique pour deux motifs (art. 312) :

1° L'*éloignement*, c'est-à-dire des circonstances telles que le rapprochement entre les époux ait été matériellement impossible : la question est purement de fait ;

2° L'*impuissance accidentelle*, en entendant par

accident toute blessure, toute mutilation résultant soit d'une chute, soit d'une opération chirurgicale, soit même d'une maladie interne de nature à rendre la cohabitation impossible. Il n'y a pas lieu de distinguer l'accident antérieur de l'accident postérieur au mariage.

Le Code n'admet pas le désaveu fondé sur l'*impuissance naturelle* (art. 313) : celle-ci ne pourrait même pas constituer un cas d'erreur dans la personne.

2e Cause de désaveu : *Adultère de la femme et recel de l'enfant* (art. 313).

Il faut certainement prouver :

1° Que la femme a recelé la naissance de l'enfant :

2° Qu'il existe un ensemble de faits propres à établir que le mari n'est pas le père.

Quant à la preuve de l'adultère de la femme, elle n'a pas besoin d'être faite d'une manière spéciale, ni surtout préalablement à l'instance en désaveu : les termes de l'art. 313 n'exigent pas cette preuve, qui résultera d'ailleurs suffisamment des faits propres à justifier la non-paternité du mari [1].

3e Cause de désaveu : *Séparation de corps* (article 313 complété par la loi du 6 décembre 1850).

Le Code laissait subsister, pour les époux judiciairement séparés de corps, la présomption de paternité du mari ; la loi du 6 décembre 1850 a établi une présomption contraire.

Il suffit au mari d'établir que l'enfant est né trois cents jours après que sa femme a été autorisée par le

1. Voir *Manuel de Droit civil*, I, pag. 295-297.

président du tribunal à quitter la maison conjugale et moins de cent quatre-vingts jours depuis le rejet définitif de la demande ou depuis la réconciliation.

Le non-rapprochement des époux est le fait présumé ; c'est aux adversaires du mari à établir que le rapprochement a eu lieu.

2° Enfants conçus avant et nés durant le mariage.

V. Il semble que la présomption de paternité ne devrait pas s'appliquer aux enfants conçus avant le mariage ; l'art. 314 leur en accorde cependant le bénéfice.

Il faut même considérer les enfants nés durant le mariage, quoique conçus avant, comme des enfants *légitimes* et non comme des enfants *légitimés ;* la nécessité d'une action en désaveu suppose, dans la pensée de la loi, que l'enfant est en possession de la *légitimité.* Il résulte de cette solution que l'enfant issu d'une union entachée d'adultère ou d'inceste au moment de la conception, naîtra cependant légitime ; s'il s'agissait d'une *légitimation,* elle serait impossible dans ce cas, comme elle l'est en général pour les enfants adultérins ou incestueux [1]. Cependant la légitimité de l'enfant ne date que de la célébration.

En principe, la présomption admise en faveur de l'enfant conçu avant le mariage, tombe devant la simple dénégation du mari. Le mari n'a qu'une chose à prouver : savoir, que l'enfant est né dans les cent soixante-dix-neuf premiers jours du mariage.

Par exception, il y a *trois* cas où le mari est non recevable à désavouer l'enfant (art. 314) :

1. Voir *Manuel de Droit civil,* I, pag. 298-300.

1° Celui où le mari a eu connaissance de la grossesse avant le mariage;

2° Celui où le mari a assisté à l'acte de naissance, qui est signé de lui, ou contient sa déclaration qu'il ne sait signer;

3° Celui où l'enfant n'est pas né viable.

Toute renonciation, même tacite, de la part du mari rendrait également son désaveu non recevable.

3° Enfants nés après la dissolution du mariage.

VI. Il y a lieu de distinguer : 1° les enfants nés dans les trois cents jours à partir de la dissolution du mariage; 2° les enfants nés postérieurement à ces trois cents jours.

Les *premiers* sont assimilés aux enfants conçus et nés durant le mariage, en ce sens que, comme ces enfants, ils sont soumis à la présomption de paternité du mari, et ne peuvent être désavoués que dans trois cas.

Mais ici la présomption n'a, ni en faveur de l'enfant, ni contre lui, la même force que celle qui lui appartient en général.

S'il y a conflit entre la filiation qu'elle attribue à l'enfant, et une autre filiation fondée, soit sur la même présomption, soit sur une reconnaissance, la question ne peut se poser qu'en fait [1]. La présomption ne fait pas obstacle, dans ce cas, à ce que l'on mette, à la place de la filiation qu'elle indique, une autre filiation également avouée par la loi.

VII. Les *seconds* ne naissent pas sous l'empire de la présomption de paternité du mari.

1. Voir *Manuel de Droit civil*, I, pag. 303-304.

Néanmoins, ils ne sont déclarés illégitimes que si leur légitimité est contestée (art. 315). L'action qui devra être intentée contre l'enfant porte le nom d'*action en contestation de légitimité.*

La contestation emportera nécessairement la déclaration d'illégitimité. Les tribunaux n'auraient pas le droit, sous prétexte de circonstances extraordinaires, d'admettre une gestation plus longue, et de déclarer légitime l'enfant né plus de trois cents jours après la dissolution du mariage : les mots « pourra être contestée » de l'art. 315 se rapportent, non aux tribunaux, mais aux personnes qui ont le droit d'intenter la contestation de légitimité, ou d'y renoncer[1].

ACTION EN DÉSAVEU.

VIII. L'action en désaveu est, comme nous l'avons vu, l'action par laquelle on conteste à l'enfant d'une femme mariée, conçu ou même seulement né pendant le mariage, la qualité d'enfant du mari, en d'autres termes, le bénéfice de la présomption de paternité.

Le Code indique : *par qui* cette action peut être intentée ; *dans quel délai* elle doit être intentée ; *contre qui* elle doit être intentée.

1° *Par qui.* — L'action en désaveu appartient *au mari* seul, tant qu'il vit.

Elle passe *à ses héritiers*, lorsqu'il meurt sans y avoir renoncé dans le délai que la loi assigne à la durée de l'action, ou même, ce délai expiré, lorsqu'il meurt durant le procès, après l'avoir intentée à

1. Voir *Manuel de Droit civil*, I, pag. 306-307.

temps (art. 317). Les héritiers comprennent tous les successeurs universels de la personne, héritiers légitimes, légataires universels ou à titre universel, et l'État lui-même.

L'action en désaveu ne peut être exercée ni par les parents du mari qui ne sont point ses héritiers, ni par les héritiers qui ont renoncé à sa succession, ni par ses légataires particuliers, ni par l'enfant, ni par la femme, ni par les héritiers de la mère.

Dans la personne du mari, l'action en désaveu a un caractère purement moral ; elle est inhérente à sa personne, et non susceptible d'être exercée par ses créanciers.

Dans la personne des héritiers du mari, l'action en désaveu a un caractère pécuniaire ; leurs créanciers peuvent en user par subrogation (art. 1166).

2° *Dans quel délai.*—Le délai attribué au mari est, en principe, d'un mois à partir de l'accouchement.

Par exception, il est porté à deux mois dans *deux* cas (art. 316) : si, à l'époque de la naissance, le mari était non-présent, et si la naissance lui a été cachée. Les deux mois ne courent alors qu'à compter de son retour sur les lieux, ou de la découverte de la fraude

Les héritiers du mari ont toujours un délai uniforme de deux mois pour intenter l'action en désaveu; le délai court du moment où l'enfant élève des prétentions sur la succession du mari, ou, plus généralement, sur la succession d'une personne à laquelle sont aussi appelés les héritiers du mari.

Le mari et ses héritiers ont le moyen de prolonger d'un mois le délai qui leur est accordé : ils peuvent, avant l'expiration de ce délai, notifier un acte extrajudiciaire (acte notarié, exploit d'huissier, acte sous seing privé ayant date certaine), contenant déclaration de désaveu (art. 318). Ils ont alors, à partir de cet acte, un mois encore pour agir.

La renonciation expresse ou tacite du mari et de ses héritiers éteint l'action en désaveu.

3° *Contre qui.* — Si l'enfant est majeur et non interdit, c'est contre lui que l'action en désaveu est dirigée; si l'enfant est mineur, ou majeur interdit, un tuteur *ad hoc* doit lui être donné par le tribunal, et c'est ce tuteur qui est défendeur à l'action (art. 318).

La mère doit être appelée au procès (art. 318).

ACTION EN CONTESTATION DE LÉGITIMITÉ.

IX. L'action en contestation de légitimité prétend que l'enfant n'est pas légitime, parce que la mère n'a jamais été mariée, ou parce que, si elle a été mariée, il n'est pas né ou n'a pas été conçu durant son mariage.

L'action en contestation de légitimité n'est pas réglementée d'une façon spéciale. Elle se distingue de l'action en désaveu par les différences suivantes :

1° Elle appartient à tous les intéressés;

2° Elle est imprescriptible ;

3° Elle n'exige jamais la nomination d'un tuteur *ad hoc*.

CHAPITRE II.

DES PREUVES DE LA FILIATION LÉGITIME.

Sommaire : I. Quels sont les modes de preuve de la maternité légitime? La formule de l'art. 319 est-elle exacte? Comment se prouve l'identité? — II. En quoi consiste la possession d'état? En quoi est-elle inférieure ou préférable à l'acte de naissance? La possession d'état est-elle divisible? — III. Quelle est la force probante du titre et de la possession d'état réunis? — IV. Dans quelles hypothèses peut-on employer la preuve par témoins accompagnée? — V. Comment peut-on repousser la réclamation d'état qui s'appuie sur la preuve testimoniale? L'enfant peut-il invoquer la présomption de paternité? Quelle est sa situation lorsqu'il échoue dans son action contre le mari? — VI. Dans quel cas peut-on employer la preuve testimoniale seule? — VII. Quels tribunaux sont compétents pour juger les réclamations d'état? En quoi cette action déroge-t-elle au droit commun? — VIII. La réclamation d'état est-elle prescriptible? Est-elle transmissible aux héritiers? Les descendants de l'enfant ont-ils un droit propre? — IX. Quelles sont les règles de l'action en contestation d'état? S'éteint-elle par la renonciation?

Le chapitre II contient les règles relatives : à la preuve de la maternité légitime; — à l'action en réclamation d'état; — à l'action en contestation d'état proprement dite.

PREUVES DE LA MATERNITÉ LÉGITIME.

I. Le Code indique ici *trois* sortes de preuves de la maternité légitime : 1° le titre ou l'acte de naissance inscrit sur les registres de l'état civil; — 2° la possession d'état; — 3° la preuve testimoniale accompagnée d'un commencement de preuve par écrit ou d'indices graves.

Il faut ajouter : 4° la preuve testimoniale seule, dans l'hypothèse de l'art. 46.

1er Mode de preuve. — L'acte de naissance inscrit sur les registres de l'état civil est la preuve normale de la maternité et, par suite, de la filiation légitime (art. 319).

En réalité, l'acte de naissance établit seulement

que telle femme est accouchée; la personne qui prétend s'en faire application doit prouver sa propre identité avec l'enfant dont la femme est accouchée.

La preuve de l'identité se fait le plus souvent par la possession d'état. Lorsque la possession d'état manque, la preuve de l'identité rentre dans le droit commun, c'est-à-dire qu'elle peut être établie par toute espèce de moyens, même par la preuve testimoniale et par les présomptions judiciaires.

Peu importent, d'ailleurs, les irrégularités que contient l'acte de naissance, pourvu qu'il prouve la maternité d'une manière certaine. Lorsqu'il s'élève une contestation sur la force probante de l'acte de naissance relativement à la filiation, il faut distinguer si l'on conteste l'indication de la mère ou celle du père : le premier cas rentre dans la théorie générale de la force probante des actes de l'état civil ; le second, dans celle du désaveu.

2e Mode de preuve. — II. A défaut de titre, la possession d'état est admise (art. 320), sans distinguer la cause pour laquelle le titre manque.

La possession d'état est un ensemble de faits desquels il résulte qu'une personne est en possession d'un certain état. Ce fait se ramène à trois circonstances : *nomen, tractatus*, *fama* : c'est-à-dire, quant à la filiation, que l'enfant a toujours porté le nom de ses prétendus parents ; qu'il a toujours été traité par eux comme leur enfant, qu'il a toujours été reconnu pour tel dans la famille et dans la société (art. 321). La possession d'état doit être constante, c'est-à-dire non interrompue. L'appréciation des éléments qui constituent la possession d'état appartient au pouvoir discrétionnaire du juge.

La possession d'état est légalement inférieure à l'acte de naissance, sur *deux* points : — 1° si l'enfant a un acte de naissance qui lui attribue une filiation contraire à celle que lui donne la possession d'état, c'est l'acte de naissance qui l'emporte; — 2° de même que la possession d'état peut être établie par toute espèce de preuves, elle peut réciproquement, à la différence de l'acte de naissance, être combattue par tous les moyens.

A l'inverse, la possession d'état est préférable à l'acte de naissance, en *trois* points : — 1° elle implique, de la part du mari, la renonciation à l'action en désaveu; — 2° elle établit la maternité d'une manière complète, attestant à la fois l'accouchement et l'identité; — 3° dans le cas de l'art. 197, elle prouve la légitimité, en même temps que la filiation.

La possession d'état d'enfant légitime implique, en général, la possession d'état tout à la fois à l'égard du mari et à l'égard de la femme. Il n'est pas impossible cependant qu'elle ne soit démontrée qu'à l'égard de l'un ou de l'autre; les tribunaux pourront alors scinder leur décision.

III. On voit que, isolés l'un de l'autre, l'acte de naissance et la possession d'état ne font preuve absolue ni pour l'enfant ni contre lui; si la possession d'état constatée et l'acte de naissance existent séparément, la question de filiation n'est pas tranchée d'une manière définitive. Au contraire, lorsqu'ils sont réunis, lorsqu'il y a acte de naissance et possession d'état conformes, c'est-à-dire s'appliquant bien au même individu, la preuve contraire est repoussée, soit de la part de l'enfant, soit de la part des tiers (art. 322).

L'unique question à examiner est alors celle de l'identité de l'enfant qui a la possession d'état, avec celui qui est désigné dans l'acte de naissance. On sera donc admis à prouver que l'acte de naissance a été falsifié après coup, ou bien qu'il y a eu substitution d'un enfant à un autre.

IV. **3e Mode de preuve.** — La preuve testimoniale, accompagnée d'un commencement de preuve par écrit *ou* d'indices graves, peut établir la maternité (art. 323). Cette preuve s'applique dans *quatre* hypothèses : — 1° lorsque l'enfant n'a pas de titre, et que d'ailleurs il n'allègue pas que les registres de l'état civil ont été perdus ou détruits ; — 2° lorsqu'il a un titre où il est désigné, soit comme né de père et mère inconnus, soit sous de faux noms ; — 3° lorsqu'il n'a pas de possession d'état ; — 4° lorsqu'il a une possession contraire à la filiation qu'il réclame.

L'action qui s'appuie sur la preuve testimoniale est la *réclamation d'état*. D'après le droit commun, la preuve testimoniale est recevable toutes les fois que la partie se trouve dans l'impossibilité de présenter une preuve écrite ; en matière de réclamation d'état, elle n'est admise qu'autant que la prétention de l'enfant est déjà rendue vraisemblable, soit par un *commencement de preuve par écrit*, soit par des *présomptions ou indices graves* (art. 323).

On entend, en général, par commencement de preuve par écrit, un acte émané de la personne à laquelle on l'oppose et rendant vraisemblable le fait allégué. Ici, sont considérés comme constituant le commencement de preuve par écrit : les titres de famille, les registres et papiers domestiques du père ou de la mère, les actes publics et même privés émanés d'une partie engagée dans la contestation ou qui y aurait intérêt si elle était vivante, par exemple une pièce émanée d'un autre enfant né du mariage des père et mère, et qui serait décédé (art. 324). L'énumération est limitative; on y comprend néanmoins les lettres missives.

Quant aux présomptions ou indices graves, ils doivent résulter de faits dès lors constants (art. 323), c'est-à-dire reconnus par les adversaires mêmes du réclamant, par exemple certains éléments de la possession d'état. Lorsque le droit commun prohibe la preuve par témoins, des présomptions de ce genre ne suffisent pas pour lever la prohibition; il faut un commencement de preuve par écrit

V. Dans les quatre hypothèses réglées par les art. 323-324, les adversaires de l'enfant ont le droit de combattre sa réclamation par tous les moyens (art. 325).

La maternité prouvée, l'enfant est-il protégé à l'égard du mari par la présomption de paternité? Il faut distinguer :

Si l'enfant a formé sa réclamation seulement contre la mère ou ses héritiers, le jugement n'a d'effet que contre les personnes mises en cause. L'enfant, ayant réussi dans cette première action, devra prouver ensuite la maternité contre le mari ou ses héritiers : alors seulement il pourra invoquer la présomption de paternité. Que si l'enfant a succombé dans la première action, comme il est jugé qu'il n'est point l'enfant de la femme, il ne peut prétendre qu'il est le fils du mari de cette femme, car il réclamerait une filiation adultérine.

Supposons maintenant que l'enfant a mis en cause non-seulement la femme ou ses héritiers, mais aussi le mari ou ses héritiers; le jugement qui déclare la maternité a alors effet contre toutes les parties. L'enfant conclura donc justement de la mère au père, et aura le droit d'invoquer la présomption de paternité du mari. Cette présomption, le mari la repoussera, par exception, par tous les moyens (art. 325). Dans ce cas, la maternité étant prouvée, et le mari ayant établi qu'il n'est pas le père de l'enfant, la réclamation d'état aboutira, en définitive, à la constatation d'une filiation adultérine.

VI. **4e Mode de preuve.** — Lorsqu'il n'a pas été tenu de registres de l'état civil à l'époque de la naissance de l'enfant, ou bien si les registres ont été détruits ou perdus (art. 46), la preuve testimoniale toute seule et les simples présomptions peuvent suffire pour la preuve de la maternité (Voir page 55.)

En outre, la maternité établie, le mari ne peut repousser la présomption de paternité qu'en rentrant dans la théorie du désaveu.

ACTION EN RÉCLAMATION D'ÉTAT.

VII. L'action en réclamation d'état est de la compétence exclusive des tribunaux civils (art. 326). Ainsi, lorsque la réclamation d'état aura pour cause une fraude qui aurait détruit l'acte de naissance et que la loi pénale réprime sous le nom de crime de suppression d'état, l'action civile qui naît en cette circonstance en même temps que l'action publique ne pourra pas être intentée, selon le droit commun, en même temps et devant les mêmes juges que l'action publique; elle devra nécessairement être intentée séparément et devant les tribunaux civils. Les rédacteurs du Code ont cru, par erreur, que les tribunaux criminels seraient obligés d'admettre la preuve testimoniale sans restrictions.

Cette première dérogation au droit commun a pour effet de subordonner l'action criminelle à l'action civile, d'où deux nouvelles dérogations au droit commun : — d'après le droit commun, lorsqu'un délit a été commis, si la partie lésée agit au civil, l'exercice de l'action civile est suspendue, tant qu'il n'a pas été prononcé définitivement sur l'action publique intentée avant ou pendant le procès : c'est ce que l'on exprime en disant que le criminel tient le civil en état; — d'après le droit commun également, la renonciation à l'action civile ne peut arrêter ni suspendre l'exercice de l'action publique.

Il en est autrement sur ces deux points, pour les réclamations d'état : — d'abord c'est le civil qui y tient le criminel en état (art. 327); — en outre, l'action publique est paralysée tant que la partie civile n'agit pas; si la partie lésée renonce à son action, l'action publique est impossible.

VIII. Considérée dans la personne de l'enfant, l'action en réclamation d'état a un caractère essentiellement moral. C'est pourquoi elle est imprescriptible (art. 328); c'est pourquoi aussi l'enfant ne peut y renoncer ni expressément ni tacitement ; un aveu même de non-légitimité ne lui serait pas opposable.

Mais on distingue le point de vue pécuniaire du point de vue moral. D'abord, en tant qu'il s'agit des droits pécuniaires, on applique les règles générales de la prescription. En outre, on admet généralement les créanciers de l'enfant à exercer en son nom la réclamation d'état lorsqu'elle comporte un intérêt pécuniaire actuel [1].

Après la mort de l'enfant, tantôt l'action en réclamation s'éteint avec lui, tantôt elle passe à ses héritiers.

En principe, elle s'éteint avec l'enfant lorsqu'il meurt après vingt-six ans révolus ; elle passe à ses héritiers lorsqu'il meurt avant vingt-six ans révolus (art. 329).

Par exception, elle passe à ses héritiers lors même que l'enfant est mort après vingt-six ans, s'il l'a intentée et qu'il meure pendant le procès (art. 330). A l'inverse, elle s'éteint avec l'enfant, lors même qu'il meurt avant vingt-six ans révolus, si, l'ayant intentée, il s'en est désisté formellement, ou s'il a laissé s'écouler trois ans sans continuer la procédure (art. 330).

En résumé, la loi enlève l'action en réclamation d'état aux héritiers, toutes les fois qu'elle présume que l'enfant y a renoncé.

Les héritiers sont tous ceux qui sont appelés à recueillir la totalité ou une quote-part de l'hérédité ; les descendants de l'enfant sont compris dans cette formule, et ils n'ont que l'action que leur donne la

1. Voir *Manuel de Droit civil*, I, pag. 322-323.

qualité d'héritiers ; les textes ne donnent aucune base à l'action propre qu'on a voulu attribuer aux descendants [1].

Dans la personne des héritiers de l'enfant, l'action en réclamation d'état a un caractère exclusivement pécuniaire ; aussi, l'action est-elle alors prescriptible et susceptible d'être exercée au nom des héritiers par leurs créanciers. Les légataires particuliers de l'enfant peuvent aussi l'exercer, à titre de créanciers de ses héritiers.

ACTION EN CONTESTATION D'ÉTAT.

IX. Nous rappelons que l'action en contestation d'état est, dans un sens restreint, l'action par laquelle on conteste la filiation légitime d'une personne, en déniant soit la maternité de la femme mariée dont elle se prétend issue, soit son identité avec l'enfant dont cette femme serait accouchée.

L'action en contestation d'état est recevable dans tous les cas, excepté dans celui où l'enfant a un acte de naissance et une possession d'état conforme à l'acte.

Elle appartient à tous les intéressés, c'est-à-dire à tous ceux qui ont un intérêt moral ou pécuniaire à enlever à une personne la filiation qu'elle s'attribue.

Imprescriptible en tant qu'elle s'applique à l'état lui-même, elle est soumise à la prescription ordinaire quant aux intérêts pécuniaires.

Elle peut s'éteindre par la renonciation : une personne qui renonce à contester l'état d'une autre ne se dépouille en effet d'aucun droit essentiel.

1. Voir *Manuel de Droit civil*, I, pag. 325-326.

En ce qui concerne la compétence, il faut appliquer les mêmes règles que pour l'action en réclamation d'état (art. 326 et 327).

CHAPITRE III.

DES ENFANTS NATURELS [1].

Sommaire : I. Qu'est-ce que la légitimation? L'enfant né de deux personnes qui, ne pouvant se marier au moment de la conception, se sont mariées plus tard en vertu de dispenses, peut-il être légitimé? Peut-on légitimer un enfant mort? — II. La légitimation exige-t-elle le consentement des parents et l'adhésion de l'enfant? L'enfant légitimé est-il considéré comme légitime du jour de sa naissance? — III. Qu'est-ce que la reconnaissance? Quels actes peuvent contenir une reconnaissance? Un juge de paix peut-il recevoir une reconnaissance? — IV. La femme mariée a-t-elle besoin d'autorisation pour reconnaître un enfant? Quel est le sens de l'art. 336? — V. Les père et mère peuvent-ils reconnaître un enfant mort sans postérité? — VI. Peut-on concilier les art. 335 et 762? Quels sont les cas d'application de l'art. 762? — VII. A qui appartient le droit d'attaquer la reconnaissance? L'auteur de la reconnaissance peut-il la révoquer en révoquant le testament qui la contient? Les héritiers ont-ils intérêt à la contester? — VIII. Quels sont les effets de la reconnaissance, au point de vue de l'enfant, au point de vue des père et mère? De qui se compose la famille de l'enfant naturel? — IX. Quelle est la disposition de l'art. 337? A l'égard de quelles personnes y a-t-il restriction dans les effets de la reconnaissance? — X. Quels sont les effets de la filiation adultérine ou incestueuse? — XI. Que signifie l'interdiction de rechercher la paternité? Le viol autorise-t-il cette recherche? — XII. Dans quelle limite la recherche de la maternité est-elle admise? Les présomptions ou indices graves suppléent-ils le commencement de preuve par écrit? — XIII. L'action en réclamation d'état est-elle prescriptible?

1. *Voir* pour l'idée philosophique, *Manuel de Droit civil*, I, pag. 327.

La reconnaissance forcée produit-elle les mêmes effets que la reconnaissance volontaire ? — XIV. La possession d'état prouve-t-elle la paternité naturelle ? Pourquoi n'en est-il pas de même de la filiation adultérine ou incestueuse ?

SECTION I.

DE LA LÉGITIMATION DES ENFANTS NATURELS.

I. La légitimation est la manière dont les père et mère d'un enfant naturel peuvent lui conférer, à partir d'une certaine époque, la qualité et les droits d'un enfant légitime.

Quels enfants peuvent être légitimés. — Tous les enfants naturels simples peuvent être légitimés; la légitimation ne s'applique pas aux enfants nés d'un commerce adultérin ou incestueux (art. 331). C'est au moment de la conception qu'il faut se reporter pour savoir si l'enfant est incestueux ou adultérin, et on détermine ce moment au moyen de la présomption légale de l'art. 312, en appliquant tantôt le délai de la plus longue gestation, tantôt celui de la plus courte, selon l'intérêt de l'enfant. Il résulte de là que l'enfant né de deux personnes qui, pour cause de parenté ou d'alliance, ne pouvaient, au moment de la conception, se marier ensemble qu'en vertu de dispenses, n'est pas légitimé par le mariage de ses père et mère contracté plus tard avec ces dispenses[1].

On peut légitimer des enfants même décédés, lorsqu'ils ont laissé des descendants légitimes (art. 332). Ces descendants reçoivent par la légitimation la qualité de petits-enfants légitimes des père et mère de leur auteur.

1. Voir *Manuel de Droit civil*, I, pag. 329-330.

II. *Conditions de la légitimation.* — La forme de la légitimation est le mariage subséquent, *valable* ou *putatif*, des père et mère de l'enfant (art. 332).

Il n'est pas nécessaire que les père et mère déclarent expressément vouloir faire une légitimation ; il suffit que la filiation ait été constatée, soit par une reconnaissance volontaire, soit par une reconnaissance forcée, *avant* le mariage, ou au plus tard dans l'acte de célébration. Dans aucun cas, la constatation postérieure au mariage n'opérerait légitimation[1].

Le consentement de l'enfant n'est pas demandé.

Effets de la légitimation. — Les enfants légitimés ont les mêmes droits que les enfants légitimes (art. 333). Mais la légitimité, avec les droits qu'elle comporte, ne date pour eux que du jour du mariage de leurs père et mère.

SECTION II.

DE LA RECONNAISSANCE DES ENFANTS NATURELS.

III. Cette section traite spécialement des preuves de la filiation naturelle. Nous y joindrons les effets de la filiation naturelle constatée.

PREUVES DE LA FILIATION NATURELLE.

Le Code n'admet expressément que *deux* modes de preuve : l'acte de *reconnaissance volontaire ;* et dans certains cas, pour appuyer la *recherche de la filiation* devant la justice, la preuve testimoniale restreinte. Il est muet sur un *troisième* mode de preuve : la *possession d'état*.

1. Voir *Manuel de Droit civil*, I, pag. 331.

Reconnaissance volontaire.

La reconnaissance d'un enfant naturel simple est l'aveu personnel du père pour la filiation paternelle, de la mère pour la filiation maternelle.

Forme de la reconnaissance. — La reconnaissance doit être faite en forme authentique (art. 334), c'est à-dire, doit être constatée par un officier public. Les officiers publics qui ont qualité à cet effet, sont, en général, les officiers de l'état civil et les notaires.

L'officier de l'état civil, sur le territoire de sa commune, et sans aucune condition de domicile imposée aux parties, peut constater la reconnaissance, soit dans l'acte de naissance, soit dans un acte postérieur et spécial, soit dans l'acte de célébration du mariage des père et mère. L'acte de naissance qui ne contient pas de reconnaissance, ne prouve, en ce qui concerne l'enfant naturel, que le simple fait de la naissance.

Le notaire, dans toute l'étendue de son ressort, est compétent pour rédiger tous les actes qui doivent avoir un caractère authentique, par conséquent, pour recevoir les reconnaissances.

Le testament public, qui est un acte notarié, peut contenir une reconnaissance.

La reconnaissance peut être reçue encore :

Par un tribunal, lorsque, dans le cours d'un procès, il donne acte à l'une des parties, sur sa réquisition, d'un aveu de cette sorte, fait par l'autre (art. 1356) ;

Par un juge de paix, siégeant comme conciliateur.

IV. *Par quelles personnes peut être faite la recon-*

naissance. — Les personnes qui ont qualité pour faire la reconnaissance sont :

1° Les père et mère; — 2° leur mandataire, muni d'une procuration spéciale et authentique.

La reconnaissance, étant un aveu, une question de conscience, n'exige pas la capacité nécessaire pour contracter, c'est-à-dire pour juger de son intérêt. La reconnaissance peut donc être valablement faite :

1° Par une femme mariée, sans autorisation de son mari ou de justice; — 2° par un mineur, émancipé ou non émancipé, sans aucune autorisation ni assistance; — 3° par une personne interdite judiciairement, si elle se trouve dans un intervalle lucide, et de même par une personne interdite légalement; — 4° par une personne pourvue d'un conseil judiciaire.

Le père ou la mère ne peut faire la reconnaissance que pour son propre compte; en d'autres termes, la reconnaissance d'un enfant n'a d'effet qu'à l'égard de celui qui l'a reconnu. Tel est le sens exact de l'art. 336.

V. *A quelle époque peut avoir lieu la reconnaissance.* — L'enfant naturel peut être reconnu dès qu'il est né, et tant qu'il existe.

Il peut être reconnu lorsqu'il n'est que conçu : *infans conceptus pro nato habetur, quoties de commodis ejus agitur.*

Il peut être reconnu après sa mort, lorsqu'il a laissé des enfants légitimes : ces enfants ont, en effet, le même droit que leur auteur. Lorsque au contraire il est mort sans postérité légitime, la reconnaissance, ne pouvant profiter qu'au père et à la mère et leur attribuer des droits de succession (art. 765), n'est pas valable : le but principal de la reconnaissance est l'intérêt de l'enfant et de ses descendants légitimes ; lorsque l'enfant est mort sans postérité, la cause de la reconnaissance n'existe pas [1].

VI. *Quels enfants peuvent être reconnus.* — Les enfants naturels simples sont les seuls qui puissent être reconnus : la prohibition est absolue en ce qui concerne les enfants incestueux ou adultérins (article 335).

Cependant l'art. 762, qui accorde aux enfants incestueux ou adultérins des aliments dans la succession de leurs père et mère, suppose que leur filiation peut être légalement constatée. Il ne faut pas conclure de là que la reconnaissance, reçue par erreur, d'un enfant adultérin ou incestueux puisse produire aucun effet juridique, soit pour lui, soit contre lui : les termes de l'art. 335 ne permettent pas de considérer comme valable une reconnaissance de cette espèce. L'art. 762 s'appliquera néanmoins dans *quatre* cas : 1° dans le cas du désaveu (art. 312 et 313) ; — 2° dans le cas de l'action en réclamation d'état, lorsque le mari ou ses héritiers parviennent à écarter la prétention de l'enfant en ce qui concerne le mari (art. 325) ; — 3° dans le cas d'un mariage contracté de mauvaise foi et annulé pour cause de bigamie ou inceste (voir page 108) ; — 4° dans le cas où la filiation incestueuse ou adultérine serait, par erreur de fait ou de droit, constatée par une décision passée en force de chose jugée.

1. Voir *Manuel de Droit civil*, I, pag. 336-338.

La contradiction qui existe finalement entre les art. 335 et 762 a pour cause l'innovation apportée par le Code en cette matière. L'ancien droit admettait la reconnaissance des enfants incestueux et adultérins, et, en conséquence, leur accordait des aliments; l'art. 335, *contrairement* à l'ancien droit, prohibe la reconnaissance; tandis que l'art. 762, *conformément* à l'ancien droit, accorde les aliments[1].

VII. *Qui peut attaquer la reconnaissance.* — Lorsque la reconnaissance est *nulle*, par exemple parce qu'elle a été faite dans une forme non authentique, ou par une autre personne que le père ou la mère, tout intéressé peut, en tout temps, en opposer la nullité.

Lorsqu'elle est *annulable* pour vice de forme, erreur, dol ou violence, l'auteur et ses héritiers peuvent la faire tomber en prouvant le vice; leur action se prescrit par dix ans ou par trente ans.

Lorsqu'elle est *valable* mais *non sincère*, il y a lieu à *contestation d'état;* l'action appartient à tous les intéressés, dit l'art. 339; elle est, en outre, imprescriptible, et admet toute espèce de preuves.

Quatre catégories de personnes peuvent être intéressées.

1° L'auteur de la reconnaissance. Il ne doit pas être admis à en contester la sincérité : la reconnaissance est un aveu, et l'aveu fait pleine foi contre celui qui l'a fait; de plus, l'art. 339 suppose que c'est le père ou la mère qui se trouve en opposition avec les intéressés[2]. La révocation du testament

1. Voir *Manuel de Droit civil*, I, pag. 339-341.
2. Voir *Manuel de Droit civil*, I, pag. 343-344.

contenant la reconnaissance n'entraînerait pas la révocation de la reconnaissance : l'aveu est irrévocable[1].

2° L'enfant reconnu. Il peut prouver qu'il n'est pas le fils de la personne qui l'a reconnu.

3° Les personnes qui déjà ont reconnu ou qui veulent reconnaître l'enfant. Le père a le droit de contester la reconnaissance de la mère ou celle d'un autre homme; la mère peut également contester la reconnaissance du père ou celle d'une autre femme. La question est à résoudre en fait. Que si l'enfant est reconnu par plusieurs hommes ou par plusieurs femmes, sans qu'aucune de ces multiples reconnaissances soit contestée, l'enfant devra choisir l'auteur qui lui convient.

4° Les héritiers ou successeurs de l'auteur de la reconnaissance. Ils ont un intérêt moral et pécuniaire ; bien que leur auteur n'ait pu leur transmettre un droit qu'il n'avait pas lui-même, ils trouvent dans les termes de l'art. 339 un droit propre qui les autorise à contester la reconnaissance.

EFFETS DE LA FILIATION NATURELLE.

VIII. Quant aux droits des *enfants* naturels, la reconnaissance produit les effets suivants : — 1° l'enfant porte le nom de son père ou de sa mère; s'il est reconnu par tous les deux, il porte le nom de son père ; — 2° l'enfant naturel a un droit d'éducation restreint contre ses père et mère (art. 203); — 3° l'enfant naturel a droit à des aliments contre ses père et mère (art. 205, 207) ; — 4° l'enfant naturel succède

[1] Voir *Manuel de Droit civil*, I, pag. 344.

à ses père et mère, avec certaines restrictions (article 338).

Quant aux droits des *père et mère* des enfants naturels, les effets de la reconnaissance sont les suivants : — 1° les père et mère de l'enfant naturel exercent sur lui la puissance paternelle, sous certaines modifications (art. 158, 182, 371 et 384) ; — 2° les père et mère ont droit à des aliments contre leur enfant naturel (art. 305); — 3° les père et mère succèdent, en certains cas, à leur enfant naturel (art. 715); — 4° les père et mère ne peuvent donner ou léguer à leur enfant naturel une quotité supérieure à sa part héréditaire (art. 908).

La loi n'admet pas, en général, de rapports entre l'enfant naturel et les parents ou alliés de ses père et mère; par exception, les enfants naturels du même père ou de la même mère se succèdent entre eux.

La famille de l'enfant naturel comprend ainsi : 1° ses père et mère; 2° ses descendants; 3° ses frères et sœurs.

IX. Les effets de la reconnaissance sont, en général, indépendants de l'époque où elle a eu lieu; par exception, l'art. 337 déclare que, si la reconnaissance a été faite pendant le mariage par l'un des époux au profit d'un enfant naturel qu'il aurait eu, avant son mariage, d'un autre que de son époux, cette reconnaissance ne peut nuire ni à celui-ci, ni aux enfants de ce mariage.

Il faut, pour que cette restriction puisse s'appliquer, que la reconnaissance faite par l'un des époux ait eu lieu : 1° pendant le mariage. La reconnaissance faite avant le mariage ou après la dissolution produirait les effets ordinaires ; — 2° au profit d'un enfant qui ne soit pas également l'enfant de l'autre époux. Il suffit, pour rendre inapplicable l'art. 337, que la filiation de l'enfant à l'égard de l'autre époux soit établie à une époque et d'une manière quelconque.

C'est seulement à l'égard du conjoint et des enfants issus du mariage, et au point de vue de l'intérêt pécuniaire, que les effets de la reconnaissance sont restreints.

Ainsi l'enfant reconnu dans ces circonstances ne peut succéder au préjudice du conjoint de son auteur; il ne succède pas non plus en concours avec les enfants issus du mariage; il ne peut même réclamer des aliments.

Mais la reconnaissance est pleinement efficace à l'égard de toutes autres personnes, et, par exemple, à l'égard des enfants que son auteur aurait eus d'un mariage antérieur ou postérieur, et aussi à l'égard de ses ascendants et de ses collatéraux. On admet également que l'enfant peut porter le nom de son auteur, et qu'il est soumis à la puissance paternelle.

X. La filiation adultérine ou incestueuse légalement constatée dans les quatre cas exceptionnels que nous avons vus, produit les effets suivants : 1° l'enfant a le droit de prendre le nom de son père ou de sa mère; — 2° l'enfant a droit à des aliments contre ses père et mère, soit de leur vivant, soit après leur décès; cependant il ne peut rien réclamer de leur successeur, lorsqu'on lui a fait apprendre un art mécanique ou qu'on lui assure des aliments (art. 762-764); — 3° il ne peut recevoir de ses père et mère, ni une donation, ni un legs qui améliore sa situation (art. 908) : il est toujours exclu de leur succession (art. 768); — 4° l'empêchement de mariage s'applique entre l'enfant et ses père et mère (article 161).

Quant aux père et mère, ils n'ont vis-à-vis de l'enfant adultérin ou incestueux, ni le droit de réclamer des aliments, ni le droit de lui succéder, ni aucun attribut de la puissance paternelle (art. 383).

Recherche de la filiation naturelle.

XI. A défaut d'un acte de reconnaissance, l'enfant naturel ne peut pas toujours et par tous les moyens rechercher judiciairement ses auteurs.

Et d'abord, la recherche de la paternité est interdite (art. 340). Elle n'est permise : ni contre le père, pour assurer à l'enfant des aliments, ou à la mère des dommages-intérêts; — ni contre l'enfant, pour faire réduire au montant de sa part héréditaire les donations et legs que lui aurait faits le prétendu père; — ni contre le père et la fille, la mère et le fils, le frère et la sœur, pour les empêcher de contracter mariage entre eux.

Une exception est admise : la recherche de la paternité est autorisée dans le cas d'*enlèvement* lorsque l'époque de cet enlèvement se rapporte à celle de la conception de l'enfant (art. 340). Les tribunaux apprécient discrétionnairement les circonstances : la preuve par témoins sert à constater l'enlèvement.

On est d'accord pour admettre que l'exception s'applique à tout enlèvement commis par violence sur une femme majeure ou mineure, sans distinguer si l'enlèvement tombe ou non sous le coup de la loi pénale. Mais le viol ne doit pas être assimilé à l'enlèvement.

XII. La recherche de la maternité est admise, à la condition que l'enfant prouve : 1° l'accouchement de la femme dont il se prétend issu ; 2° son identité avec l'enfant dont elle est accouchée (art. 341). Cette double preuve ne peut pas être faite par la preuve testimoniale seule ; il faut que cette preuve soit accompagnée d'un commencement de preuve par écrit (art. 341).

Le commencement de preuve par écrit ne peut pas être remplacé ici, comme dans le cas de l'art. 323, par les présomptions ou indices graves ; mais, quant à la nature du commencement de preuve par écrit, il faut décider par analogie, et, se référant à la règle de la filiation légitime, se contenter, d'après l'art. 324, de tout écrit émané d'une personne intéressée dans la contestation.

La recherche de la maternité, aussi bien que la recherche de la paternité, est interdite lorsqu'elle a pour but d'établir une filiation incestueuse ou adultérine (art. 342). La preuve en justice n'est pas plus admise, pour ce cas, que la reconnaissance volontaire (art. 335).

Même en cas d'enlèvement, si la femme est mariée ou parente du ravisseur, la recherche de la paternité n'est pas admise.

XIII. Le Code n'a point indiqué les règles relatives à la réclamation d'état en matière de filiation naturelle. Il paraît logique de suppléer autant que possible les dispositions du chap. III sur la filiation naturelle par celles du chap. II sur la filiation légitime : on admet donc que les art. 326 et 327 sur la compétence des tribunaux, les art. 329 et 330 sur la transmission de l'action aux héritiers et successeurs, l'art. 328 sur l'imprescriptibilité régissent en principe, la réclamation d'état en matière de filiation naturelle.

On admet que la filiation naturelle produit les mêmes effets, qu'elle soit prouvée par un acte de reconnaissance, ou établie par un jugement : la reconnaissance est volontaire dans le premier cas, forcée dans le second [1].

Cependant, l'art. 337 doit être considéré comme exclusivement applicable à la reconnaissance volontaire, parce qu'il consacre une disposition exceptionnelle qui ne peut être étendue au delà de ses termes [2].

Possession d'état.

XIV. La preuve par la possession d'état, subordonnée, pour la filiation légitime, à l'acte de naissance, n'est pas indiquée pour la filiation naturelle.

On a soutenu que le chap. III organise pour la filiation naturelle un système de preuves complet et distinct de celui de la filiation légitime, et qu'il exclut par conséquent la possession d'état. Mais il faut remarquer, d'une part, que la possession d'état est la plus énergique et la plus probante des reconnaissances ; d'autre part, qu'elle ne constitue pas

1. Voir *Manuel de Droit civil*, I, pag. 351-352.
2. Voir *Manuel de Droit civil*, I, pag. 347-348.

une recherche ni de la paternité ni de la maternité, puisqu'elle est la simple déclaration de faits constants : il faut admettre dès lors la possession d'état comme preuve applicable tant à la paternité qu'à la maternité naturelle.

Il est cependant difficile d'étendre cette solution à la preuve de la filiation adultérine ou incestueuse : la loi n'admet point dans ce cas la reconnaissance expresse ; elle ne saurait admettre la reconnaissance tacite qui résulte de la possession d'état [1].

TITRE VIII.

DE L'ADOPTION ET DE LA TUTELLE OFFICIEUSE [2].

SOMMAIRE : I. Qu'est-ce que l'adoption ? A quelle époque a-t-elle été introduite dans la législation ? Qu'en a fait le Code ? — II. Quelles conditions sont exigées pour l'adoption ordinaire, de la part de l'adoptant ? De la part de l'adopté ? Le prêtre peut-il adopter ? L'enfant naturel peut-il être adopté par la personne qui l'a reconnu ? — III. Quelles sont les conditions de l'adoption rémunératoire ? — IV. L'adopté sort-il de sa famille naturelle ? — V. Quels effets sont produits du vivant de l'adoptant et de l'adopté ? L'adoptant a-t-il la puissance paternelle ? — VI. Quels droits de succession a l'adopté sur les biens de l'adoptant ? Ses enfants ont-ils le même droit ? — VII. Y a-t-il réciprocité de successibilité ? Quel est le droit de l'adoptant à la mort de l'adopté ? Le droit de retour existe-t-il dans les mêmes conditions pour les descendants de l'adoptant ? Ont-ils un droit propre ou par représentation ? — VIII. Quelles sont les formes solennelles du contrat d'adoption ?

1. Voir *Manuel de Droit civil*, I, pag. 361-363.
2. *Voir*, pour l'idée philosophique, *Manuel de Droit civil*, I, pag. 364.

L'adoption est-elle révocable? Dans quels cas est-elle nulle ou annulable? — IX. Qu'est-ce que la tutelle officieuse? Comment se forme-t-elle? Quelles conditions exige-t-elle? — X. Quelles obligations engendre la tutelle officieuse? Est-elle soumise aux mêmes garanties que la tutelle ordinaire? — XI. Dans quels cas peut-on faire une adoption testamentaire? L'obligation du tuteur officieux se transmet-elle à ses héritiers?

CHAPITRE I.

DE L'ADOPTION.

I. L'adoption est un contrat solennel, qui, sans faire sortir une personne de sa famille naturelle, crée, entre elle et une autre personne, un rapport analogue à celui qui résulte de la filiation légitime. L'adoption établit une filiation purement civile.

L'adoption, inconnue dans l'ancien droit, a été créée par la Révolution.

Dans le Code civil, elle est un moyen de consolation offert aux vieillards privés d'enfants.

Le Code distingue l'adoption ordinaire, rémunératoire et testamentaire : les règles varient pour ces trois espèces d'adoption ; mais les effets en sont les mêmes.

CONDITIONS DE L'ADOPTION ORDINAIRE.

II. Certaines conditions sont exigées dans la personne de l'adoptant ; d'autres, dans la personne de l'adopté.

Quant à l''adoptant : 1° il doit être âgé de plus de cinquante ans accomplis (art. 343) ; — 2° il doit avoir au moins quinze ans de plus que l'adopté (art. 343) ; — 3° il doit n'avoir, à l'époque de l'adoption, ni enfants, ni descendants légitimes (art. 343). La survenance d'un enfant, qui n'est que conçu au moment de l'adoption, ne la rend pas nulle ; — 4° il doit avoir le consentement de son conjoint (article 344) ; — 5° il doit avoir donné à celui qu'il veut adopter, à l'époque où ce dernier était mineur, et durant six années au moins, des soins et des secours non interrompus (art. 345) ; — 6° il doit jouir d'une bonne réputation (art. 355).

Pour l'adopté, à son tour : 1° il doit être majeur (art. 346) ; — 2° il ne peut être adopté par plusieurs, si ce n'est par deux époux (art. 344) ; — 3° s'il n'a point vingt-cinq ans accomplis, il doit obtenir le consentement de ses père et mère ou du survivant, et, s'il a plus de vingt-cinq ans, il doit requérir leur conseil (art. 346). Au point de vue du consentement des ascendants, les règles de l'adoption diffèrent de celles du mariage.

Les textes n'indiquent pas d'autres conditions ; et il n'y a pas lieu de suppléer à leur silence.

Par conséquent l'étranger peut adopter ou être adopté : cette faculté ne lui est enlevée par aucune disposition (voir page 30).

Le prêtre catholique peut adopter : la loi civile n'a pas à s'occuper des prescriptions canoniques.

Enfin, l'enfant naturel reconnu peut être adopté par l'auteur de la reconnaissance : la capacité est la règle, et l'incapacité l'exception ; en présence du silence de la loi, cette adoption doit rester permise[1].

CONDITIONS DE L'ADOPTION RÉMUNÉRATOIRE.

III. Cette adoption est destinée à récompenser le dévouement de la personne qui a sauvé la vie d'une autre, au péril de la sienne (art. 345).

1. Voir *Manuel de Droit civil*, I, pag. 369-370.

Les conditions requises pour l'adoption ordinaire le sont aussi pour l'adoption rémunératoire, sauf sur trois chefs : 1° il suffit que l'adoptant soit majeur ; — 2° il suffit, mais il faut, que l'adoptant soit plus âgé que l'adopté, ne fût-ce que d'un jour ; — 3° il n'est pas nécessaire que l'adopté ait reçu des soins de l'adoptant pendant six ans de minorité.

EFFETS DE L'ADOPTION.

IV. L'adoption ne fait pas sortir l'enfant de sa famille naturelle (art. 348); elle ne le fait pas non plus entrer dans la famille de l'adoptant, sauf en ce qui concerne les empêchements au mariage (art. 348). Elle se borne à créer certains rapports entre l'adoptant et l'adopté ; ces effets se produisent soit du vivant de l'adoptant et de l'adopté, soit à la mort de l'un d'eux.

V. *Du vivant de l'adoptant et de l'adopté*, les effets produits sont au nombre de trois : 1° la transmission de nom : l'adopté ajoute à son nom le nom de l'adoptant (art. 347) ; — 2° l'empêchement au mariage : le mariage est prohibé entre l'adoptant, l'adopté et ses descendants, entre les enfants adoptifs du même individu, entre l'adopté et les enfants qui pourraient survenir à l'adoptant (art. 348) ; — 3° l'obligation alimentaire : l'adopté est tenu de la dette alimentaire comme s'il était un enfant légitime; et réciproquement l'adoptant doit des aliments à l'adopté, comme s'il était son père ou sa mère légitime.

L'adoptant n'exerce aucune autorité sur l'adopté, et il n'a pas qualité pour consentir à son mariage.

VI. *A la mort de l'adoptant*, l'adopté acquiert, sur

la succession de l'adoptant, les mêmes droits que ceux qu'y aurait l'enfant légitime (art. 350). Il a donc droit à une réserve.

Les enfants de l'adopté ne peuvent pas être appelés à recueillir la succession de l'adoptant, à titre de petits-enfants : car l'adoption est un contrat tout personnel entre l'adoptant et l'adopté, qui laisse étrangers les uns aux autres les parents de l'adopté et ceux de l'adoptant[1].

VII. *A la mort de l'adopté*, la succession est dévolue à sa famille naturelle, suivant le droit commun et comme si l'adoption n'avait pas eu lieu (art. 351).

Le droit de successibilité *ab intestat*, réciproque en général, ne l'est pas en cas d'adoption. Par exception, l'adoptant, ou, s'il est mort, ses descendants ont le droit de reprendre certains biens laissés par l'adopté ou par sa postérité. Ces biens sont ceux que l'adopté a reçus de l'adoptant, ou qu'il a lui-même recueillis dans la succession de l'adoptant.

On désigne sous le nom de *retour légal*, le droit de reprise de l'adoptant et de ses descendants relativement à la succession de l'adopté. Ce droit est subordonné à *deux* conditions ; il faut : 1° que l'adopté n'ait pas laissé de descendants légitimes (art. 351) ; — 2° que les biens qui viennent de l'adoptant se retrouvent en nature dans la succession de l'adopté ou du dernier mourant de ses enfants (art. 351).

Le droit de retour légal suit, en général, les mêmes règles pour les descendants de l'adoptant que pour l'adoptant lui-même ; toutefois il existe *deux* différences : 1° tandis que le droit de retour de

1. Voir *Manuel de Droit civil*, I, pag. 374-375.

l'adoptant ne peut s'exercer que sur les biens qu'il a donnés à l'adopté, celui de ses descendants porte, en outre, sur les biens que l'adopté a recueillis dans la succession de l'adoptant (art. 352) ; — 2° tandis que l'adoptant exerce son droit de retour même sur la succession d'un descendant de l'adopté, les descendants de l'adoptant ne peuvent exercer le leur que sur la succession de l'adopté mort sans postérité (art. 352).

Remarquons enfin que les descendants de l'adoptant ont une vocation propre au droit de retour ; ils peuvent l'exercer, alors même qu'ils auraient renoncé à la succession de l'adoptant, ou que celui-ci ne voudrait pas en profiter.

FORMES DE L'ADOPTION.

VIII. *Trois* formes sont exigées pour l'adoption ordinaire ou rémunératoire :

1° Le contrat solennel dressé par le juge de paix du domicile de l'adoptant (art. 353). Le contrat est formé du moment où les parties ont donné leur consentement devant le juge de paix ; les autres formalités peuvent être remplies par une des parties, soit par l'adoptant, soit par l'adopté (art. 360).

2° L'homologation de ce contrat par le tribunal de première instance dans les dix jours et par la Cour d'appel dans le mois (art. 354-358). Le jugement et l'arrêt sont rendus sans débats publics, et sans énoncer les motifs. D'ailleurs c'est l'arrêt de la Cour qui seul donne l'homologation indispensable ; le jugement contraire du tribunal n'empêcherait pas l'adoption.

3° L'inscription du contrat sur les registres de

l'état civil, dans les trois mois de l'arrêt d'homologation (art. 359). Tant que cette inscription n'a pas eu lieu, l'adoption reste révocable par le consentement mutuel des parties; dès qu'elle a eu lieu, l'adoption devient irrévocable.

Le Code n'indique aucun moyen de dissoudre l'adoption.

L'adoption peut cependant être déclarée nulle ou annulable : nulle, lorsqu'elle manque d'une des conditions requises pour son existence (par exemple, consentement de l'une des parties, inobservation des délais légaux, etc.); annulable lorsque c'est seulement une des dispositions requises pour la validité qui fait défaut (par exemple, vices du consentement, inobservation des conditions relatives à l'âge, etc.).

CHAPITRE II.

DE LA TUTELLE OFFICIEUSE.

IX. La tutelle officieuse est un contrat de bienfaisance, par lequel une personne se soumet envers un mineur aux obligations ordinaires de la tutelle, et s'engage, en outre, à le nourrir à ses frais et à le mettre gratuitement en état de gagner sa vie.

La tutelle officieuse se forme au moyen d'un contrat passé devant le juge de paix entre la personne qui veut devenir tuteur officieux et les représentants de l'enfant (art. 363).

Elle exige de la part du tuteur : 1° qu'il soit âgé de plus de cinquante ans (art. 361); — 2° qu'il n'ait point d'enfants, ni de descendants légitimes (art. 361); — 3° qu'il obtienne, s'il est marié, le consentement de son conjoint (art. 362); — 4° qu'il soit capable d'exercer la tutelle ordinaire. Les femmes cependant, incapables de la tutelle ordinaire, sont admises à gérer la tutelle officieuse (art. 361).

Elle exige de la part de l'enfant : 1° qu'il ait moins de quinze ans (art. 364) ; — 2° qu'il obtienne le consentement de ses père et mère, à défaut, celui du conseil de famille, ou enfin, celui des administrateurs de l'hospice ou de la municipalité du lieu où il réside (art. 361).

X. La tutelle officieuse engendre, d'abord, les obligations *générales* de toute tutelle, qui consistent : 1° dans la garde et dans la direction de la personne du pupille (art. 365) ; — 2° dans l'administration des biens du pupille (art. 365). Le tuteur officieux est soumis aux mêmes garanties que le tuteur ordinaire (hypothèque légale, subrogé tuteur); comme lui, il doit rendre compte de l'administration des biens (art. 370).

En outre, *deux* obligations *spéciales* dérivent de la tutelle officieuse : 1° l'obligation de nourrir, d'élever gratuitement le pupille, et de le mettre en état de gagner sa vie (art. 364-365) ; — 2° l'obligation, si le tuteur officieux n'adopte pas le pupille devenu majeur, de l'indemniser de l'incapacité où il se trouverait de pourvoir à son existence (art. 369).

ADOPTION TESTAMENTAIRE.

XI. La tutelle officieuse donne lieu au troisième mode d'adoption, l'adoption testamentaire.

Cette adoption n'est soumise qu'à *trois* conditions (art. 366) : 1° que le testament ne soit fait qu'après cinq ans de tutelle officieuse ; — 2° que le tuteur meure avant la majorité de l'enfant; — 3° enfin, qu'il ne laisse pas d'enfant légitime en mourant.

Les formalités de l'homologation par les tribunaux et de l'inscription sur les registres ne sont pas exigées.

Lorsque le tuteur officieux meurt avant l'accomplissement des cinq années nécessaires, ou même après l'accomplissement des cinq années sans avoir adopté, sa succession aura la charge de fournir au pupille des moyens de subsister (art. 367).

Si le tuteur ne meurt pas avant la majorité du pupille, et qu'il veuille l'adopter ensuite, l'adoption devra avoir lieu dans les formes ordinaires.

TITRE IX.

DE LA PUISSANCE PATERNELLE [1].

SOMMAIRE : I. Quelle est la base de l'autorité paternelle? Quels en sont les attributs? L'obligation d'honneur et de respect a-t-elle une sanction? — II. A qui appartient la puissance paternelle? La mère ne l'exerce-t-elle jamais pendant le mariage? Dans quel cas y a-t-il déchéance? Qu'est-ce que le droit de garde? Quelle en est la sanction?—IV. Qu'est-ce que le droit de correction? Quelle différence entre l'autorité et la réquisition? — V. Jusqu'à quel âge s'applique la voie d'autorité? Quels sont les cas exceptionnels? Quelle est la durée de la détention obtenue par autorité ou par réquisition? L'enfant a-t-il un recours contre la correction?—VI. La mère a-t-elle le droit de correction? Le second mariage le lui fait-il perdre? — VII. Quelles sont les règles de l'exercice du droit de correc-

1. Voir, pour l'idée philosophique, *Manuel de Droit civil*, I, pag. 384.

tion? La mère peut-elle abréger la détention? — VIII. Les père et mère naturels ont-ils la puissance paternelle? Qui l'exerce? Comment leur applique-t-on les art. 380-382? — IX. Qu'est-ce que la jouissance légale? A qui appartient-elle? Le père déchu conserve-t-il la jouissance? — X. Qu'entend-on par charges usufructuaires? Quelles différences entre l'obligation du père et celle de l'usufruitier légal? — XI. L'usufruitier est-il tenu des intérêts et arrérages échus? Qui supporte les frais funéraires de l'enfant? — XII. Quelles sont les causes d'extinction propres à la jouissance légale? La séparation de corps est-elle une cause d'extinction? — XIII. Quels biens sont exceptés de la jouissance légale? — XIV. Quelles différences entre l'usufruit ordinaire et la jouissance légale?

I. La puissance paternelle a été définie dans l'exposé des motifs du Code: *Un droit qui donne au père et à la mère, pendant un temps limité et sous certaines conditions, la surveillance de la personne, l'administration et la jouissance des biens de leurs enfants.*

Le fondement de cette *autorité*, comme disent les articles, de ce *pouvoir de direction*, comme on a dit dans la discussion, est celui-ci : les père et mère contractent envers l'enfant, par le fait même de la procréation, une dette; cette dette consiste à l'élever. Tant qu'il n'est pas élevé, l'enfant doit être placé sous leur surveillance pour sa personne et pour ses biens.

Le Code indique, dans ce titre, comme attributs propres de la puissance paternelle : 1° le *droit de garde;* — 2° le *droit de correction;* — 3° le *droit de jouissance légale.*

Le titre *De la tutelle* ajoute : le *droit d'administration légale;* — le *droit, pour le dernier mourant des père et mère, de choisir un tuteur testamentaire à ses enfants mineurs.*

On rattache encore à la puissance paternelle : le *droit de consentement ou de conseil pour le mariage, pour l'adoption, et pour la tutelle officieuse de l'enfant;* — le *droit de tutelle légale;* — le *droit d'émancipation;* — le *droit d'accepter les donations entre-vifs faites à l'enfant.*

L'*obligation d'honneur et de respect*, mentionnée par l'art. 371, est tout à fait en dehors de la puissance paternelle. Elle est due à tout âge, et non pas seulement pendant la durée de l'autorité paternelle. De plus, elle n'a pas de sanction civile; c'est un précepte de pure morale, qui ne donne point lieu à l'action en justice.

II. L'autorité paternelle est, dit l'art. 372, *commune* au père et à la mère. Mais cette communauté, proclamée en théorie, n'existe pas en pratique : c'est le *père seul* qui exerce l'autorité *durant le mariage* (article 373)

Cependant, on admet que, *même durant le mariage*, si quelque circonstance exceptionnelle (présomption d'absence, interdiction, déchéance) enlevait au père l'exercice de la puissance paternelle, la *mère* le remplacerait.

Après la dissolution du mariage, la mère survivante exerce la puissance paternelle.

La puissance paternelle a pour *terme* habituel *la majorité* de l'enfant (art. 372).

Elle finit *avant* ce terme : 1° par l'*emancipation* (art. 372); — 2° par la *déchéance* prononcée contre le père ou la mère.

Il n'y a qu'un cas de déchéance qui soit cité dans la loi, c'est celui de condamnation correctionnelle des parents pour excitation de leurs propres enfants à la débauche (art. 335, Code pénal). On admet généralement que les tribunaux ont aussi le droit de prononcer cette déchéance dans tous les cas où il y a abus de la puissance paternelle ; l'abus est à apprécier en fait.

La déchéance de la puissance paternelle ne prive pas les père et mère de la faculté de donner ou de refuser leur consentement au mariage de l'enfant.

DROIT DE GARDE.

III. Le père, tenu de la dette d'éducation, a le droit exclusif de diriger cette éducation. Le premier élément du droit d'éducation est le *droit pour le père de déterminer la résidence de l'enfant, et de le forcer à y demeurer*. C'est ce que l'on appelle le droit de garde.

L'enfant ne peut donc quitter la résidence qui lui est assignée, maison paternelle ou tout autre lieu, sans le consentement de son père (art. 374). Si l'enfant se dérobe à cette obligation, le père a le droit de recourir à l'emploi de la force publique, d'après les règles qui concernent le droit de correction.

La loi admet *une exception :* l'enfant peut quitter sa résidence sans la permission de son père, pour cause d'enrôlement volontaire (art. 374), et après l'âge de vingt ans révolus. L'âge de dix-huit ans, fixé par le Code, a été porté à vingt ans par la loi du 21 mars 1832.

DROIT DE CORRECTION.

IV. Le droit de correction est la *faculté, pour le père, de faire incarcérer l'enfant qui lui donne des sujets de mécontentement très-graves* (art. 375).

Ce droit est la sanction de la puissance paternelle, telle que l'a comprise le Code.

Il y a lieu de distinguer si le droit de correction appartient aux père et mère légitimes, ou aux père et mère naturels.

Droit de correction des parents légitimes.

Le droit de correction donne lieu à des règles différentes, selon qu'il est exercé par le père ou par la mère.

DROIT DE CORRECTION EXERCÉ PAR LE PÈRE.

Le droit de correction du père s'exerce : 1° par voie d'*autorité ;* 2° par voie de *réquisition.*

Dans les deux cas, le père est tenu de s'adresser au président du tribunal pour obtenir l'ordre d'arrestation. Mais, *dans le premier*, le président n'a pas le droit de refuser cet ordre, ni par conséquent d'apprécier les motifs de la demande (art. 376) ; *dans le second*, au contraire, le président a le droit d'apprécier la demande, par conséquent d'en connaître les motifs ; après avoir conféré avec le procureur de la République, il délivre l'ordre d'arrestation ou le refuse (art. 377).

1° Voie d'autorité.

V. La voie d'autorité s'applique à l'*enfant âgé de moins de seize ans commencés* (art. 376).

Par exception, elle n'a pas lieu dans *trois cas :*

1° Si l'enfant a des biens personnels (art. 382);

2° S'il exerce un état (art. 382) ;

3° Si le père s'est remarié (art. 380).

La détention par voie d'autorité ne peut excéder *un mois* (art. 376).

2° Voie de réquisition.

La voie de réquisition s'applique à *l'enfant âgé de plus de seize ans commencés* (art. 377).

En outre, elle a lieu dans les *trois cas* où la voie d'autorité cesserait d'être applicable.

La détention par voie de réquisition, contre *l'enfant âgé de plus de seize ans commencés*, peut être ordonnée pour une durée de *six mois;* le président a d'ailleurs le droit d'abréger le temps de détention requis par le père (art. 377). Lorsqu'elle s'applique, par exception, à *l'enfant âgé de moins de seize ans* commencés, le maximum reste fixé à *un mois.*

Dans *deux cas*, lorsque l'enfant a des biens personnels et lorsqu'il exerce un état, l'enfant détenu a la *faculté d'adresser un mémoire* au procureur général. Celui-ci, après observations du procureur de la République, fait son rapport au président de la Cour d'appel, qui peut révoquer ou modifier l'ordre délivré par le président du tribunal (art. 382).

DROIT DE CORRECTION EXERCÉ PAR LA MÈRE.

VI. *La mère*, alors qu'elle exerce la puissance paternelle, n'a le droit de correction qu'avec certaines restrictions.

Elle doit suivre *toujours* la *voie de réquisition ;* de plus, elle doit être assistée du *concours des deux plus proches parents,* alliés ou amis du père (art. 381).

La mère remariée perd absolument le *droit de correction ;* cependant, si elle est tutrice de l'enfant, elle peut être autorisée, par le conseil de famille, à le faire détenir (art. 468).

MODE D'EXERCICE DU DROIT DE CORRECTION.

VII. La *détention* doit toujours être *secrète ;* en conséquence, il n'est dressé ni procès-verbal d'arrestation, ni procès-verbal d'incarcération (art. 378).

Le père ou la mère qui poursuit la détention de son enfant est tenu de souscrire une soumission de *payer tous les frais*, et de fournir les aliments convenables.

Le père est toujours libre d'*abréger la durée* de la détention de l'enfant (art. 379). Le texte étant muet pour *la mère*, il n'y a pas de motif de lui refuser la faculté de pardonner [1].

En cas de *récidive*, les règles de l'exercice du droit de correction restent les mêmes (art. 379).

Droit de correction des parents naturels.

VIII. *L'assimilation des père et mère naturels aux père et mère légitimes*, quant à la puissance paternelle, *est restreinte au droit de correction* (art. 383). Le droit de correction suppose d'ailleurs nécessairement le droit d'éducation et le droit de garde.

Le droit de correction sera exercé par l'auteur de la reconnaissance, si l'enfant n'est reconnu que par son père ou par sa mère. Si tous les deux l'ont reconnu, c'est la volonté du père qui est prépondérante pour le droit de correction, comme elle l'est pour le consentement au mariage [2].

Il y a lieu également d'appliquer à l'exercice de ce droit les règles qui régissent le droit de correction des père et mère légitimes, sauf les différences qui résultent nécessairement de la différence des condi-

1. Voir *Manuel de Droit civil*, I, pag. 395.
2. Voir *Manuel de Droit civil*, I, pag. 396-397.

tions : il faut notamment appliquer les art. 380, 381 et 382, bien que l'art. 383 ne les indique pas dans son renvoi [1].

Ainsi : 1° le père naturel, marié à une femme autre que la mère de son enfant, ne peut jamais faire détenir cet enfant que par voie de réquisition (art. 380). — 2° La mère naturelle ne peut jamais faire détenir l'enfant que par voie de réquisition et avec le concours de deux amis du père ou de deux membres d'un conseil de famille (art. 381). — 3° La mère naturelle, mariée à un autre que le père de son enfant, est privée du droit de correction (article 381). — 4° Le père naturel ne peut faire détenir que par voie de réquisition l'enfant même au-dessous de seize ans, lorsque celui-ci a des biens personnels ou un état (art. 382).

DROIT DE JOUISSANCE LÉGALE [2].

IX. *L'usufruit accordé aux père et mère sur les biens de leurs enfants,* en d'autres termes, la jouissance légale, constitue, dans la théorie du Code, une compensation des soins que leur imposent l'éducation et l'administration des biens des enfants.

La jouissance légale appartient, durant le mariage, au père ; après le mariage, au survivant des père et mère (art. 384).

Dans les cas où c'est la mère qui exerce la puissance paternelle durant le mariage, le père conserve cependant la jouissance légale, pour *deux* motifs : lorsque le père est empêché d'exercer la puissance

1. Voir *Manuel de Droit civil*, I, pag. 397-399.

2. *Voir*, pour l'idée philosophique, *Manuel de Droit civil*, I, pag. 399.

paternelle par l'absence ou l'interdiction, la mère ne fait qu'exercer les droits du père ; et lorsque le père est déchu de la puissance paternelle, il continuerait à profiter de l'usufruit sous le nom de sa femme[1].

CHARGES IMPOSÉES A LA JOUISSANCE LÉGALE.

X. L'art. 385 indique *quatre* classes de charges ou d'obligations imposées à la jouissance légale.

1° Charges usufructuaires.

Ce sont les dépenses relatives à l'entretien des biens, l'acquittement des contributions, le payement des arrérages, des rentes et des intérêts des dettes qui grèvent les biens de l'enfant.

2° Éducation des enfants.

Le père, *en sa qualité de père*, est déjà tenu de « nourrir, entretenir et élever ses enfants » (art. 203); *en sa qualité d'usufruitier légal*, il est également chargé de « la nourriture, l'entretien et l'éducation des enfants » (art. 385).

Quatre différences entre les deux obligations :

1° Les père et mère ne sont tenus de donner à leur enfant qu'une éducation proportionnée à leur propre fortune ; — l'usufruitier légal est tenu de donner à l'enfant une éducation proportionnée à la fortune de l'enfant.

2° Les père et mère doivent, en principe, contribuer également à l'acquittement de la dette d'éducation ; — si les revenus de l'usufruit entre les mains du père suffisent à acquitter cette dette, la mère séparée de biens n'est pas tenue d'y participer.

1. Voir *Manuel de Droit civil*, I, pag. 400.

3° Les père et mère ne sont tenus d'acquitter sur leurs biens la dette d'éducation que tout autant que l'enfant n'a pas de biens personnels suffisants ; — le père usufruitier doit acquitter cette même dette avec les revenus de l'usufruit, même lorsque l'enfant a des biens personnels suffisants, dont l'usufruit n'appartient pas au père.

4° Les créanciers des père et mère ont le droit de saisir leurs biens, sans être tenus de leur laisser la quotité nécessaire pour acquitter la dette d'éducation ; — ces mêmes créanciers n'ont le droit de saisir les revenus de l'usufruit qui appartient au père, que déduction faite des sommes nécessaires pour l'éducation de l'enfant.

3° Payement des arrérages et intérêts.

XI. Les arrérages sont les produits des rentes, comme les intérêts sont les produits des sommes prêtées.

L'usufruitier légal est certainement tenu des arrérages et des intérêts qui *échoient* pendant la durée de l'usufruit. Quant à ceux *déjà échus* au moment où commence son usufruit, il doit également les acquitter sur les revenus de l'usufruit ; le 1° de l'art. 385 comprenait déjà les arrérages et intérêts à échoir ; le 3° du même article, qui vient créer une charge distincte, ne peut désigner que les arrérages et intérêts échus [1].

4° Frais funéraires et de dernière maladie.

Il s'agit évidemment des frais funéraires et de dernière maladie de *la personne à laquelle l'enfant a succédé*.

1. Voir *Manuel de Droit civil*, I, pag. 402-403.

Quant à l'enfant, les frais de dernière maladie doivent être supportés par les père et mère, comme ceux de toutes ses maladies ; ils sont compris dans l'obligation de l'art. 203. Les frais funéraires sont à la charge de tous ses héritiers.

CAUSES D'EXTINCTION DE LA JOUISSANCE LÉGALE.

XII. La jouissance légale est soumise à *deux* sortes de causes d'extinction : les unes, qui lui sont *propres ;* les autres, *communes* à tout usufruit.

Six causes d'extinction sont *propres* à la jouissance légale :

1° *Age de dix-huit ans, atteint par l'enfant* (art. 384). — Il s'ensuit que la jouissance légale cesse avant la puissance paternelle.

2° *Emancipation expresse ou tacite de l'enfant* (art. 384). — La jouissance légale ne renaîtrait pas dans le cas où l'émancipation serait révoquée; le bénéfice de la renonciation est acquis à l'enfant.

3° *Second mariage de la mère* (art. 386). — Si la mère devient veuve, son usufruit ne renaît pas; de même si le second mariage est ensuite annulé.

Le *divorce* prononcé contre un des époux le privait autrefois de son usufruit légal. La *séparation de corps* ne produit pas le même effet.

4° *Mort de l'enfant.* — La jouissance légale cesse dans ce cas avec la puissance paternelle.

5° *Condamnation du père ou de la mère pour excitation à la débauche* (art. 334-335, Code pén.). — C'est seulement relativement aux biens de l'enfant qu'il a excité à la débauche, que le père ou la mère est privé de la jouissance légale.

6° *Défaut d'inventaire* (art. 1442). — L'époux

survivant, marié en communauté, doit faire procéder à un inventaire, à la dissolution du mariage. Cette obligation a pour sanction la perte de l'usufruit légal.

Trois causes *générales* d'extinction de l'usufruit sont encore applicables à la jouissance légale :

1° *Mort naturelle du père ou de la mère ;*

2° *Renonciation de l'usufruitier à son droit ;*

3° *Abus de jouissance.*

BIENS SUR LESQUELS PORTE LA JOUISSANCE.

XIII. La jouissance légale comprend, en général, *tous les biens* de l'enfant mineur de dix-huit ans.

Sont *exceptés* :

1° Les biens que l'enfant acquiert par un travail et par une industrie séparée (art. 387).

2° Les biens qui lui sont donnés ou légués, sous la condition que les père et mère n'en jouiront pas (art. 387). On discute pour savoir si la prohibition de la jouissance légale peut s'étendre à la réserve [1].

3° Les biens que l'enfant a recueillis de son chef dans une succession dont son père ou sa mère a été déclaré déchu, pour cause d'indignité (art. 730).

DIFFÉRENCES ENTRE LA JOUISSANCE LÉGALE
ET L'USUFRUIT ORDINAIRE.

XIV. *Quatre* différences :

1° L'usufruitier ordinaire donne caution ; — le père ou la mère, usufruitier légal, en est dispensé.

2° L'usufruit ordinaire est cessible, saisissable, susceptible d'hypothèque ; — la jouissance légale est incessible, insaisissable, non susceptible d'hypo-

1. Voir *Manuel de Droit civil*, I, pag. 407-409.

thèque ; les créanciers du père ou de la mère ne peuvent saisir que les revenus, déduction faite des frais d'éducation.

3° Outre les charges générales de l'usufruit ordinaire, la jouissance légale a ses charges propres.

4° Outre les causes générales d'extinction de l'usufruit ordinaire, la jouissance légale a ses causes propres d'extinction.

TITRE X.

DE LA MINORITÉ, DE LA TUTELLE ET DE L'ÉMANCIPATION [1].

Le Code admet *trois* séries de *personnes incapables*, c'est-à-dire privées de l'exercice des droits civils (*voir* page 21) : 1° les *mineurs*, à raison de l'âge ; — 2° les *personnes non saines d'esprit*, à raison de leur infirmité intellectuelle ; — 3° les *femmes mariées*, à raison du sexe. Les mineurs sont : 1° *non émancipés*, soumis à la *puissance paternelle*, ou à la *tutelle ;* — 2° *émancipés*, placés en *curatelle.*

Les personnes non saines d'esprit comprennent : 1° les *interdits*, en *tutelle ;* — 2° les *personnes assistées d'un conseil judiciaire ;* — 3° les *personnes placées dans une maison d'aliénés, assistées d'un administrateur provisoire.*

L'incapacité des femmes mariées est réglée au

1. *Voir*, pour l'idée philosophique, *Manuel de Droit civil*, I, pag. 409 et 472.

Chap. VI du Titre : *Du mariage* (*voir* page 124); l'incapacité des personnes non saines d'esprit fait l'objet du Titre : *De la majorité, de l'interdiction et du conseil judiciaire* ; enfin, l'incapacité des mineurs non émancipés, placés sous la puissance paternelle, est examinée au Titre : *De la puissance paternelle* (*voir* page 186).

Il s'agit dans le présent Titre :

1° Des mineurs non émancipés, en *tutelle*;

2° Des mineurs émancipés, en *curatelle.*

De plus, ce Titre contient une disposition qui se rattache exclusivement à la puissance paternelle, le *droit d'administration légale*, et, en s'occupant de la tutelle, règle un droit qui fait également partie de la puissance paternelle, le *droit, pour le dernier mourant des père et mère, de choisir un tuteur testamentaire à ses enfants mineurs.*

CHAPITRE I.

DE LA MINORITÉ.

Le mineur est l'individu incapable de l'un ou de l'autre sexe qui n'a pas encore atteint l'âge de vingt-un ans (art. 388).

La *minorité exceptionnelle*, quant au *mariage*, se prolonge jusqu'à vingt-cinq ans pour les fils ; quant à l'*adoption*, jusqu'à vingt-cinq ans pour les fils et pour les filles.

Le mineur non émancipé n'est pas nécessairement en tutelle.

Si les père et mère existent encore, il est soumis à la *puissance paternelle*, sans tutelle.

Si l'un d'eux est mort et que l'autre ait survécu, il y a à la fois *puissance paternelle et tutelle.*

Si tous les deux sont morts, il y a seulement *tutelle.*

CHAPITRE II.

DE LA TUTELLE

SOMMAIRE : I. Qu'est-ce que la tutelle? Est-elle obligatoire? Qu'est-ce que la tutelle légitime? dative? testamentaire? Quel est leur ordre graduel? — II. Quelle est la durée de l'administration légale? Quelles différences avec la tutelle? Les règles de la tutelle sont-elles applicables? — III. La durée de l'administration est-elle la même que celle de l'autorité paternelle? La mère a-t-elle l'administration? L'enfant peut-il avoir des biens non soumis à l'administration légale? — IV. Le survivant des père et mère est-il toujours tuteur? Le père peut-il nommer un conseil à la mère tutrice? Quelle est la valeur de l'acte fait par la mère sans l'avis du conseil? — V. La mère a-t-elle le droit de refuser la tutelle?—VI. La mère remariée conserve-t-elle la tutelle? Le second mari est-il responsable des suites de la gestion antérieure au mariage? Qu'est-ce qu'un cotuteur? — VII. Qu'est-ce qu'un curateur au ventre? Quel intérêt aurait la mère à supprimer ou à supposer le part? Par qui et pour qui est administrée la succession du mari? Le curateur au ventre est-il toujours nécessaire? — VIII. Par quel acte peut se donner la tutelle testamentaire? Qui peut user de ce droit? Le dernier mourant exclus ou excusé peut-il nommer un tuteur testamentaire? La mère remariée a-t-elle ce droit? Quel est l'effet de l'existence des ascendants sur le droit du conseil de famille? — IX. Dans quels cas les ascendants sont-ils tuteurs légitimes? Dans quel ordre la tutelle est-elle dévolue? — X. Dans quels cas y a-t-il lieu à tutelle dative? Qu'est-ce que le conseil de famille? Comment est-il composé? — XI. Où doit-il être convoqué? Le domicile de la tutelle est-il le même que celui du mineur? Qui fait les convocations? Y a-t-il un recours contre les décisions du conseil de famille? — XII. Qu'est-ce qu'un protuteur? Quelle est la date de l'entrée en fonctions du tuteur? La tutelle passe-t-elle aux héritiers? — XIII. Qu'est-ce que le subrogé tuteur? Comment est-il nommé? Quand cesse la subrogée tutelle? — XIV. Qu'est-ce qu'une excuse? Quelles sont les causes d'excuse? A qui doivent-elles être proposées? — XV. Quelle différence entre l'incapacité et les exclusions ou destitutions? Quelles sont les personnes incapables? — XVI. Quelles sont les causes d'exclusion? Par qui l'exclusion est-elle prononcée? Y a-t-il un recours? — XVII. Quelles obligations sont imposées au tuteur par l'art. 450? A qui appartient le soin de la personne du mineur? Le tuteur a-t-il tous les attributs de la puissance paternelle? — XVIII. Dans quels cas le pupille agit-il seul? Dans quels cas avec assistance? Quelle est la fonction du tuteur? — XIX. Que doit faire le tuteur en entrant en fonctions? Quel est l'objet de l'inventaire? Quelle déclaration doit-il contenir? Quelle est la sanction du défaut d'inventaire? — XX. L'obligation de vendre concerne-t-elle les meubles incorporels? Le tuteur a-t-il le droit de les vendre? Quelle exception est faite pour le survivant des père et mère? Le père usufruitier est-il responsable de la perte par cas fortuit? — XXI. Quelles déterminations le conseil de famille a-t-il à faire sur l'invitation du tuteur? Quelle est la sanction de ces obligations? — XXII. Quels actes le tuteur peut-il faire seul? — XXIII. Qui a le droit d'accepter une succession échue au mineur? Pourquoi ne peut-elle être acceptée que sous bénéfice d'inventaire? Le mineur devenu majeur peut-il reprendre une succession répudiée? Tous les tuteurs ont-ils besoin d'autorisation pour accepter une donation? — XXIV. Qui peut intenter l'action immobilière? Le tuteur peut-il y acquiescer? Pourquoi le tuteur est-il apte à défendre seul à une action en partage? — XXV. Dans quels cas l'homologation du tribunal est-elle nécessaire? Pourquoi la licitation est-elle exceptée? Ne faut-il pas étendre cette exception? Quelles formalités exige la transaction? — XXVI. Quels actes sont interdits au tuteur? Le tuteur peut-il acquérir une créance contre le mineur? Quelle est la sanction de cette prohibition? Qu'est-ce qu'un compromis? — XXVII. Le tuteur peut-il être dispensé de rendre compte? La tutelle ne comporte-t-elle qu'un compte définitif? Comment le compte est-il rendu? —

XXVIII. Quel est le point de départ des intérêts du reliquat dû au mineur, ou au tuteur? L'action en payement du reliquat se prescrit-elle par 10 ans ou par 30 ans? — XXIX. Les enfants naturels non reconnus peuvent-ils avoir un tuteur? Le père a-t-il l'administration des biens de l'enfant qu'il a reconnu? La tutelle des enfants reconnus peut-elle être légitime? Quelle est la situation des enfants admis dans les hospices?

I. La tutelle est une *charge publique qui confère à une personne capable le pouvoir de prendre soin de la personne d'un mineur* ou d'un interdit, *et d'en administrer les biens.* Elle est fondée sur l'idée d'une protection due aux faibles.

Elle est une charge publique, en ce qu'elle constitue une intervention de la société dans le règlement de l'intérêt individuel.

Elle est à la fois *obligatoire* pour la personne capable à qui elle est déférée, et pour l'incapable qu'elle a en vue de protéger.

Elle est *gratuite.*

Les femmes sont, en général, incapables d'être tutrices. Par exception, la mère à l'égard du fils ou de la fille; l'aïeule à l'égard du petit-fils ou de la petite-fille; la femme à l'égard du mari interdit, sont capables.

Le mineur en tutelle s'appelle aussi *pupille.*

On divise la tutelle en tutelle *légitime* et tutelle *dative.*

La tutelle *légitime* est celle qui est déférée directement par la loi à une personne, et en vertu de la seule qualité de cette personne.

La tutelle *dative* est celle qui est déférée par certaines personnes auxquelles la loi a confié ce soin et qui ont le droit de choisir le tuteur.

Il y a deux sortes de tutelle légitime : 1° la tutelle légitime des père et mère ; 2° la tutelle légitime des ascendants.

Il y a aussi deux sortes de tutelle dative : 1° la tutelle testamentaire, déférée par le dernier mourant des père et mère ; 2° la tutelle dative proprement dite, déférée par le conseil de famille.

La loi les range dans l'ordre suivant, qui est en même temps leur *ordre graduel :*

1° Tutelle légitime des père et mère ;

2° Tutelle testamentaire déférée par les père et mère ;

3° Tutelle légitime des ascendants ;

4° Tutelle dative déférée par le conseil de famille.

Avant ces différentes tutelles, la loi a placé les règles relatives au droit d'administration légale, attribut de la puissance paternelle.

DROIT D'ADMINISTRATION LÉGALE.

II. L'*administration* des biens personnels de l'enfant mineur appartient au père *durant le mariage* (art. 389) ; *après la dissolution* du mariage, commence la *tutelle.*

De là, *trois* différences, généralement acceptées, entre l'administration légale et la tutelle :

1° L'hypothèque légale ne grève pas les biens du père administrateur légal ; — elle grève les biens du père tuteur.

2° Le père administrateur n'est point soumis à la surveillance d'un subrogé tuteur ; — le père tuteur y est soumis.

3° Il n'y a pas de conseil de famille permanent

dans le cas de l'administration légale; — il y en a un dans le cas de la tutelle légitime.

A part ces différences, il paraît naturel, dans le silence de la loi, d'appliquer, par analogie, à l'administration du père les règles de l'administration du tuteur : d'où il résulterait que le père, comme le tuteur, peut agir tantôt seul, tantôt avec l'autorisation du conseil de famille, tantôt avec la double autorisation du conseil de famille et du tribunal; de même, il doit être dispensé, déclaré incapable. exclus ou destitué dans les mêmes cas que le tuteur.

III. L'administration légale, conséquence de la puissance paternelle, finit, en principe, avec cette puissance par la majorité ou l'émancipation de l'enfant.

Cependant, lorsque le mariage est dissous, l'administration légale cesse, bien que la puissance paternelle subsiste au profit du survivant des père et mère.

Il en résulte que la mère n'a l'administration légale que dans des circonstances exceptionnelles, par exemple lorsque le mari est en état de présomption d'absence.

L'administration légale se termine par un compte: l'administrateur est comptable quant à la propriété et aux revenus des biens dont il n'a pas la jouissance, et quant à la propriété seulement de ceux des biens dont la loi lui donne l'usufruit (art. 389). On admet que l'action en reddition de compte n'est prescriptible que par trente ans.

L'enfant mineur peut avoir des biens personnels dont son père ne soit pas administrateur, même durant le mariage : tels sont les biens donnés à l'enfant sous la condition que le père n'en aurait pas l'administration [1].

Les règles qui précèdent ne s'appliquent qu'aux père et mère légitimes. Les père et mère naturels ne peuvent pas avoir l'administration légale.

SECTION I.

DE LA TUTELLE DES PÈRE ET MÈRE.

IV. Après la dissolution du mariage, *le survivant des père et mère*, en même temps qu'il conserve la puissance paternelle, devient de plein droit tuteur.

Cependant il peut arriver qu'il conserve la puissance paternelle sans avoir la tutelle : c'est ce qui a lieu, par exemple, dans le cas où la mère survivante refuse, comme elle en a le droit, la tutelle. Alors le tuteur est chargé de l'administration des biens, et la mère, de l'administration de la personne.

Il existe *quatre* différences entre la tutelle du père et celle de la mère.

1re Différence.

Le père peut nommer à la mère survivante et tutrice un conseil spécial, sans l'avis duquel elle ne pourra faire certains actes ou aucun acte (art. 391).— *La mère n'est pas investie du même droit vis-à-vis du père.*

Ce conseil, ou plutôt, ce conseiller ne peut être désigné que par testament, ou par déclaration faite soit devant notaire, soit devant le juge de paix et son greffier (art. 392).

1. Voir *Manuel de Droit civil*, I, pag. 415-416.

La mère ne peut agir sans l'avis du conseil : cela veut dire qu'elle ne peut agir que conformément à l'avis du conseil. En cas de dissentiment, le conseil de famille décide, sauf recours au tribunal.

L'acte fait par la mère sans ou contre l'avis du conseil, est *annulable* dans l'intérêt du mineur.

2e Différence.

V. *Le père survivant est forcé d'accepter la tutelle s'il ne se trouve pas dans un cas d'excuse légale. — La mère survivante a toujours le droit de refuser la tutelle* (art. 394).

Lorsque la mère use de ce droit, elle est tenue de faire nommer par le conseil de famille un autre tuteur à sa place, et de gérer provisoirement la tutelle jusqu'à la nomination (art. 394). Cette gestion provisoire n'est pas une tutelle.

Lorsque la mère a une fois accepté la tutelle, elle ne peut plus en être déchargée qu'en vertu d'une cause d'excuse légale.

3e Différence.

VI. *Le père qui se remarie conserve de plein droit la tutelle, sans avoir besoin de demander au conseil de famille de la lui maintenir. — La mère qui se remarie ne conserve la tutelle que tout autant que le conseil de famille la lui maintient* (art. 395).

Si la mère qui se remarie ne convoque pas préalablement le conseil de famille, en droit, elle perd la tutelle (art. 395) ; en fait, elle est tenue de la gérer jusqu'à ce que le conseil de famille ait pris une décision. Le second mari est solidairement responsable avec elle de toutes les suites de la tutelle qu'elle aura indûment conservée (art. 395); cela s'entend seulement des suites de la gestion *postérieure* au mariage, car il n'y a de tutelle indûment conservée que depuis la célébration du mariage. Les mots « toutes les suites » ont pour objet d'indiquer le défaut de gestion comme l'indue gestion [1].

Lorsque le conseil de famille maintient la mère dans la tutelle, le second mari doit lui être nécessairement adjoint comme *cotuteur* (art. 396). Il en résulte que toute cause qui met fin à la cotutelle du mari met fin à la tutelle de la mère (sauf le cas de mort du mari), et réciproquement, que toute cause qui met fin à la tutelle de la mère, met fin à la cotutelle du mari (y compris le cas de mort de la mère).

4° Différence.

VII. *La tutelle du père survivant commence toujours au moment de la mort de la mère. — La tutelle de la mère survivante, enceinte au décès du mari, ne commence qu'à la naissance de l'enfant* (art. 393).

Dans l'intervalle entre le décès du mari et l'accouchement de la femme, le conseil de famille, sur la demande d'un intéressé, nomme un *curateur au ventre*, c'est-à-dire un surveillant de la grossesse et de l'accouchement de la femme (art. 393).

Le curateur au ventre a *deux* fonctions :

1° *Veiller à ce qu'il n'y ait ni suppression ni supposition de part.* — La veuve peut, en effet, avoir intérêt à *supprimer le part*, c'est-à-dire à faire disparaître l'enfant, afin de succéder *ab intestat* à son mari, ou afin de conserver sans réduction les libéralités excessives que lui a faites son mari. Elle peut avoir, au

1. Voir *Manuel de Droit civil.* I, pag. 418-419.

contraire, intérêt à *supposer le part*, c'est-à-dire à feindre un accouchement et à présenter comme son enfant celui d'une autre, afin d'acquérir par lui la jouissance légale sur la succession pendant dix-huit ans, et d'obtenir une pension alimentaire. Le curateur au ventre prévient ces dangers : il a le droit de rendre des visites à la femme dans son domicile et d'assister à son accouchement.

2° *Administrer provisoirement la succession du mari.* — C'est dans l'intérêt d'un héritier inconnu que le curateur administre. L'attribution de la succession dépend de la naissance de l'enfant : s'il naît vivant et viable, c'est lui qui sera héritier, du jour de l'ouverture de la succession ; s'il naît mort, ou vivant mais non viable, les héritiers du degré suivant seront appelés. Le curateur n'est d'ailleurs admis à faire que des actes conservatoires, et sans être grevé d'aucune hypothèque.

Si l'enfant naît vivant et viable, la mère en devient de plein droit la *tutrice*, et le curateur au ventre le *subrogé tuteur* (art. 393). On en conclut que la mère ne doit pas concourir à la nomination du curateur, qu'il doit être choisi dans la ligne paternelle, enfin qu'il ne peut invoquer que les mêmes causes d'excuse que le subrogé tuteur.

Lorsque la veuve a déjà des enfants mineurs, leur subrogé tuteur surveille la mère, et remplace le curateur au ventre ; si les enfants sont majeurs, il y a lieu de nommer un curateur spécial [1].

1. Voir *Manuel de Droit civil*, I, pag. 422.

SECTION II.

DE LA TUTELLE DÉFÉRÉE PAR LE PÈRE OU LA MÈRE.

VIII. Le *dernier mourant des père et mère* a le droit de désigner la personne qu'il entend charger de le remplacer dans la tutelle de ses enfants (article 397).

Cette tutelle a reçu le nom de *testamentaire*, parce qu'elle résulte toujours d'une disposition subordonnée au décès; mais elle peut être faite soit par testament, soit par déclaration devant notaire (art. 398).

La faculté de nommer un tuteur n'appartient qu'au *dernier mourant* des père et mère. Ainsi, aucun des époux n'a le droit d'exclure de la tutelle légitime celui qui lui survivra; ainsi encore, la nomination faite par le premier mourant serait nulle, même dans le cas où le survivant serait écarté de la tutelle légitime, par exemple par suite d'interdiction ou de déchéance.

Lorsque le dernier mourant des père et mère est exclus ou destitué de la tutelle, il n'a plus le droit de nommer un tuteur testamentaire: par exemple, la femme remariée non maintenue dans la tutelle (art. 399). Il en est de même lorsque le dernier mourant a été excusé de la tutelle.

Le père remarié conserve intact le droit de nommer un tuteur testamentaire; la mère, remariée et *non maintenue* dans la tutelle, le perd.

Quant à la mère remariée et *maintenue* dans la tutelle, elle conserve l'apparence de ce droit; mais son choix devra être ratifié par le conseil de famille (art. 400).

Lorsque les enfants *n'ont pas d'ascendants*, la situation est *la même* pour le conseil de famille, *que la mère ait été ou non maintenue dans la tutelle ;* le conseil a, dans les deux hypothèses, le droit de ratifier ou de ne pas ratifier la désignation faite valablement par la mère maintenue, inutilement par la mère non maintenue.

Mais *s'il y a des ascendants*, la *différence* se produit. La *mère non maintenue*, n'ayant pas le droit de désigner un tuteur, ne peut pas écarter les ascendants de la tutelle légitime : le conseil de famille n'a personne à nommer, les ascendants sont tuteurs de plein droit. Au contraire, la *mère maintenue*, usant de la faculté de désignation qui lui est conférée, écarte la tutelle légitime, et ouvre la tutelle dative ; le conseil de famille est appelé à confirmer ou à repousser le choix de la mère, par conséquent à nommer un tuteur.

Aucune personne n'est tenue d'accepter une tutelle lorsqu'elle se trouve dans un des cas d'excuse prévus par la loi. Le tuteur testamentaire jouit de cette faculté générale (art. 401).

SECTION III.

DE LA TUTELLE DES ASCENDANTS.

IX. Les *ascendants* sont de *plein droit* tuteurs de leurs descendants, lorsque les *trois* conditions suivantes sont réunies.

Il faut : 1° que les père et mère soient décédés : —

2° que le dernier mourant des père et mère n'ait pas nommé un tuteur testamentaire (art. 402); — 3° qu'au décès du dernier mourant des père et mère, il n'existe pas de tuteur datif en exercice.

La tutelle légitime des ascendants n'est jamais attribuée aux femmes.

Parmi les ascendants mâles, le Code choisit le plus proche en degré, sans tenir compte de la ligne. A égalité de degré, l'ascendant paternel est préféré à l'ascendant maternel (art. 402).

S'il y a à la fois égalité de degré et de ligne, il faut distinguer.

Le concours a-t-il lieu entre deux ascendants paternels : la préférence légale est en faveur de l'aïeul paternel du père, c'est-à-dire de celui dont l'enfant porte le nom (art. 403).

Le concours a-t-il lieu entre deux ascendants maternels : le conseil de famille désigne celui qui lui paraît le plus apte à la fonction de tuteur (art. 404).

SECTION IV.

DE LA TUTELLE DÉFÉRÉE PAR LE CONSEIL DE FAMILLE.

X. La tutelle *dative* s'ouvre, non-seulement lorsque le mineur est resté sans père ni mère, ni tuteur testamentaire, ni ascendant mâle, mais aussi lorsque le tuteur de l'une de ces catégories se trouve excusé, exclus ou destitué. Dans tous ces cas, il est pourvu à la *nomination d'un tuteur par un conseil de famille* (art. 405).

Le conseil de famille est une *réunion de parents ou d'amis destinée à éclairer l'administration du tuteur et à la surveiller.*

Le conseil de famille se compose (art. 407-410):

1° Du juge de paix du lieu où s'ouvre la tutelle;

2° De six parents ou alliés, pris moitié du côté paternel, moitié du côté maternel.

A égalité de degré, le parent est préféré à l'allié. Entre les parents ou les alliés, le plus proche est préféré au plus éloigné. A égalité de degré de parenté ou d'alliance, l'âge le plus avancé détermine la préférence.

Le conseil de famille ne comprend, en général, que *six personnes*. Cependant il y a *exception :*

1° Lorsqu'il existe des frères germains du mineur et des maris de sœurs germaines; quel que soit leur nombre, ils sont tous appelés au conseil de famille;

2° Lorsqu'il existe des ascendants valablement excusés et des ascendantes veuves.

Les membres du conseil de famille doivent être pris dans un rayon de deux myriamètres autour de la commune : à défaut de parents et d'alliés en nombre suffisant dans le rayon légal, le juge de paix est libre d'appeler ou des amis de la commune même, ou des parents ou alliés demeurant au loin.

Bien qu'il existe des parents et des alliés en nombre suffisant dans le rayon légal, le juge de paix est encore libre d'appeler, s'il le juge convenable, des parents et des alliés domiciliés en dehors de ce rayon, pouvu qu'ils soient de degré plus proche ou de même degré que les alliés présents.

XI. Le conseil de famille doit être convoqué *au lieu de l'ouverture de la tutelle;* or, il est clair que la tutelle s'ouvre au lieu où le mineur avait son domicile lorsque la tutelle a commencé, c'est-à-dire au lieu du domicile du père.

Une fois déterminé, le *domicile originaire de la tutelle* ne varie plus : les changements de tuteur même sont indifférents.

Le *domicile du mineur lui-même* varie avec celui de son tuteur.

La convocation du conseil de famille a lieu tantôt d'office par le juge de paix, tantôt sur la réquisition de personnes que la loi détermine (art. 406). La convocation doit se faire par une citation à trois jours d'intervalle ; en pratique, elle se fait par simple lettre, sans préoccupation de délai : la citation régulière entraînerait seule l'amende pour défaut de comparution (art. 411-412).

Lorsqu'un membre ne comparaît pas, le juge de paix est libre : d'*ajourner* le conseil, c'est-à-dire le remettre à un jour indéterminé, ou de le *proroger*, c'est-à-dire le remettre à jour fixe, ou de *faire délibérer* les membres présents, ou enfin d'*appeler* un autre membre (art. 413-414).

L'assemblée se tient chez le juge de paix, et doit comprendre les trois quarts des membres convoqués (art. 415) ; cela revient à dire que si le conseil se compose du minimum de six membres, la présence de *cinq* membres au moins est nécessaire.

Le juge de paix, président, a *voix prépondérante* en cas de partage (art. 416). On doit admettre que la majorité absolue est nécessaire pour une décision, et qu'il y a partage seulement lorsque le conseil s'est divisé en deux opinions, réunissant chacune un nombre égal de voix [1].

Le conseil de famille *donne des avis* ou *prend des*

1. Voir *Manuel de Droit civil*, I, pag. 430.

délibérations : il donne un *avis*, lorsqu'il ne fait qu'exprimer une opinion sur un acte qui lui est soumis ; les *délibérations* sont les actes par lesquels le conseil de famille, dans la limite de ses attributions, organise ou administre la tutelle.

Parmi les délibérations, les unes sont valables par elles-mêmes ; les autres ont besoin d'être revêtues de l'homologation du tribunal.

Le recours est, en général, possible contre les délibérations du conseil de famille (art. 883-885, Code Procéd. civ.) ; le recours a lieu devant le tribunal de l'arrondissement où siége le conseil.

XII. Le *tuteur* est, en général, *unique*. Par exception, nous avons vu déjà qu'il pouvait y avoir un *cotuteur* (art. 396) ; il y a lieu aussi, dans certains cas, à la nomination d'un *protuteur* (art. 417), chargé d'administrer les biens du mineur situés dans les colonies. Le tuteur et le protuteur sont indépendants l'un de l'autre. Le protuteur est grevé de l'hypothèque légale et reçoit un protuteur subrogé.

La *date de l'entrée en fonctions* du tuteur est celle du jour où il reçoit notification de sa nomination (art. 418). L'hypothèque légale prend date du même jour.

La tutelle est une charge essentiellement *personnelle* ; elle ne doit donc pas passer aux héritiers du tuteur (art. 419). Cependant les héritiers du tuteur doivent prendre soin des affaires du mineur jusqu'à la nomination d'un nouveau tuteur ; la gestion de ces héritiers n'est pas une tutelle, mais une simple gestion d'affaires.

SECTION V.

DU SUBROGÉ TUTEUR.

XIII. Le subrogé tuteur est le *surveillant nécessaire du tuteur et le représentant du pupille contre le tuteur*, toutes les fois qu'il y a opposition d'intérêt entre le pupille et le tuteur (art. 420).

Il y a *toujours* lieu à la subrogée tutelle, si ce n'est dans le cas des tutelles *ad hoc*. La subrogée tutelle est *toujours* dative.

Lorsque la tutelle est dative, la nomination du subrogé tuteur doit être faite immédiatement *à la suite* de celle du tuteur (art. 422.)

Lorsque la tutelle est légitime ou testamentaire, le *premier acte* du tuteur doit consister à provoquer la nomination du subrogé tuteur. S'il s'ingère dans la gestion avant d'avoir rempli cette formalité, il peut, s'il y a eu dol de sa part, être destitué de la tutelle, sans préjudice de tous dommages-intérêts envers le mineur (art. 421).

Le subrogé tuteur étant le surveillant du tuteur et, au besoin, son contradicteur, il s'ensuit :

1° Que le tuteur ne peut jamais voter pour la nomination du subrogé tuteur (art. 423), ni même provoquer sa destitution ou voter dans la délibération qui y serait relative (art. 426) ; — 2° que le subrogé tuteur ne doit pas être pris dans la ligne à laquelle appartient le tuteur (art. 423); en dehors de cette ligne, le choix du conseil de famille est libre. Lorsque le tuteur est un frère germain du mineur, tout parent de l'une ou de l'autre ligne peut être nommé subrogé tuteur.

Le subrogé tuteur ne remplace pas le tuteur lorsque celui-ci, par un motif quelconque, cesse ses fonctions; il a seulement alors l'obligation spéciale de provoquer la nomination d'un nouveau tuteur (art. 424).

La subrogée tutelle cesse avec la *tutelle* elle-même (art. 425); le *changement de tuteur* ne met pas fin aux fonctions du subrogé tuteur, à moins que le conseil de famille ne juge aussi à propos de changer le subrogé tuteur.

La subrogée tutelle, se bornant à une surveillance, n'entraîne pas la même responsabilité que la tutelle. On admet, en général : 1° qu'il n'existe pas d'hypothèque légale sur les biens du subrogé tuteur; — 2° que le subrogé tuteur n'est pas responsable de la gestion du tuteur.

SECTION VI.

DES CAUSES QUI DISPENSENT DE LA TUTELLE [1].

XIV. Les causes qui dispensent de la tutelle ont reçu le nom d'*excuses*. Il ne faut pas confondre les excuses avec les *incapacités*.

L'*incapacité* est le manque d'aptitude juridique à accepter la tutelle. — L'*excuse* dispense de la tutelle les personnes qui, ayant l'aptitude nécessaire, refusent de l'exercer.

On peut toujours renoncer au bénéfice de l'excuse.

Le Code a énuméré *sept* causes d'excuses : 1° certaines fonctions ou services publics; 2° la qualité d'étranger à la famille lorsque, dans le rayon de

1. *Voir*, pour l'idée juridique exacte, *Manuel de Droit civil*, I, pag. 435.

quatre myriamètres, il y a des parents ou alliés en état de gérer la tutelle; 3° l'âge; 4° les infirmités; 5° le nombre des tutelles; 6° le nombre des enfants; 7° le sexe.

Pour la détermination de chacune de ces causes, comme pour les distinctions à établir et les délais à observer, nous renvoyons simplement au texte des art. 427 à 441.

On admet d'ailleurs que l'énumération n'est pas limitative; le conseil de famille et les tribunaux peuvent admettre d'autres causes d'excuses, mais n'y sont pas obligés.

Les *excuses* doivent toujours être *proposées au conseil de famille;* s'il les rejette, le tuteur peut se pourvoir devant le tribunal, alors même que la décision du conseil de famille aurait été prise à l'unanimité. L'art. 440 n'est pas modifié sur ce point par l'art. 883 du Code de procédure civile.

Le tuteur doit administrer pendant le litige. Si les excuses sont rejetées, il y a eu tutelle dès le commencement; si elles sont admises, il n'y a eu qu'une simple administration.

SECTION VII.

DE L'INCAPACITÉ, DES EXCLUSIONS ET DESTITUTIONS.

XV. L'*incapacité*, l'*exclusion* et la *destitution* ont ce caractère commun qu'elles écartent de la tutelle la personne même qui consentirait à l'accepter.

Il n'y a de différence entre elles que dans la nature des motifs sur lesquels elles reposent.

Les *incapacités* n'impliquent aucun motif défavorable au tuteur.

Les *exclusions et destitutions* sont fondées sur une faute qui porte atteinte à la considération de la personne.

Il y a *exclusion*, lorsque la cause existe à l'ouverture de la tutelle; *destitution*, lorsqu'elle survient pendant l'exercice de la tutelle.

INCAPACITÉS.

Le Code admet *quatre* causes d'incapacité (article 442).

Sont incapables :

1° *Les mineurs, excepté le père et la mère.* — Les père et mère naturels n'ont la capacité d'être tuteurs de leurs propres enfants, qu'à la condition d'être émancipés; les père et mère légitimes sont émancipés par le mariage.

2° *Les interdits.* — L'incapacité ne s'applique point aux personnes pourvues d'un conseil judiciaire.

3° *Les femmes, autres que la mère et les ascendantes.* — La mère, veuve, est tutrice légitime de ses enfants; les ascendantes peuvent être investies de la tutelle dative. Dans ces deux cas, le sexe qui cesse d'être une cause d'incapacité devient une cause d'excuse.

4° *Tous ceux qui ont avec le mineur un procès* dans lequel l'état de ce mineur, sa fortune, ou une partie notable de ses biens sont compromis. — Est encore incapable celui dont les père et mère ont avec le mineur un procès pendant.

EXCLUSIONS ET DESTITUTIONS.

XVI. Il y a également *quatre* causes d'exclusion et de destitution.

1° *La condamnation à une peine afflictive ou infamante* (art. 443) ;

2° *L'interdiction des droits civiques, civils et de famille* (art. 42, Code pén.);

3° *L'inconduite notoire* (art. 444);

4° *La gestion imprudente et infidèle* (art. 444).

Les *deux premières causes* opèrent de plein droit ; elles entraînent pour la personne la déchéance du droit de faire partie d'un conseil de famille.

Les *deux dernières causes* doivent nécessairement être prononcées après examen ; elles n'entraînent la déchéance du droit de faire partie d'un conseil de famille que lorsqu'elles ont été appliquées (art. 445).

Les exclusions et destitutions sont prononcées par le conseil de famille, convoqué à cet effet par le subrogé tuteur, ou, à son défaut, par les parents ou alliés du pupille jusqu'au degré de cousin germain (art. 446).

La délibération ne doit être prise qu'après que le tuteur a été entendu ou appelé. Elle doit être motivée (art. 447).

Si le tuteur exclu ou destitué adhère à la délibération, il en est fait mention au procès-verbal, et la procédure en reste là.

S'il n'adhère pas, la cause est portée devant le tribunal, soit par le subrogé tuteur pour obtenir l'homologation, soit par le tuteur pour faire annuler la délibération (art. 448). Les parents et alliés qui ont requis la convocation ont le droit d'intervenir dans l'instance (art. 449).

SECTION VIII.

DE L'ADMINISTRATION DU TUTEUR [1].

XVII. Cette matière se divise en *trois* parties :

1° Détermination générale de la fonction du tuteur ;

2° Obligations du tuteur au moment où il doit entrer en fonctions ;

3° Gestion du tuteur.

I. — DÉTERMINATION GÉNÉRALE DE LA FONCTION DU TUTEUR.

Le tuteur est tenu de *deux* obligations (art. 450) :

1° *Prendre soin de la personne du mineur ;*

2° *Administrer ses biens.*

1re Obligation.

Si c'est *le père ou la mère* qui est tuteur, la direction de la personne de l'enfant lui appartient en vertu de la puissance paternelle.

Si *le survivant des père et mère* n'a pas la tutelle, le soin de la personne du mineur continue cependant de lui appartenir : le tuteur datif n'a point à s'en occuper.

L'obligation de prendre soin de la personne du mineur n'existe, en réalité, pour le tuteur, qu'en cas de *décès des père et mère ;* mais il a toujours pour associé le conseil de famille.

Il y a même certaines attributions de la puissance paternelle qui n'appartiennent jamais au tuteur, et qui sont susceptibles d'être exercées exclusivement par le conseil de famille.

1. Voir *Manuel de Droit civil*, I, pag. 141.

Sont exercés *collectivement* par le tuteur et le conseil de famille :

1° Le droit de régler l'éducation du pupille (art. 454) ;

2° Le droit de fixer sa résidence ;

3° Le droit de correction (art. 468). Le tuteur, autorisé par le conseil de famille, peut provoquer la reclusion du mineur, d'après les règles fixées pour le père (voir page 190).

Sont exercés *exclusivement* par le conseil de famille :

1° Le droit de consentir au mariage du pupille, lorsqu'il n'existe pas d'ascendants (art. 147) ;

2° Le droit d'émanciper le pupille (art. 477).

2e Obligation.

XVIII. Le pouvoir d'administrer comprend celui de représenter le pupille dans *tous* les actes civils, dit l'article 450.

Le mot : *tous*, est inexact.

Bien que le tuteur représente habituellement *le pupille*, il y a des actes où c'est ce dernier qui *joue son propre rôle*. Ces actes eux-mêmes comportent une distinction : il y en a plusieurs où le pupille agit sans assistance ; il y en a d'autres où il a besoin d'assistance.

Le *pupille* agit *sans assistance :*

1° Lorsqu'il reconnaît un enfant naturel ;

2° Lorsque, parvenu à l'âge de seize ans, il dispose, par testament, de la moitié des biens dont la loi permet au majeur de disposer (art. 904) ;

3° Lorsque, ayant plus de vingt ans, il contracte un engagement militaire.

Le *pupille* agit *avec assistance :*

1° Lorsqu'il se marie (art. 148) ;

2° Lorsqu'il réglemente par son contrat de mariage ses intérêts pécuniaires (art. 1398) ;

3° Lorsque, ayant moins de vingt ans, il contracte un engagement militaire (loi 21 mars 1832) ;

4° Lorsqu'il s'oblige à fournir certains services ou travaux en vertu d'un contrat de louage d'ouvrage ;

5° Lorsqu'il s'oblige en vertu d'un contrat d'apprentissage.

Dans les *deux premiers cas*, le mineur doit être assisté de ses ascendants, et, à leur défaut, du conseil de famille.

Dans les *trois derniers cas*, le mineur doit être assisté des personnes sous la direction desquelles il est placé.

II. — OBLIGATIONS DU TUTEUR AU MOMENT OU IL DOIT ENTRER EN FONCTION.

XIX. Ces obligations sont au nombre de *cinq* ; elles concernent :

1° La nomination du subrogé tuteur ;

2° La levée des scellés et l'inventaire ;

3° La vente des meubles ;

4° La détermination des dépenses de la tutelle ;

5° Le placement de l'excédant des revenus.

1re Obligation.

Nous avons vu déjà que le tuteur doit *convoquer le conseil de famille pour faire nommer le subrogé tuteur* (voir page 215).

2e Obligation.

Dans les dix jours qui suivront sa nomination, ou, plus exactement, qui suivront celui où il a dû entrer en fonctions, le tuteur doit *requérir la levée des scellés*, s'ils ont été apposés, *et la confection d'un inventaire* (art. 451).

Cette obligation ne s'applique évidemment que lorsqu'il s'agit d'une tutelle qui s'est ouverte par la mort d'une personne dont le mineur est héritier.

L'inventaire a pour but de prévenir les fraudes; de préparer les éléments du compte que devra fournir le tuteur à l'époque de la cessation de ses fonctions; enfin, de faire connaître l'importance de la fortune du mineur, pour que le conseil de famille puisse régler le budget en connaissance de cause.

Le notaire doit, au moment de la confection de l'inventaire, interpeller le tuteur sur le point de savoir s'il est créancier du pupille (art. 451).

Si le tuteur ne déclare pas sa créance, il la perd; si c'est le notaire qui a négligé d'interpeller le tuteur, celui-ci conserve sa créance, et le notaire est responsable envers le mineur.

Le défaut d'inventaire entraîne une *double* sanction :

1o Le mineur ou ses représentants pourraient prouver, tant par titres que par témoins et par commune renommée, la consistance et la valeur des biens ;

2o Le tuteur peut être destitué pour cause d'incapacité et surtout d'infidélité.

3e Obligation.

XX. Le tuteur est tenu de *faire vendre*, dans le délai d'un mois à partir de la clôture de l'inventaire, *les meubles autres que ceux que le conseil de famille l'a autorisé à conserver en nature* (art. 452).

Cette obligation ne concerne que les *meubles corporels*, qu'il y a avantage à convertir en sommes productives. La vente des meubles qui ne sont pas réservés doit avoir lieu en présence du subrogé tuteur, aux enchères et après affiches.

Quant aux *meubles incorporels*, le tuteur n'est pas obligé de les vendre, mais il en a le droit; du silence de l'art. 452, on doit conclure qu'il a le droit de les vendre sans aucune autorisation, à l'amiable et sans formalités.

Les meubles incorporels que le tuteur a ainsi la faculté de vendre à son gré, comprennent notamment toutes les créances, les actions industrielles, les établissements industriels, les offices publics, charges de notaire, etc.; il n'y a d'exception que pour les rentes sur l'État (loi 24 mars 1806), et actions de la Banque (décret 25 septembre 1813).

Par dérogation, la vente des meubles corporels n'est pas obligatoire pour le survivant des père et mère qui est tuteur et qui a la jouissance légale des biens du mineur (art. 453).

Le survivant des père et mère, tant que dure la jouissance légale, a la faculté de *garder les meubles*; il doit en faire faire à ses frais une estimation à juste valeur, c'est-à-dire sans augmentation en sus de la prisée. A la fin de la jouissance légale, l'usufruitier est tenu de représenter les meubles *en nature*, c'est-à-dire de les rendre dans l'état où ils se trouvent à l'époque de la restitution; dans le cas où les meubles sont détériorés ou ont péri *par la faute* de l'usufruitier, c'est la valeur estimative déterminée par la prisée qui doit être fournie. La détérioration et la perte *par cas fortuit* sont supportées par le mineur[1].

4e Obligation.

XXI. Le tuteur, autre que le père et la mère, doit *faire déterminer par le conseil de famille la somme à laquelle pourra s'élever la dépense annuelle du mineur, ainsi que celle de l'administration de ses biens* (art. 454).

La sanction consiste en ce que le tuteur s'expose, s'il ne remplit pas cette obligation, à voir rejeter du compte de tutelle les dépenses jugées excessives.

Le règlement des frais d'administration comprend la question de savoir si le tuteur pourra s'aider dans sa gestion d'administrateurs salariés aux frais du pupille ; le conseil de famille déterminera ce point. Il est d'ailleurs évident que le tuteur peut toujours avoir recours, sous sa responsabilité, à des auxiliaires qu'il salarie de ses propres deniers.

5e Obligation.

Le tuteur autre que le père et la mère doit *faire déterminer par le conseil de famille la somme à laquelle commencera pour lui l'obligation d'employer l'excédant des revenus sur la dépense* (art. 455).

L'emploi de ces revenus est leur placement : le tuteur est d'ailleurs libre de faire le placement qui lui convient, sous sa responsabilité.

1. Voir *Manuel de Droit civil* I, pag. 448-449.

Le tuteur qui n'a pas appelé le conseil de famille à fixer la somme à laquelle doit commencer l'emploi, doit les intérêts de toute somme, quelque modique qu'elle soit, non employée après l'expiration du délai de six mois (art. 456). Cette sanction s'applique également lorsque le tuteur, tout en ayant fait déterminer l'excédant des revenus à employer, n'a pas pourvu à l'emploi dans le délai de six mois; seulement il faut, dans ce cas, que la somme qu'il a entre les mains atteigne celle qu'a fixée le conseil de famille (art. 455).

Si le tuteur a fait l'emploi avant l'expiration des six mois, les intérêts doivent être comptés au bénéfice du mineur.

III. — GESTION DU TUTEUR.

XXII. Le pouvoir du tuteur n'est pas uniforme pour toute espèce d'actes. Il faut distinguer *quatre* catégories :

1° Actes que le tuteur a le droit de faire seul ;

2° Actes pour lesquels l'autorisation du conseil de famille est nécessaire, mais suffisante ;

3° Actes pour lesquels l'autorisation du conseil de famille et l'homologation du tribunal sont nécessaires ;

4° Actes interdits au tuteur.

I. — ACTES QUE LE TUTEUR A LE DROIT DE FAIRE SEUL.

Le tuteur a le droit de faire seul *tous les actes d'administration pour lesquels aucune exception n'est inscrite* dans les textes.

C'est ainsi qu'il peut

1° *Vendre les meubles, même incorporels* du pupille, sauf la distinction déjà indiquée (voir page 224);

2° *Passer des baux n'excédant pas une durée de neuf ans*, selon les règles fixées pour le mari administrant les propres de la femme sous le régime de communauté (art. 1429-1430);

3° *Effectuer* à sa guise *le placement des capitaux* du mineur;

4° *Payer les dettes* du mineur;

5° *Recevoir le payement* de tout ce qui est dû au mineur;

6° *Intenter les actions mobilières, et* même les actions *possessoires immobilières*, qui appartiennent au mineur (art. 464 et 1428);

7° *Défendre aux actions immobilières* et à l'action en partage;

8° *Protéger les intérêts moraux* du mineur.

II. — ACTES POUR LESQUELS L'AUTORISATION DU CONSEIL DE FAMILLE EST NÉCESSAIRE ET SUFFISANTE.

XIII. Ces actes sont au nombre de *six :*

1° *L'acceptation d'une succession échue au mineur* (art. 461). — Cette acceptation doit, en outre, avoir lieu *sous bénéfice d'inventaire.*

L'acceptation sous bénéfice d'inventaire est celle qui sépare le patrimoine de l'héritier de celui du *de cujus*, de façon que l'héritier ne soit tenu des dettes du *de cujus* que dans la mesure de la valeur des biens qu'il reçoit.

Il semble qu'une pareille acceptation n'expose le mineur à aucun danger, et que l'autorisation du conseil de famille est dès lors superflue. Mais il faut observer que, à la différence de l'héritier renonçant, l'héritier bénéficiaire est tenu de rapporter à ses cohéritiers les dons ou les legs qu'il a reçus du *de cujus*: il peut donc arriver que, le don ou le legs fait au mineur excédant sa part dans la succession, le mineur coure le risque de perdre en acceptant.

2° *La répudiation d'une succession échue au mineur* (art. 461-462). — L'intérêt du pupille se conçoit ici immédiatement.

Si la succession répudiée par le mineur n'a pas été acceptée par un autre héritier, le tuteur autorisé par une nouvelle délibération du conseil de famille, ou le mineur devenu majeur, ont le droit de revenir sur la renonciation et de reprendre la succession restée vacante. Le même droit est reconnu d'une manière générale aux majeurs (art. 790). Dans ce cas, la succession doit être reprise dans l'état où elle se trouvera, en respectant les droits acquis aux tiers par suite de vente, de prescription, etc.

3° *L'acceptation d'une donation offerte au mineur* (art. 463). — Des raisons de convenances morales rendent ici nécessaire l'autorisation : il est, au surplus, possible que des charges graves aient été imposées à la donation.

D'après l'art 935, le père, la mère, ou tout ascendant, ont le droit d'accepter une donation pour leur descendant, sans autorisation du conseil de famille. Par conséquent, lorsque le père, la mère ou un ascendant, sont tuteurs, ils n'ont pas besoin de l'autorisation.

XXIV. 4° *L'introduction en justice d'une action immobilière appartenant au mineur* (art. 464). — Le tuteur, apte à défendre sans autorisation à une action immobilière, ne peut l'intenter seul. S'il l'intente sans autorisation, l'adversaire peut refuser de répondre; si l'adversaire consent à soutenir le procès, il est lié envers le mineur lorsqu'il perd; lorsqu'il gagne, le mineur n'est pas lié envers lui.

Le tuteur a également besoin d'autorisation pour *acquiescer* à une demande immobilière intentée contre le mineur, c'est-à dire pour reconnaître fondée une telle demande.

5° *L'introduction en justice d'une action en partage appartenant au mineur* (art. 465). — Si la *demande* en partage est *formée contre* le mineur, l'autorisation du conseil n'est pas nécessaire pour y défendre; nul, en effet, n'est tenu de rester dans l'indivision. Le tuteur qui veut au contraire *provoquer* un partage, doit s'y faire autoriser, parce qu'il peut y avoir intérêt pour le mineur à le retarder.

Il n'y a point de distinction à faire entre les partages de biens mobiliers et ceux de biens immobiliers.

Tout partage dans lequel un mineur est intéressé doit être fait *en justice* (art. 466); l'expertise, exigée dans tous les cas par le Code, a été rendue facultative pour le tribunal par la loi du 2 juin 1841. Les art. 819 Code civil, 966 et suivants Code procéd. civ., règlent les formalités à remplir.

Le partage fait autrement qu'en justice doit être considéré comme provisionnel, c'est-à-dire comme n'ayant rapport qu'à la jouissance.

6° *L'aliénation d'une inscription de rente* sur l'État de plus de 50 francs, ou l'aliénation d'une *action de la Banque* de France faisant partie du patrimoine du mineur (loi 24 mars 1806, et décret 25 septembre 1813).

III.— ACTES POUR LESQUELS L'AUTORISATION DU CONSEIL DE FAMILLE ET L'HOMOLOGATION DU TRIBUNAL SONT NÉCESSAIRES.

XXV. Ces actes sont :

1° *L'emprunt* (art. 457-458);

2° *L'aliénation des immeubles du mineur* (art. 457-460);

3° *L'hypothèque* (art. 457-458);

4° *La transaction* (art 467).

Pour les *trois premiers actes*, il est recommandé au conseil de famille de n'accorder son autorisation, et au tribunal son homologation, que tout autant que s'il y a nécessité absolue ou avantage évident (article 457), par exemple pour le payement d'une dette onéreuse, les réparations urgentes, le besoin de procurer au mineur une profession ou un établissement.

Le conseil de famille doit indiquer les immeubles qui doivent être vendus ou hypothéqués de préférence, et toutes les conditions qu'il juge utiles (art. 457); il doit aussi indiquer la nature et la valeur approximative des biens (art. 953 Code Procéd. civ.).

Le tribunal statue en la chambre du conseil, après avoir entendu le procureur de la République (art. 458).

La vente, ainsi autorisée, doit se faire publiquement et aux enchères (art. 459). La loi du 2 juin 1841, modifiant le Code de procéd., a déclaré que la vente pourrait être faite, même en l'absence du subrogé tuteur, et après une seule apposition de placards.

Les formalités de l'autorisation du conseil de famille et de l'homologation du tribunal cessent d'être exigées, en cas d'*aliénation nécessaire*. De là, l'*exception* indiquée pour la licitation (art. 460).

La *licitation*, d'une manière générale, est la vente aux enchères d'une chose indivise, reconnue impartageable, ou sur le partage de laquelle les copropriétaires ne s'entendent pas.

La licitation, une fois demandée par un des copropriétaires, ne peut être évitée, car nul n'est tenu de rester dans l'indivision : comme tout autre copropriétaire, le mineur est obligé de la subir, et le tuteur n'a alors à demander aucune autorisation ni homologation. Il en serait autrement, si le tuteur provoquait lui-même la cessation de l'indivision.

Cependant, même dans le cas où elle est forcée pour le mineur, la licitation doit être faite dans la forme prescrite pour la vente volontaire, (art. 459) et les étrangers y sont nécessairement admis comme enchérisseurs.

Il faut *étendre l'exception* écrite pour la licitation :

1° Au cas où un créancier pratique une saisie immobilière contre le mineur ;

2° A celui de l'expropriation pour cause d'utilité publique, d'un immeuble du mineur.

La *transaction* est un contrat par lequel deux personnes arrêtent une contestation déjà née, ou préviennent une contestation à naître, en se faisant des concessions réciproques.

La transaction est un acte grave, pouvant entraîner des sacrifices ; de là, la règle que le tuteur doit, pour transiger, obtenir : 1° l'avis conforme de trois jurisconsultes désignés par le procureur de la République ; 2° l'autorisation du conseil de famille ; 3° l'homologation du tribunal (art. 467).

Cette règle est absolue, et s'applique aux droits mobiliers comme aux droits immobiliers.

IV. — ACTES INTERDITS AU TUTEUR.

XXVI. Le Code indique comme étant absolument interdits au tuteur les actes suivants (art. 450) :

1° *L'achat des biens du mineur ;*

2° *La prise à ferme ou à loyer des mêmes biens;*

3° *L'acceptation de la cession d'aucun droit ou créance contre le mineur.*

Il y a lieu d'ajouter :

4° *La donation de biens du mineur;*

5° *Le compromis pour le mineur.*

1° Achat des biens du mineur.

La prohibition s'applique à la vente aux enchères comme à la vente amiable (art. 450).

On excepte le cas où le tuteur est copropriétaire par indivis avec le mineur ; mais on nomme alors un tuteur *ad hoc* pour surveiller les intérêts du mineur.

2° Prise à ferme ou à loyer des biens du mineur.

La prohibition n'est pas absolue.

Avec l'autorisation du conseil de famille, le subrogé tuteur est apte à passer bail au tuteur des biens du mineur (art. 450).

3° Acceptation de la cession d'aucun droit ou créance contre le mineur.

La prohibition s'applique non-seulement à la cession d'une créance, mais encore à celle d'un usufruit ou d'un autre droit de jouissance, ou même d'un simple bail sur un immeuble du mineur ; de même, aux droits litigieux de toute nature (art. 450).

On admet qu'elle ne s'applique pas lorsque le tuteur reçoit le droit ou la créance dans une succession, à titre de legs ou pour cause de donation entre-vifs, et encore, lorsqu'il a payé de ses deniers une dette du mineur à titre de gérant d'affaires ou avec subrogation. Dans tous ces cas, en effet, il n'y a pas spéculation de la part du tuteur, et c'est contre la spéculation que la loi entend protéger le mineur.

Le texte est muet sur la sanction de la prohibition.

Nous admettons que si, nonobstant la prohibition, le tuteur accepte la cession, la cession est frappée d'une nullité relative ; le mineur seul a le droit d'invoquer cette nullité, puisque c'est dans son intérêt seul que la prohibition est établie. Le mineur peut donc, à son gré, faire annuler la cession et se retrouver en présence de son ancien créancier, ou la tenir pour bonne et avoir alors son tuteur pour créancier. C'est au subrogé tuteur que, durant la minorité du pupille, il appartient d'exercer cette option pour le mineur [1].

Lorsque le pupille prend le parti de maintenir la cession, il doit en accepter les conséquences, et payer à son tuteur la somme qu'il eût payée au premier créancier [2].

4º Donation des biens du mineur.

Aucun texte n'interdit formellement cet acte au tuteur; mais l'interdiction résulte de la nature même des fonctions du tuteur chargé d'administrer. La donation ne rentre pas dans l'administration.

1. Voir *Manuel de Droit civil*, I, pag. 463-465.
2. Voir *Manuel de Droit civil*, I, pag. 466.

5° Compromis pour le mineur.

On appelle compromis un acte par lequel deux personnes conviennent de faire juger par des arbitres un différend qu'elles ont entre elles.

Cette prohibition est inscrite au Code de Procéd. civ. (art. 83, 6°, et 1004).

SECTION IX.

DES COMPTES DE TUTELLE.

XXVII. Le tuteur, étant le mandataire légal du mineur, est tenu de rendre compte de sa gestion (art. 469). Il ne peut être dispensé de cette obligation.

Même durant la tutelle, le tuteur, autre que le père ou la mère, peut être tenu de fournir des états de situation, une fois au plus chaque année (article 470). Ces états ne sont soumis à aucune formalité; ils sont remis au conseil de famille par l'intermédiaire du subrogé tuteur.

Le compte définitif est rendu quand la tutelle prend fin.

La tutelle finit, *du chef du mineur :*

1° Par sa majorité ;

2° Par son émancipation ;

3° Par sa mort.

Elle peut aussi cesser, *du chef du tuteur :*

1° Par la mort du tuteur ;

2° Par sa destitution ;

3° Par sa démission acceptée ;

4° Par suite de son absence.

Lorsque la tutelle prend fin, le compte définitif

est rendu au mineur lui-même, devenu majeur ; au mineur assisté de son curateur, s'il est émancipé ; à ses héritiers, s'il est mort (art. 471).

Dans l'hypothèse d'un changement de tuteur, il y a lieu également à un compte comprenant l'ensemble de la gestion qui finit, et qui sert de base à la gestion nouvelle. Ce compte est rendu soit par le tuteur sortant, soit par ses héritiers, selon les cas ; il est reçu par le tuteur nouveau en présence du subrogé tuteur.

Le dernier tuteur doit embrasser dans le compte définitif l'entière administration de la tutelle.

Trois règles, indiquées pour le compte définitif, s'appliquent à tous les comptes de la tutelle (article 471) :

1° Le tuteur, qui est toujours le détenteur des deniers du pupille, doit faire les avances nécessaires pour la reddition du compte de tutelle ;

2° On doit allouer au tuteur toutes les dépenses suffisamment justifiées et dont l'objet est utile ;

3° Tout compte de tutelle est, en général, rendu aux frais du mineur.

Les comptes de tutelle *peuvent* toujours être rendus *à l'amiable,* et sous telle forme qu'il plaît aux parties d'adopter.

Cependant, le mineur, même devenu majeur, ne peut dispenser expressément le tuteur de lui rendre compte de sa gestion. Aucun arrangement relatif à cet objet n'est valable, s'il n'est constaté, par un récépissé de l'ex-mineur lui-même, qu'il a, depuis dix jours au moins, entre ses mains l'état détaillé des recettes et des dépenses avec les pièces à l'appui (art. 472). Par application de cette règle, l'art. 907

défend au mineur, devenu majeur, de faire au profit de son ex-tuteur une donation ou un legs, tant que le compte de tutelle n'est pas rendu et apuré; les ascendants du mineur sont seuls exceptés de cette prohibition.

La sanction de l'art. 472 est la nullité du traité intervenu entre le tuteur et l'ex-pupille; cette nullité ne peut d'ailleurs être invoquée que par l'ex-mineur ou ses ayants cause.

A défaut d'entente entre les parties, le compte est rendu *en justice* (art. 473). Le Code de procéd. indique les formalités à suivre (art. 527-542).

XXVIII. Le compte de tutelle indique l'excédant des recettes sur les dépenses, ou des dépenses sur les recettes, en d'autres termes le reliquat. Le tuteur peut donc, le compte étant rendu, être débiteur ou créancier du pupille.

L'obligation du tuteur envers le mineur diffère de celle du mineur envers le tuteur, à deux points de vue :

1° Au point de vue des intérêts;

2° Au point de vue des sûretés.

1° *Au point de vue des intérêts.* — Le mineur a droit aux intérêts du reliquat que lui doit le tuteur à partir de la clôture du compte de tutelle (art. 474);

Le tuteur a droit aux intérêts du reliquat que lui doit le mineur, à partir de la sommation de payer qui suivra la clôture du compte (art. 474).

2° *Au point de vue des sûretés.* — La créance du mineur contre le tuteur est garantie par une hypothèque légale, qui subsiste jusqu'à l'acquittement de tout ce que doit le tuteur en capital et intérêts (art. 2121);

La créance du tuteur contre le mineur n'est garantie par aucune sûreté spéciale.

Les *actions du mineur contre le tuteur*, relatives à la gestion de la tutelle, se prescrivent exceptionnellement par *dix* ans (art. 475).

L'action en payement du reliquat dû par le tuteur n'est pas soumise à cette prescription : l'arrêté de compte a formé un contrat nouveau, et c'est de ce contrat, non des faits de la tutelle, que naît l'action en payement du reliquat. Elle se prescrit par *trente* ans, selon le droit commun.

L'*action du tuteur contre le pupille* ne se prescrit que par *trente* ans.

TUTELLE DES ENFANTS NATURELS [1].

XXIX. Quant aux enfants nés hors mariage *non reconnus*, ce qui comprend les enfants incestueux et adultérins, aucune des trois tutelles, légitime, testamentaire ou même dative, ne leur est applicable. Ils restent sans aucune protection légale.

Pour les enfants nés hors mariage *reconnus*, il est d'abord certain que l'administration légale des père et mère ne leur est pas applicable ; le texte de l'article 389 est formel.

On peut, par analogie, composer pour ces enfants un conseil de famille, selon les règles tracées pour les enfants légitimes (art. 409). Si l'on ne veut pas forcer les textes, on décidera que c'est le tribunal de première instance, et non le juge de paix, qui doit en désigner les membres [2].

La tutelle de ces enfants ne peut être que dative,

1. Voir *Manuel de Droit civil*, I, pag. 488.
2. Voir *Manuel de Droit civil*, I, pag. 489-490.

car aucun texte ne crée dans ce cas une tutelle légitime[1].

On admet d'ailleurs l'application des règles de la tutelle des enfants légitimes autant que cette application est possible, par exemple pour les causes d'incapacité, d'exclusion ou d'excuse.

On accorde aux père et mère naturels le droit d'émanciper leur enfant.

Nota. Les enfants *trouvés*, *abandonnés ou orphelins*, admis dans les hospices, font l'objet des lois des 15 pluviôse an XIII et 10 janvier 1849, et du décret du 19 janvier 1811.

Les commissions administratives des hospices forment le conseil de tutelle; elles désignent un de leurs membres pour exercer, le cas échéant, les fonctions de tuteur. Lorsque les enfants ont des biens, le receveur de l'hospice les administre.

A Paris, c'est le directeur de l'Assistance publique qui exerce la tutelle de tous les enfants admis dans les hospices.

CHAPITRE III.

DE L'ÉMANCIPATION[2].

SOMMAIRE : I. Qu'est-ce que l'émancipation? Qui a le droit d'émanciper autrement que par mariage? Dans quels cas et à quel âge le conseil de famille est-il compétent? — II. Quelle est la fonction du curateur? La curatelle peut-elle être légitime? — III. Quels sont les actes que le mineur émancipé peut faire seul? Qu'est-ce que le privilége de réduction? A quels actes s'applique-t-il? — IV. Pour quels actes l'assistance du curateur est-elle suffisante? — V. Dans

1. Voir *Manuel de Droit civil*, I, pag. 490-491.

2. *Voir*, pour l'idée philosophique, *Manuel de Droit civil*, I, pag. 472-474.

quel cas le conseil de famille et le tribunal doivent-ils intervenir ? Le mineur émancipé peut-il faire une donation entre-vifs ? Peut-il tester ? — VI. La capacité du mineur émancipé est-elle la même que celle du tuteur ? — VII. Quelle est la situation du mineur émancipé commerçant ? — VIII. Dans quels cas l'émancipation peut-elle être retirée ? Quelles sont les formes de la révocation ? Quel est l'effet de la révocation ?

I. L'émancipation peut être définie :

Un acte juridique qui affranchit un mineur, soit de la puissance paternelle, soit de la tutelle, soit à la fois de la puissance paternelle et de la tutelle, et qui lui confère le droit de se gouverner lui-même et d'administrer ses biens.

Le Code reconnaît *deux* espèces d'émancipation : 1° l'émancipation *expresse*, qui a lieu par une déclaration spéciale ;

2° L'émancipation *tacite*, qui résulte de plein droit du mariage.

CONDITIONS DE L'ÉMANCIPATION.

Le *mariage* entraîne de plein droit l'émancipation, pour la femme comme pour l'homme (art. 476).

Cette émancipation est absolument irrévocable : la dissolution du mariage ne la fait point cesser.

En dehors du mariage, le droit d'émanciper l'enfant est un attribut de la puissance paternelle (art. 477).

Si l'enfant a *ses père et mère*, le droit d'émanciper l'enfant appartient au père exclusivement.

Si l'enfant n'a plus que *son père ou sa mère*, le droit d'émancipation reste entre les mains du survivant : la mère remariée, même non maintenue dans la tutelle, conserve par conséquent le droit d'émanciper l'enfant.

Lorsque le père est vivant, mais déchu de la puissance paternelle ou dans l'impossibilité de l'exercer, comme cette puissance est alors attribuée à la mère, il faut admettre que le droit d'émanciper appartient à celle-ci [1].

L'enfant peut être émancipé à *quinze ans* par le père ou la mère. L'acte d'émancipation est dressé par le juge de paix, assisté de son greffier (art. 477).

Si l'enfant n'a plus *ni père ni mère*, le droit de l'émanciper appartient au conseil de famille (article 478). L'ascendant le plus proche n'a pas le droit d'émanciper expressément; mais, ayant le droit de consentir au mariage, il peut émanciper tacitement.

Lorsque les père et mère sont tous deux déchus de la puissance paternelle ou dans l'impossibilité de l'exercer, on admet que le conseil de famille est compétent pour décider de l'émancipation.

L'émancipation ne peut être conférée par le conseil de famille qu'au mineur âgé de *dix-huit ans* accomplis. Elle résulte de la délibération du conseil de famille qui l'autorise, et de la déclaration faite en même temps par le juge de paix (art. 478).

C'est au tuteur qu'incombe le soin de provoquer l'émancipation par le conseil de famille. A son défaut, les parents ou alliés de l'enfant, jusqu'au degré de cousin germain, peuvent requérir la convocation du conseil (art. 479). Le juge de paix pourrait d'ailleurs faire cette convocation d'office, ou sur l'invitation de tous autres parents et alliés.

Le mineur lui-même n'est pas compris dans le texte; il n'y a cependant nul inconvénient à le re-

1. Voir *Manuel de Droit civil*, I, pag. 474-475.

connaître apte à requérir la convocation du conseil de famille pour délibérer au sujet de son émancipation.

CURATELLE.

II. Le mineur émancipé est placé dans un *état intermédiaire* entre celui du mineur non émancipé et celui du majeur. Affranchi de la tutelle, il est soumis à la *curatelle.*

Le *curateur*, à la différence du tuteur, ne représente pas le mineur; il *l'assiste.* C'est *toujours* le mineur émancipé qui agit; seulement, il agit tantôt seul, tantôt avec l'assistance de son curateur.

Le mineur émancipé est libre, *quant à sa personne;* il est affranchi des droits de garde et de correction; il peut se choisir un domicile propre (art. 108). *Quant à ses biens* même, il en a l'administration et la jouissance; seulement, certains actes d'administration ne lui sont permis qu'avec l'assistance du curateur.

La curatelle n'est *légitime* que dans un cas: le mari est de plein droit curateur de sa femme mineure.

En dehors de ce cas, la curatelle est toujours *dative*, c'est-à-dire déférée par le conseil de famille. Le curateur peut d'ailleurs n'être nommé que pour une affaire particulière, par exemple pour recevoir le compte de tutelle (art. 480 [1]).

On applique à la curatelle les règles de la tutelle qui concernent les causes d'incapacité, d'exclusion et de destitution.

Le curateur, n'ayant qu'une fonction d'assistance, n'est ni grevé d'une hypothèque au profit du mineur émancipé, ni contrôlé par un subrogé tuteur.

1. Voir *Manuel de Droit civil*, I, pag. 478.

ADMINISTRATION DU MINEUR ÉMANCIPÉ.

III. La capacité du mineur varie selon l'importance des actes. Il y a lieu de distinguer *cinq* catégories :

1° Actes que le mineur émancipé a le droit de faire seul ;

2° Actes pour lesquels l'assistance du curateur est nécessaire et suffisante;

3° Actes pour lesquels l'assistance du curateur et l'autorisation du conseil de famille sont nécessaires et suffisantes ;

4° Actes pour lesquels l'assistance du curateur, l'autorisation du conseil de famille et l'homologation du tribunal sont nécessaires;

5° Actes interdits au mineur émancipé.

Nous aurons à comparer la capacité du tuteur et celle du mineur émancipé.

1° ACTES QUE LE MINEUR ÉMANCIPÉ A DROIT DE FAIRE SEUL.

La règle est que le mineur émancipé peut faire seul *tous les actes de pure administration* (art. 481).

Ainsi il peut :

1° *Passer des baux*, dont la durée n'excédera point neuf ans ;

2° *Recevoir ses revenus et en donner décharge;*

3° *Vendre ses récoltes*, échanger les produits de son travail, et *aliéner, en général à titre onéreux*, *son mobilier ;*

4° *Placer ses capitaux* à intérêts;

5° *Prendre des biens à loyer ou à ferme;*

6° *Louer le travail d'autrui ou ses propres services;*

7° *Intenter toutes les actions mobilières* qui lui appartiennent ;

8° *Faire des achats au comptant ou à terme* dans les limites des besoins de son administration.

Tous ces actes faits par le mineur émancipé ont la même force que s'ils procédaient d'un majeur.

D'autres actes de simple administration sont *valables*, mais *réductibles*, pour cause d'excès : ce sont, dit l'art. 484, les *obligations contractées par voie d'achats ou autrement.*

Ce texte signifie que toutes les fois que le mineur émancipé fait un *marché où il prend terme et recourt au crédit*, les tribunaux ont le droit de réduire son obligation, si elle est excessive, c'est-à-dire si elle est inutile et en disproportion avec sa fortune, et si, de plus, les tiers ont abusé de son inexpérience (art. 484).

Ce *privilége de réduction* est particulier au mineur émancipé ; les tribunaux n'ont, en général, que l'alternative de maintenir ou d'annuler les contrats.

2° ACTES POUR LESQUELS L'ASSISTANCE DU CURATEUR EST NÉCESSAIRE ET SUFFISANTE.

IV. L'émancipé a besoin de l'assistance de son curateur, et elle lui suffit, pour :

1° *Recevoir le compte de tutelle* (art. 480) ;

2° *Intenter une action immobilière et y défendre* (art. 482) ;

3° *Recevoir un capital en argent et en donner décharge* (art. 482) ;

4° *Employer le capital reçu* (art. 482) ;

5° *Aliéner une inscription de rente de 50 francs ou au-dessous* (loi 24 mars 1806) ;

6° *Intenter une action en partage et y défendre* (art. 840);

7° *Accepter une donation entre-vifs ou un legs* (article 935).

Lorsque le mineur émancipé a fait, avec l'assistance de son curateur, les actes pour lesquels cette assistance était nécessaire et suffisante, ces actes ont la même force que s'ils procédaient d'un majeur; si l'assistance du curateur n'a pas eu lieu, ils sont rescindables pour cause de lésion, sur la demande du mineur.

3° Actes pour lesquels l'assistance du curateur et l'autorisation du conseil de famille sont nécessaires et suffisantes.

V. Les formalités, quant aux actes autres que ceux compris dans les catégories précédentes, sont les mêmes que pour le tuteur du mineur non émancipé.

L'assistance du curateur et l'autorisation du conseil de famille sont nécessaires et suffisantes pour :

1° *Aliéner une inscription de rente au-dessus de 50 francs* (loi 24 mars 1806);

2° *Accepter ou répudier une succession* (art. 461);

3° *Acquiescer à une action immobilière* (art. 464).

4° Actes pour lesquels l'assistance du curateur, l'autorisation du conseil de famille et l'homologation du tribunal sont nécessaires.

Ces actes sont :

1° L'*emprunt* (art. 483);

2° L'*aliénation des immeubles* (art. 484);

3° La *constitution d'hypothèque* (art. 484);

4° La *transaction* (art. 484), soumise, en outre, à la nécessité de l'avis de trois jurisconsultes.

5° ACTES INTERDITS AU MINEUR ÉMANCIPÉ.

Ces actes sont :

1° La *disposition à titre gratuit ;*

2° Le *compromis.*

Le *mineur émancipé* et le *mineur non emancipé* sont complétement assimilés à l'égard de ces deux actes.

L'un et l'autre ne peuvent faire une donation *entre-vifs*, si ce n'est par contrat de mariage, et avec le consentement de leurs ascendants ou de leur conseil de famille (art. 1309 et 1398).

L'un et l'autre ne peuvent *tester* à moins d'avoir seize ans accomplis, et alors ils ne peuvent disposer que de la moitié des biens dont pourrait disposer un majeur (art. 904).

DIFFÉRENCES ENTRE LA CAPACITÉ DU TUTEUR ET CELLE DU MINEUR ÉMANCIPÉ.

VI. La capacité du mineur émancipé est *plus étendue*, à certains égards, que celle du tuteur. Ainsi, l'émancipé peut, *seul* :

1° Déterminer sa dépense annuelle ;

2° Déterminer, en tant qu'il s'agit de ses revenus, la quotité de ses placements.

Ainsi encore, l'émancipé peut, *avec l'assistance unique du curateur :*

1° Intenter une action immobilière ou une demande en partage;

2° Accepter une donation entre-vifs.

Dans ces quatre cas, le tuteur est tenu d'obéir au *conseil de famille.*

Sur d'autres points, la capacité du mineur émancipé est *moins étendue* que celle du tuteur. Ainsi, le tuteur peut, *seul* :

1° Recevoir un capital en argent et en donner décharge;

2° Défendre aux actions immobilières.

Le mineur émancipé ne peut faire ces deux actes qu'avec *l'assistance du curateur.*

CAPACITÉ DU MINEUR ÉMANCIPÉ COMMERÇANT.

VII. Le *mineur émancipé* qui a rempli toutes les formalités et conditions prescrites pour devenir *commerçant* (art. 2, Code comm.), est *réputé majeur* pour tous les actes relatifs à son commerce (art. 487).

Il a alors le droit *d'emprunter*, et même *d'hypothéquer* ses immeubles (art. 6, Code comm.). Cependant il ne peut les *aliéner* qu'avec l'assistance du curateur, l'autorisation du conseil de famille, et l'homologation du tribunal.

RETRAIT DE L'ÉMANCIPATION [1].

VIII. L'émancipation peut être retirée au mineur, lorsque *celui-ci a contracté des engagements qui ont été réduits ou sont susceptibles d'être réduits* (art. 485).

Le mineur marié, même devenu veuf, ne peut pas être privé du bénéfice de l'émancipation.

Pour arriver à ce retrait de l'émancipation, on admet que le père, la mère, ou le conseil de famille par un de ses membres délégué, auraient le droit de demander la réduction des engagements excessifs.

On doit suivre, pour révoquer l'émancipation, non pas, comme l'indique l'art. 485, *les formes* qui ont été observées pour la conférer, car ces formes

1. *Voir*, pour les difficultés de détail que comporte cette matière, *Manuel de Droit civil*, I, pag. 485-487.

peuvent n'être plus praticables, mais celles qui devraient être observées s'il s'agissait à ce moment de conférer l'émancipation.

L'effet de la révocation, est selon les cas, de remettre le mineur sous la puissance paternelle, ou en tutelle, ou à la fois sous la puissance paternelle et en tutelle (art. 486). La nouvelle tutelle qui s'ouvre alors doit être déférée d'après les règles ordinaires[1].

Nous avons vu déjà que la révocation de l'émancipation ne ferait pas renaître la jouissance légale des père et mère, éteinte par l'émancipation (voir page 196).

En cas de retrait de l'émancipation, toute émancipation expresse ultérieure est impossible; le mineur reste incapable jusqu'à sa majorité (art. 486).

TITRE XI.

DE LA MAJORITÉ, DE L'INTERDICTION ET DU CONSEIL JUDICIAIRE[2].

SOMMAIRE : I. Qu'est-ce qu'un majeur? L'âge fixé pour la majorité s'applique-t-il à tous les actes? — II. Le mineur peut-il être interdit? Quelles personnes ont le droit de provoquer l'interdiction? L'individu en état habituel de démence peut-il lui-même demander son interdiction? — III. Quelle procédure doit être suivie? Quel est le rôle du conseil de famille? Peut-on demander directement au tribunal la demi-interdiction? — IV. L'interdiction produit-elle toujours effet du jour du jugement? — V. La formule de l'art. 502 est-elle exacte?

1. Voir *Manuel de Droit civil*, I, pag. 486.

2. *Voir*, pour l'idée philosophique, *Manuel de Droit civil*, I, pag. 493.

Comment se prescrit l'action en nullité? Qui a le droit de l'invoquer? L'interdit peut-il se marier? — VI. Quelle est la valeur des actes faits antérieurement à l'interdiction? La personne qui n'a jamais été interdite peut-elle faire annuler un de ses actes pour cause de démence? — VII. En quoi la tutelle de l'interdit ressemble-t-elle à celle du mineur? La tutelle de l'interdit est-elle toujours dative? — VIII. Quelles particularités distinguent la tutelle de l'interdit? Qui règle les conventions matrimoniales de l'enfant de l'interdit? Comment cesse la tutelle? — IX. Quelles différences entre le mineur et l'interdit? — X. Quelles différences entre l'interdit judiciaire et l'interdit légal? — XI. Quel a été le but de la loi du 30 juin 1838? — XII. Quelle est la valeur des actes faits par l'aliéné? Quelles dérogations au droit commun contient à cet égard la loi de 1838? — XIII. Quelles sont les fonctions du curateur? De l'administrateur provisoire? Du mandataire spécial? Si l'aliéné a besoin de vendre ou d'hypothéquer, que doit-on faire? — XIV. Qu'est-ce qu'un conseil judiciaire? Qui doit en être pourvu? A l'égard de quels actes le demi-interdit est-il incapable? — XV. En quoi le demi-interdit diffère-t-il du mineur émancipé? — XVI. En quoi diffère-t-il de l'interdit?

CHAPITRE I.

DE LA MAJORITÉ.

I. Le majeur est l'*individu qui a non-seulement la jouissance, mais aussi l'exercice de ses droits civils.*

La majorité est fixée à *vingt et un ans* (art. 488). On discute le point de savoir si la majorité se calcule de jour à jour ou d'heure à heure; l'art. 57 exigeant la mention de l'heure dans l'acte de naissance, il y a lieu de penser que le calcul doit se faire d'heure à heure.

Deux restrictions, communes à l'homme et à la femme, reculent la majorité quant au *mariage* (art. 148), et quant à l'*adoption* (art. 346).

CHAPITRE II.

DE L'INTERDICTION [1].

II. Il existe *deux* espèces d'interdiction : l'interdiction *judiciaire* et l'interdiction *légale*.

L'interdiction judiciaire a pour cause l'affaiblissement ou le dérangement des facultés mentales.

L'interdiction légale dérive de certaines condamnations (voir page 41).

L'interdit reçoit un tuteur, comme le mineur.

Le Code s'occupe ici de l'interdiction judiciaire.

CAUSES ET FORMES DE L'INTERDICTION.

Les *trois* causes d'interdiction qui sont indiquées l'imbécillité, la démence et la fureur (art. 489), se réduisent en réalité à une seule, le dérangement des facultés mentales. Les tribunaux ont à apprécier si les faits comportent l'interdiction.

L'*état* d'aliénation doit être *habituel;* mais les *intervalles lucides* ne font pas obstacle à l'interdiction (art. 489).

On admet, en général, malgré le mot *majeur* employé par l'article, que le *mineur* peut être interdit : l'incapacité du mineur n'est pas identique à celle de l'interdit.

Les personnes qui ont le droit de provoquer l'interdiction sont (art. 490 et 491) :

1° *Tout parent* de toute qualité et de tout degré ;

2° Le *conjoint* (la femme doit être autorisée par justice);

1. *Voir*, pour l'idée philosophique, *Manuel de Droit civil*, I, pag. 495.

3° Le *ministère public*. Dans le cas de fureur, il y a pour le ministère public obligation d'agir ; dans le cas d'imbécillité ou de démence, il y a pour lui simple faculté d'agir, et encore faut-il que l'individu n'ait ni conjoint, ni parents connus.

Aucun texte ne s'oppose formellement à ce que *l'individu en état habituel de démence* puisse *lui-même* provoquer son interdiction dans un intervalle lucide; mais les formes de procédure tracées par le Code ne sont guère applicables à cette hypothèse.

III. La procédure en interdiction est dirigée contre l'individu qu'il s'agit d'interdire.

La demande est portée devant le tribunal de première instance de son domicile (art. 492). Elle n'est pas précédée du préliminaire de conciliation.

La requête qui la contient doit articuler les faits, c'est-à-dire les énoncer un à un; elle doit, en outre, être accompagnée des pièces et indiquer les témoins (art. 493).

Elle est enfin communiquée au ministère public sur l'ordre du président, qui commet en même temps un juge pour faire un rapport à jour indiqué (art. 891 Code procéd.).

Sur le rapport du juge commis, le tribunal apprécie s'il y a lieu de donner suite à la requête.

Dans le cas où il estime que la demande est fondée, il ordonne la convocation d'un conseil de famille: ce conseil donne son avis sur l'état du défendeur (art. 494).

En général, les parents qui ont provoqué l'interdiction ne peuvent pas faire partie du conseil de famille. Par exception, le conjoint ou les enfants demandeurs en interdiction peuvent être admis dans le conseil avec voix simplement consultative (article 495).

Sur l'avis de la famille, le tribunal peut rejeter la demande.

Si l'affaire suit son cours, vient alors l'interrogatoire du défendeur. Cet interrogatoire a lieu dans la chambre du conseil ; cependant, si le défendeur ne peut se déplacer à raison de sa santé, le tribunal commet un juge pour l'interroger dans sa demeure (art. 496).

Le tribunal a la faculté de confier la personne et les biens du défendeur aux soins d'un administrateur provisoire (art. 496).

La procédure est secrète; mais le jugement doit être public (art. 498).

Il est à remarquer que le tribunal n'est pas placé dans l'alternative d'accueillir ou de rejeter la demande; il a le droit de ne prononcer qu'une demi-interdiction, et de nommer un conseil judiciaire au défendeur (art. 499). Malgré l'obscurité du texte, il n'est pas douteux qu'on ait le droit de lui demander directement la nomination de ce conseil.

Le jugement relatif à l'interdiction est toujours susceptible d'appel. En cas d'appel, la cour peut ordonner un nouvel interrogatoire du défendeur (art. 500).

Tout jugement ou arrêt portant interdiction ou nomination d'un conseil doit recevoir une publicité spéciale, résultant d'affiches (art. 501). Ces affiches doivent être faites alors même que le jugement est frappé d'appel, car si ce jugement est confirmé, c'est à partir de la date où il a été rendu que l'interdiction ou la nomination du conseil produira son effet.

IV. L'interdiction produit un double effet :

1° Elle rend l'interdit incapable ;

2° Elle donne ouverture à la tutelle de l'interdit.

L'interdiction produit effet du jour du jugement, dit l'art. 502. Cette proposition est trop absolue : l'interdiction prononcée par arrêt de la Cour a effet du jour de l'arrêt ; prononcée par jugement, elle n'a effet du jour du jugement que tout autant qu'il n'y a pas appel, ou que la décision de la Cour confirme celle du tribunal.

1° Incapacité de l'interdit[1].

V. *Tous* actes faits par l'interdit après le jugement ou l'arrêt qui prononce son interdiction, sont *nuls de droit*, dit l'art. 502.

Le texte contient une inexactitude.

D'abord, les actes faits par l'interdit ne sont pas nuls ; ils ne sont qu'*annulables*, et, en outre, ils ne le sont que *dans l'intérêt de l'interdit*. Le texte signifie donc seulement que les tribunaux n'ont aucun pouvoir discrétionnaire pour apprécier les actes faits par l'interdit durant son interdiction, et que, toutes les fois que l'interdit ou ses représentants administrent la preuve que ces actes se rapportent à l'époque de l'interdiction, ils sont tenus d'en prononcer la nullité.

Ceci résulte :

1° De l'art. 1304 qui admet que la nullité se couvre par un *laps de dix ans* à partir du jour où l'interdiction a été levée, ou de la mort de l'incapable ;

1. *Voir* la longue théorie philosophique et juridique présentée sur ce point. *Manuel de Droit civil*, I, pag. 500-505.

2° Des art. 1304 et 1125 qui déclarent positivement que *l'interdit ou ses représentants* ont seuls le droit de se prévaloir de cette nullité.

De plus, il n'est pas certain que l'incapacité de l'interdit comprenne tous les actes faits par lui durant son interdiction. On peut croire que les *actes pour lesquels sa volonté ne peut être suppléée par celle de son tuteur* (mariage, reconnaissance des enfants naturels, testament, donation), devraient être considérés comme *valables*, lorsqu'ils ont été faits par lui dans un intervalle lucide. La solution contraire rend l'interdit absolument incapable de faire ces actes [1].

VI. Comme le jugement d'interdiction ne fait que reconnaître un état antérieur, les actes faits par l'interdit *avant* son interdiction peuvent être annulés : l'interdit ou ses représentants auront à prouver que la démence existait *notoirement* à l'époque où l'acte a été passé (art. 503). Les tribunaux ont du reste un pouvoir d'appréciation.

D'après le droit commun, pour faire annuler un acte à cause de l'incapacité de celui qui l'a fait, il faut prouver que l'incapacité existait *au moment* précis où l'acte a été fait. Ici, au contraire, il suffit de prouver, d'une façon générale, que la cause d'incapacité existait *à l'époque* où l'acte a été fait.

L'action en nullité peut être intentée, dans ce cas, soit par le tuteur de l'interdit, soit par les héritiers ou représentants de l'interdit décédé, soit par l'interdit lui-même, relevé de son interdiction.

Quant à la personne qui, n'ayant jamais été interdite, alléguerait une absence de raison pour faire

1. Voir *Manuel de Droit civil*, I, pag. 501 505.

annuler un de ses actes, elle devrait établir son incapacité, d'après le droit commun; en d'autres termes, elle serait présumée capable, jusqu'à preuve d'une incapacité existante au moment où l'acte aurait été fait.

En principe, les héritiers d'une personne décédée ne peuvent pas demander l'annulation de ses actes pour cause de démence.

Par exception, l'art. 504 admet l'action des héritiers dans *trois* cas :

1° Si l'interdiction a été prononcée avant le décès;

2° Si elle a été provoquée avant le décès;

3° Même dans le cas où elle n'a été ni prononcée ni provoquée, lorsque la preuve de la démence résulte de l'acte même qui est attaqué.

On est d'accord pour appliquer ce texte seulement aux *actes à titre onéreux;* les *actes à titre gratuit* (donations, testaments), ne sont, dans tous les cas, valables que s'ils émanent d'un individu sain d'esprit (art. 901).

2° Tutelle de l'interdit.

VII. Malgré la formule absolue de l'art. 509, on ne peut pas dire que l'interdit est assimilé au mineur; des différences importantes les séparent (*V.* p. 257).

Ce qui est exact, c'est que l'interdit, comme le mineur, est soumis à une tutelle, et que les *principes généraux de toute tutelle sont applicables à celle de l'interdit.*

Il en résulte notamment :

Que le tuteur représente l'interdit dans tous les actes civils, et qu'il a le double devoir de prendre soin de sa personne et d'administrer ses biens ;

Qu'il y a lieu de distinguer, à l'égard de l'administration du tuteur de l'interdit, quatre sortes d'actes;

Que les règles de la reddition des comptes sont applicables à la tutelle de l'interdit;

Que le subrogé tuteur est chargé de surveiller la gestion du tuteur de l'interdit.

En matière d'interdiction, la tutelle est *toujours dative*, c'est-à-dire déférée par le conseil de famille (art. 505), sauf *un cas*.

La nomination du tuteur et celle du subrogé tuteur ne doivent pas avoir lieu avant l'expiration du délai de huitaine à partir du jugement, et avant la signification du jugement à l'interdit (art. 147, 449, 450, Code Procéd.).

Le délai d'appel ne suspend pas par lui-même ces nominations; il n'y a que l'appel interjeté qui ait cet effet. Si la tutelle est déjà organisée au moment où l'appel a lieu, le tuteur et le subrogé tuteur doivent s'abstenir de toute gestion; les actes urgents sont faits par l'administrateur provisoire.

Par exception, le mari est tuteur légitime de sa femme interdite (art. 506). Cette exception cesse de s'appliquer s'il y a séparation de corps entre les époux.

La tutelle de la femme à l'égard du mari interdit est dative, comme toute autre tutelle (art. 507); c'est un cas d'exception à la règle d'après laquelle les femmes sont incapables d'être tutrices. (*V.* p. 202).

Lorsque le conseil de famille nomme la femme tutrice, il a le droit de régler toutes les parties de l'administration de la tutelle (art. 507) : c'est-à-dire que le conseil a le droit de restreindre les pouvoirs de la femme tutrice, mais non celui de les étendre.

La femme qui se trouve lésée pour une cause

quelconque par le règlement du conseil, a la faculté de se pourvoir devant les tribunaux.

Nous avons vu que, dans le cas où les conventions matrimoniales attribuent au mari le droit d'administrer les biens personnels de la femme, celle-ci, nommée tutrice de son mari interdit, acquiert le droit d'administrer ses biens personnels (*voir* page 130). En supposant les mêmes conventions matrimoniales, si c'est un tiers qui est nommé tuteur, ce tiers administre à la place du mari les biens personnels de la femme.

VIII. La tutelle de l'interdit présente *deux* particularités :

La *première* concerne l'emploi des revenus de l'interdit; ces revenus doivent être essentiellement employés à adoucir son sort et à accélérer sa guérison (art. 510).

La *seconde* concerne le cas d'une dot à constituer à l'enfant de l'interdit (art. 511), ou, plus généralement, d'un établissement quelconque pour l'enfant de l'interdit : le conseil de famille de l'interdit intervient alors (sauf homologation du tribunal) comme donateur, réglant la dot ou l'avancement d'hoirie, et les autres conventions matrimoniales, dit l'art. 511. Ces derniers mots sont inexacts : les conventions matrimoniales sont réglées par l'enfant seul, s'il est majeur; par lui assisté de ses ascendants ou de son propre conseil de famille, s'il est mineur.

La tutelle des interdits cesse, *en général*, de toutes les manières qui mettent fin à la tutelle des mineurs. La *mainlevée* de l'interdiction y remplace la majorité et l'émancipation.

La mainlevée ne peut avoir lieu que par jugement (art. 512). Ce jugement peut être provoqué par l'interdit, et, probablement aussi, par le tuteur ou le subrogé tuteur. La demande est formée régulièrement contre le tuteur ; cependant on admet que l'interdit n'a pas besoin de se donner un contradicteur : le conseil de famille et le ministère public sont les véritables contradicteurs, et les seuls nécessaires.

La tutelle des interdits a aussi un *mode propre* d'extinction : toute tutelle autre que celle qui est exercée par le conjoint, par l'ascendant ou par le descendant de l'interdit, prend fin au bout du laps de dix ans (art. 508). Sans cette restriction, la tutelle aurait pu avoir une durée indéfinie.

DIFFÉRENCES

ENTRE LE MINEUR ET L'INTERDIT.

IX. Certaines différences sont relatives à l'*incapacité* :

1° Le mineur peut se marier, l'homme à partir de dix-huit ans révolus, la femme à partir de quinze ans révolus (art. 144).	1° L'interdit est sous le coup d'un empêchement : une opinion favorable admet qu'il peut faire cesser cet empêchement en prouvant qu'il est dans un intervalle lucide.
2° Le mineur peut tester, à partir de seize ans accomplis, pour la moitié de ses biens (art. 904).	2° L'interdit peut ou ne peut pas tester, selon l'opinion que l'on adopte. S'il peut tester, c'est pour la totalité de ses biens.
3° Le mineur agissant en dehors des limites de sa capacité n'est restituable que pour cause de lésion (art. 1305).	3° L'interdit est restituable comme interdit (art. 502).

D'autres différences sont relatives à la *tutelle* :

1° La tutelle du mineur est de plusieurs sortes.	1° La tutelle de l'interdit est dative, sauf un seul cas (art. 505-506).
2° Le tuteur du mineur doit, autant que possible, capitaliser les revenus (art. 455).	2° Le tuteur de l'interdit, doit dépenser les revenus en soins à donner à la personne de l'interdit (art. 510).
3° Le tuteur du mineur est obligé de rester en charge jusqu'à la fin de la tutelle.	3° Le tuteur de l'interdit n'est tenu, en général, de conserver sa fonction que pendant dix ans (art. 508).
4° Le tuteur du mineur n'a jamais à régler la dot d'un enfant du mineur.	4° Le tuteur de l'interdit, conjointement avec le conseil de famille, règle la dot de l'enfant de l'interdit (art. 511).

DIFFÉRENCES

ENTRE L'INTERDIT JUDICIAIRE et L'INTERDIT LÉGAL.

1° L'incapacité de l'interdit judiciaire existe dans son propre intérêt. De là, il suit que la nullité de l'acte qu'il a fait ne peut être invoquée que par lui ou par ses représentants.	1° L'incapacité de l'interdit légal existe dans un intérêt de répression. De là, il résulte que les tiers aussi bien que l'interdit et ses représentants peuvent demander la nullité des actes faits en violation de la loi.
2° Le mari est tuteur légitime de sa femme, interdite judiciairement (art. 506).	2° La tutelle légitime du mari n'existe pas dans l'interdiction légale.
3° Les revenus de l'interdit judiciaire doivent être dépensés dans son propre intérêt (art. 510).	3° Les revenus de l'interdit légal doivent être capitalisés.
4° Le tuteur de l'interdit judiciaire n'est tenu de conser-	4° Le tuteur de l'interdit légal conserve la tutelle pen-

ver sa fonction que pendant dix ans (art. 508).	dant toute la durée de la peine. Cependant, si la peine est perpétuelle, il y a lieu de permettre au tuteur de se retirer au bout de dix ans.
5° L'interdiction judiciaire ne finit que par une mainlevée (art. 512).	5° L'interdiction légale finit de plein droit.
6° Il n'est pas certain que l'interdit judiciaire puisse se marier, reconnaître un enfant naturel, tester et faire une donation entre-vifs. (*Voir* page 253.)	6° L'interdit légal est certainement capable de se marier, de reconnaître un enfant naturel, de tester et de faire une donation entre-vifs.

ÉTAT DES ALIÉNÉS

PLACÉS DANS UN ÉTABLISSEMENT SPÉCIAL [1].

XI. La loi du 30 juin 1838 a eu pour but une *double* protection. Elle a voulu :

1° Faire intervenir la société dans les soins dus à la personne de l'aliéné, et empêcher en même temps les atteintes à la liberté individuelle, sous prétexte d'aliénation mentale ;

2° Créer, en dehors des lenteurs et du retentissement de la procédure en interdiction, une situation intermédiaire entre l'état de pleine capacité de l'individu non interdit et l'état d'incapacité de l'individu interdit.

Le second point, seul, appartient au droit civil. — Les règles qui déterminent la situation des aliénés placés dans un établissement spécialement destiné à leur traitement, concernent :

1° La capacité de la personne ;

2° L'administration de la personne et des biens.

1. *Voir*, pour l'idée philosophique, *Manuel de Droit civil*, I, pag. 514.

Ces règles ne sont applicables qu'à l'aliéné qui n'est ni interdit, ni mineur émancipé.

1° Capacité de la personne.

XII. Les actes faits par l'aliéné pendant le temps qu'il est retenu sont ANNULABLES, d'après l'*appréciation discrétionnaire* des tribunaux.

L'art. 39 de la loi du 30 juin 1838 déroge à la fois aux art. 503, 504 et 1304 du Code civil.

Par *dérogation à l'art.* 503, l'acte est annulable, sans qu'il soit nécessaire que l'interdiction ait été prononcée postérieurement ni que la démence ait été notoire au temps de l'acte.

Par *dérogation à l'art.* 504, l'acte peut être annulé après la mort de l'aliéné pour cause de démence, lors même que l'interdiction n'a été ni prononcée, ni provoquée, et quoique la preuve de la démence ne résulte pas de l'acte attaqué.

Par *dérogation à l'art.* 1304, le délai de dix ans, auquel est soumise l'action en nullité, ne court qu'à partir de la signification faite soit à l'aliéné après sa sortie définitive de l'établissement, soit à ses héritiers après son décès, à moins cependant que l'aliéné ou ses héritiers n'aient eu connaissance de l'acte par une autre voie que la signification.

Enfin, l'aliéné n'est pas sous le coup d'une présomption générale d'incapacité, n'admettant pas la preuve contraire. La validité des actes faits par lui dans un *intervalle lucide* ne peut donc pas être contestée.

2° Administration de la personne et des biens.

XIII. L'aliéné peut être pourvu d'un *curateur*, d'un *administrateur provisoire*, et d'un *mandataire spécial.*

Le *curateur* est nommé par le tribunal du domicile, sur la demande de l'intéressé, d'un parent, d'un ami, ou du procureur de la République.

Ce curateur doit veiller à ce que les revenus de l'aliéné soient employés à adoucir son sort et à accélérer sa guérison, et de plus à ce que l'aliéné, redevenu sain d'esprit, reprenne l'exercice de ses droits.

L'*administrateur provisoire* est nommé, comme le curateur, par le tribunal, sur la demande des parents ou du ministère public. La commission administrative ou de surveillance de l'établissement peut exercer l'administration provisoire.

L'administrateur n'a le droit de faire que les actes de simple administration, et même seulement les actes nécessaires. Il a notamment qualité pour représenter la personne dans les inventaires, comptes, partages et liquidations dans lesquelles elle serait intéressée.

S'il y a intérêt pour l'aliéné à vendre, hypothéquer, emprunter, transiger, accepter ou répudier une succession, l'interdiction reste la seule ressource.

Le *mandataire spécial* est nommé par le tribunal, sur la demande de l'administrateur provisoire ou du procureur de la République.

Il représente l'aliéné dans les actions en justice.

CHAPITRE III.

DU CONSEIL JUDICIAIRE [1].

XIV. Le conseil judiciaire est *une personne chargée d'en assister une autre dans l'accomplissement de certains*

1. *Voir*, pour l'idée philosophique, *Manuel de Droit civil*, I, pag. 518,

actes civils. Assister, c'est prendre part à certains actes, y coopérer.

Peuvent être pourvus d'un conseil judiciaire, ou autrement dit placés dans un état de demi-interdiction :

1° Les personnes qui, bien que faibles d'esprit, ne sont point néanmoins assez privées de raison pour être interdites (art. 499) ;

2° Les prodigues, c'est-à-dire ceux qui compromettent leur fortune par des profusions déraisonnables (art. 513).

Les personnes qui ont qualité pour provoquer la nomination d'un conseil judiciaire sont les mêmes que celles qui ont droit de demander l'interdiction (art. 514); la demande doit être instruite et jugée de la même façon, c'est-à-dire notamment après communication au ministère public (art, 515).

La nomination du conseil a effet du jour du jugement (art. 502), c'est-à-dire du jour du jugement s'il n'est pas attaqué ou s'il est confirmé en appel, et du jour de l'arrêt si c'est la Cour qui le nomme.

La personne pourvue d'un conseil judiciaire est, en principe, *capable* de tous les actes civils. Son *incapacité* n'est que *l'exception.*

Les actes à l'égard desquels cette incapacité existe sont limitativement énumérés : plaider, transiger, emprunter, recevoir un capital en argent ou en donner décharge, aliéner, constituer hypothèque (art. 499 et 513.)

Les actes de ces catégories faits par l'incapable, sans l'assistance de son conseil, sont de plein droit annulables (art. 502), dans les mêmes conditions que ceux faits par l'interdit, c'est-à-dire dans l'intérêt de l'incapable et pendant un laps de dix années (voir page 252). Le conseil judiciaire n'est pas apte à intenter seul l'action en annulation, lorsque l'incapable refuse d'agir.

Quant aux actes antérieurs à la nomination du conseil judiciaire, ils ne peuvent être annulés que s'il y a quelque cause de nullité reconnue par le droit commun : l'art. 503 ne s'y applique pas.

COMPARAISON

DU DEMI-INTERDIT ET DU MINEUR ÉMANCIPÉ.

XV. L'individu pourvu d'un conseil judiciaire *ressemble* au mineur émancipé en ce que c'est toujours lui qui agit, et que le conseil se borne à l'assister.

Il en *diffère* en ce que :

1° Pour lui, il n'y a que deux classes d'actes : ceux qu'il peut faire seul, comme tout autre majeur, et ceux pour lesquels l'assistance du conseil est nécessaire et toujours suffisante.

2° Il a besoin de l'assistance du conseil pour exercer une action immobilière ou pour y défendre.

COMPARAISON

DU DEMI-INTERDIT ET DE L'INTERDIT.

XVI. L'individu pourvu d'un conseil judiciaire *ressemble* à l'interdit en ce que les actes pour lesquels l'assistance du conseil était requise et qu'il a faits, sans cette assistance, depuis la publication du jugement, sont annulables de plein droit.

Il en *diffère* en ce que :

1° Il agit toujours par lui-même ;

2° Les actes qu'il a faits antérieurement à la nomination du conseil restent dans le droit commun.

LIVRE II

DES BIENS ET DES DIFFÉRENTES MODIFICATIONS DE LA PROPRIÉTÉ[1].

Les *biens* sont définis en général : *les choses qui sont susceptibles de procurer à l'homme une utilité exclusive et d'être appropriées.*

Les biens comprennent, d'après cela, les *objets des droits.*

Le Code a en outre classé les *droits eux-mêmes* parmi les biens à côté des objets des droits.

En ce qui concerne spécialement le *droit de propriété*, il ne l'a pas séparé de son objet, et il l'a laissé en dehors de la liste des droits considérés comme des biens. Le droit de propriété forme ainsi antithèse avec les droits en général.

Les biens sont corporels ou incorporels.

Les biens *corporels* sont ceux qui tombent sous les sens ; les *incorporels* sont ceux que l'entendement seul conçoit.

Les droits sont biens incorporels ; quant aux objets des droits, ils sont tantôt corporels, tantôt incorporels.

1. Voir, pour l'idée philosophique, *Manuel de Droit civil*, I, pag. 522-524, et aussi 567-568.

TITRE I.

DE LA DISTINCTION DES BIENS.

SOMMAIRE : I. Quelles sont les divisions des biens indiquées par le Code? Quelles sont les principales différences entre le régime de la propriété mobilière et celui de la propriété immobilière? — II. Combien de sortes d'immeubles? — III. Combien de catégories d'immeubles par nature? Pourquoi le bâtiment est-il immeuble? Quelle est la règle relative aux récoltes et aux fruits? Que décider relativement aux pépinières? — IV. Quelle différence entre les matériaux d'une maison et les fruits et récoltes, au point de vue de la saisie? de l'hypothèque? — V. Qu'est-ce qu'un immeuble par destination? Quelles catégories sont indiquées par les textes? Pourquoi les mots « *estimés ou non* » dans l'art. 522? Que décide le Code, relativement aux glaces, tableaux et statues? — VI. Qu'est-ce qu'un immeuble par l'objet auquel il s'applique? Quelle est la formule de l'art. 526? Dans quel cas une action est-elle un immeuble par l'objet auquel elle s'applique? Dans quel cas le droit personnel est-il immobilier? — VII. Quels sont les immeubles par déclaration? — VIII. Quelle différence entre les meubles par leur nature et les meubles par la détermination de la loi? — IX. Quels sont les meubles par leur nature? Depuis quand les offices et charges sont-ils meubles? — X. Quelle est la formule générale relative aux droits personnels mobiliers? A quels titres est-elle appliquée? — XI. Quelles sont les trois formes de société commerciale? Qu'est-ce qu'une action, un intérêt? Pourquoi les intérêts et actions sont-ils meubles, alors que la société est propriétaire d'immeubles? Qu'arrive-t-il, à ce point de vue, après la dissolution de la société? après le partage? De quelle nature est le droit des associés dans les sociétés civiles? — XII. Qu'est-ce que la rente? la rente foncière? la rente constituée? Quels étaient les caractères de la rente foncière dans l'ancien droit? Quels en sont les caractères aujourd'hui? — XIII. Comment peut-on dire que toute rente foncière est une vente? Quel est le droit du crédi-rentier contre un tiers détenteur? Qu'est-ce que le rachat d'une rente ? Quelles différences entre la rente foncière et la rente constituée ? La rente viagère est-elle rachetable ? — XIV. Qu'entend-on par personnes publiques ? Que porte l'art. 537 ? — XV. Quelles différences entre le domaine public et le domaine privé de l'État ? L'énumération des art. 538, 539, 541, est-elle exacte ? — XVI. Qu'est-ce que le domaine public communal ? Qu'entend-on par biens patrimoniaux de la commune ? par biens communaux proprement dits ? — XVII. L'énumération de l'art. 543 est-elle complète ? Quels sont les droits réels principaux ? Quels sont les droits réels accessoires ? Quels droits réels la Révolution a-t-elle supprimés ?

I. Le Code a divisé les biens :

1° En meubles et en immeubles (art. 516) ;

2° En biens de l'État, des Communes, des établissements publics et des particuliers (chap. III).

La première distinction est fondée sur la nature des biens eux-mêmes ; la seconde, sur la qualité des propriétaires.

Le Code a presque constamment attribué aux immeubles une importance et une protection plus grandes qu'aux meubles.

Voici les *principaux points de comparaison* entre le régime de la propriété mobilière et celui de la propriété immobilière :

1° L'*aliénation* des meubles est permise à des personnes (tuteur du mineur et de l'interdit, mineur émancipé, femme séparée de biens, femme dotale), auxquelles l'aliénation des immeubles est défendue ;

2° La *donation* mobilière portant sur un corps certain est parfaite, même à l'égard des tiers, par le seul effet du consentement des parties ; la donation immobilière, en général, n'est opposable aux tiers qu'en vertu de la transcription ;

3° L'aliénation des meubles n'est pas soumise à

certaines causes de *résolution* ou de *rescision* qui s'appliquent à celle des immeubles ;

4° Les formalités de la *saisie* des meubles n'entraînent ni les complications, ni les lenteurs, ni les frais de la saisie des immeubles ;

5° Les meubles, à la différence des immeubles, ne sont pas susceptibles d'*hypothèque ;*

6° La *prescription* des meubles peut être instantanée, tandis que la plus courte prescription des immeubles est de dix ans ;

7° Sous le régime matrimonial de *communauté*, les meubles tombent en principe dans la communauté ; au contraire, les immeubles demeurent propres en principe ;

8° En matière mobilière, l'*assignation* doit être donnée devant le tribunal du domicile du défendeur ; en matière immobilière, devant celui de la situation de l'immeuble ;

9° Les *actes de commerce* concernent les meubles, jamais les immeubles ;

10° Les *droits fiscaux* sont moins élevés pour les aliénations mobilières que pour les immobilières [1].

CHAPITRE I.

DES IMMEUBLES.

II. Le Code distingue (art. 517) :

1° Des *immeubles par nature ;*

2° Des *immeubles par destination ;*

3° Des *immeubles par l'objet auquel ils s'appliquent.*

1. *Voir*, pour la critique juridique et économique, *Manuel de Droit civil*, I, pag. 528, note 1.

Il faut ajouter :

4° *Certains droits mobiliers, immobilisés par déclaration du propriétaire.*

Les immeubles sont donc tantôt les objets des droits, tantôt les droits eux-mêmes. La propriété, confondue avec son objet, se trouve être tantôt un immeuble *par nature*, tantôt un immeuble *par destination ;* elle n'est jamais un immeuble *par l'objet auquel elle s'applique.*

1° IMMEUBLES PAR NATURE.

III. Le Code énumère *six* catégories d'immeubles par nature :

1° Les *fonds de terre* (art. 518). — Le sol est, en effet, la seule chose réellement intransportable.

2° Les *bâtiments* (art. 518). — L'adhérence au sol est la cause qui rend les bâtiments immeubles. Il n'y a donc pas à examiner si le bâtiment a été construit par le propriétaire du sol ou par un tiers ; dans tous les cas, il est immeuble par nature.

Le bâtiment resterait meuble s'il était construit sans fondement ni pilotis. Cependant, une séparation partielle et temporaire ne suffit pas pour mobiliser un immeuble par nature : des matériaux momentanément détachés d'une maison et destinés à y être replacés, restent immeubles.

3° Les *moulins à vent ou à eau fixés sur piliers* ou *faisant partie d'un bâtiment* (art. 519). — Le texte dit : *fixés sur piliers* ET *faisant partie...* C'est une erreur ; le moulin faisant partie d'un bâtiment est immeuble par nature comme le bâtiment lui-même.

Quant au moulin fixé sur piliers, sans faire partie d'un bâtiment, il est déjà immeuble comme fixé au sol; le Code cependant a jugé utile de s'expliquer, parce que l'ancien droit consacrait une décision contraire.

4° Les *récoltes et fruits pendants par branches et par racines* (art. 520). — Certaines coutumes admettaient que les fruits devenaient meubles par la seule échéance de l'époque de la séparation, ou bien dès qu'ils approchaient de la maturité; c'est pour abroger ces dispositions que le Code a formellement appliqué aux récoltes et fruits la règle de l'immobilisation par l'adhérence au sol.

5° Les *bois taillis et futaies* (art. 521). — Toutes les plantes sont immeubles parce qu'elles adhèrent au sol, et tant qu'elles adhèrent au sol : les coupes, de même que les récoltes, deviennent meubles par leur séparation du sol.

La loi s'est expliquée en ce qui concerne les bois taillis et les futaies mises en coupes réglées, parce que, les bois de cette nature étant destinés à être coupés à une époque fixe et prochaine, cette destination aurait pu les faire considérer comme meubles. Les *futaies non mises en coupes réglées*, tant qu'elles ne sont pas abattues, sont évidemment immeubles par nature.

Quant aux *arbres des pépinières*, on admet qu'ils sont immeubles par nature, lorsqu'ils ont été placés par le propriétaire du sol, et qu'ils tiennent encore à la terre qui les a produits ; ils sont meubles au contraire, lorsqu'ils proviennent de semis faits par le fermier, ou qu'ils ont été momentanément transplantés.

6° Les *tuyaux servant à la conduite des eaux dans un fonds ou dans une maison* (art. 523). — Ces tuyaux sont considérés comme faisant partie du fonds ou de la maison ; ils sont immeubles au même titre que le sol et le bâtiment.

IV. *Observation générale.* — Les immeubles par nature, autres que le sol, et qui ne sont tels que parce qu'ils sont adhérents au sol, ne peuvent être juridiquement regardés comme immeubles d'une manière aussi absolue que le sol. Le caractère plus ou moins permanent de l'adhérence au sol détermine une gradation parmi ces immeubles.

Ainsi, lorsqu'un bâtiment a été incendié ou démoli, les matériaux deviennent immédiatement meubles. En revanche, la maison, tant qu'elle est debout, est soumise pour la *saisie* aux mêmes règles que le sol, et elle peut être *hypothéquée* même séparément du sol.

Il en est autrement des *récoltes et fruits pendants par branches et par racines*, tant au point de vue de la saisie qu'à celui de l'hypothèque. Pour la *saisie*, le Code de proc. (art. 626 et suiv.) autorise à les regarder comme meubles dans les six semaines qui précèdent l'époque de leur maturité; cette saisie, qui porte le nom de *saisie-brandon*, a pour but d'épargner au débiteur les frais, et au créancier les lenteurs de la saisie immobilière. Quant à l'*hypothèque*, elle ne peut grever les récoltes et les fruits indépendamment du sol.

Enfin, tous les immeubles par nature deviennent meubles lorsqu'ils sont considérés par les parties comme devant être séparés du sol, comme constituant une chose distincte.

2° IMMEUBLES PAR DESTINATION[1].

V. On définit les immeubles par destination des *objets meubles par leur nature, qui ont été placés par le propriétaire, à perpétuelle demeure, dans un fonds, pour en être des accessoires et des dépendances.*

Il faut assimiler à cet égard le possesseur de bonne foi ou de mauvaise foi au propriétaire, car tous les deux possèdent *animo domini;* il n'en est évidemment pas de même du fermier, ni de l'usufruitier.

L'intention du propriétaire, ou, comme dit le texte, la *destination,* devrait, avant tout, être recherchée en fait.

Cependant le Code indique comme immeubles par destination *deux* catégories d'objets mobiliers :

1re Catégorie : Les *objets que le propriétaire d'un fonds y a placés, pour le service et l'exploitation de ce fonds* (art. 524). — Tels sont :

Les *animaux, estimés ou non, que le propriétaire du fonds livre au fermier ou au métayer pour la culture, tant qu'ils demeurent attachés au fonds par l'effet de la convention* (art. 522). Les mots « *estimés ou non* » tiennent à cette particularité que l'estimation des meubles vaut souvent vente ; ici, au contraire, l'estimation n'a pour but que de fixer la valeur que le fermier ou le métayer devra restituer au propriétaire à la fin du bail. On appelle *fermier* celui qui exploite le fonds d'un autre, à charge de payer une redevance fixe, ordinairement pécuniaire ; on appelle *colon partiaire* celui qui exploite le fonds d'un autre, à charge de remettre une partie des fruits, à titre de redevance ;

1. *Voir*, pour la critique juridique, *Manuel de Droit civil*, I, pag. 532 et suiv.

lorsque cette partie est de moitié, le colon partiaire est un *métayer*. Les mots « *pour la culture* » ne doivent pas être pris à la lettre; tous les animaux qui font partie d'une exploitation rurale sont soumis à la même règle;

Les *animaux attachés à la culture*, sans doute lorsque le propriétaire cultive lui-même;

Les *ustensiles aratoires;*

Les *semences données aux fermiers ou colons partiaires*, tant qu'elles n'ont pas été employées; une fois jetées en terre, elles sont immeubles par leur nature;

Les *pigeons des colombiers, lapins des garennes, poissons des étangs et ruches à miel*, parce qu'on ne les possède pas par eux-mêmes, et qu'ils font, en réalité, partie de l'immeuble. Les pigeons des volières, les lapins des clapiers, les poissons des rivières, sont évidemment des meubles;

Les *pressoirs, chaudières, alambics, cuves et tonnes;*

Les *ustensiles nécessaires à l'exploitation des forges, papeteries et autres usines;*

Enfin, les *pailles et engrais.*

2e CATÉGORIE : Les *objets que le propriétaire a attachés au fonds à perpétuelle demeure* (art. 524). — Le Code indique *deux* manières de reconnaître l'intention du propriétaire; il faut rechercher (art. 525):

Si les objets sont attachés au fonds par un travail de maçonnerie en plâtre, à chaux ou à ciment;

Ou bien :

Si les objets ne peuvent être détachés sans être fracturés, ou détériorés, ou sans briser ou détériorer la partie du fonds à laquelle ils sont attachés.

Par exception, les *glaces, tableaux et statues* sont

censés mis à perpétuelle demeure, bien qu'on puisse les enlever sans fracture ni détérioration.

Observation générale. — Tous les immeubles par destination reprennent leur nature mobilière par la cessation de la cause qui a produit l'immobilisation. C'est ce qui arrive notamment lorsque le propriétaire du fonds met fin à la destination en changeant l'usage de ces meubles immobilisés, ou bien en les aliénant séparément du sol.

3° IMMEUBLES PAR L'OBJET AUQUEL ILS S'APPLIQUENT [1].

VI. Par suite de la confusion établie entre les *choses* et le *droit de propriété s'appliquant aux choses*, les immeubles par nature ou par destination ne sont autre chose, dans la pensée des rédacteurs du Code, que le droit de propriété s'appliquant à ces immeubles.

Cependant les *droits autres que la propriété* ont aussi pour objet possible les mêmes catégories d'immeubles. Ce sont ces droits, autres que la propriété, s'appliquant à des immeubles, que le Code appelle *immeubles par l'objet auquel ils s'appliquent.*

Sont rangés explicitement dans cette classe (article 526) :

1° L'*usufruit des choses immobilières;*

2° Les *servitudes réelles;*

3° Les *actions qui tendent à revendiquer un immeuble.*

Il serait plus exact de dire que *tout droit réel, démembré de la propriété d'un immeuble*, est par cela

1. *Voir*, pour la critique juridique, *Manuel de Droit civil*, I, pag. 537 et 538.

même un immeuble par l'objet auquel il s'applique. Cette formule comprend notamment l'*usage* et le *droit d'habitation;* quant à l'*hypothèque*, on admet généralement qu'en tant qu'elle garantit une dette mobilière, elle est, au point de vue du créancier, mobilière comme la dette.

L'*action* est réelle ou personnelle, selon qu'elle est la sanction d'un droit réel ou d'un droit personnel, et mobilière ou immobilière, suivant qu'elle a pour objet un meuble ou un immeuble. Toute *action immobilière*, qu'elle soit d'ailleurs *personnelle* ou *réelle*, est donc immeuble par l'objet auquel elle s'applique, aussi bien que le droit, personnel ou réel, dont elle est la sanction. C'est à tort que l'art. 526 emploie le mot « *revendiquer* », qui semblerait indiquer l'exclusion des actions immobilières personnelles.

Il est vrai de dire que le *droit personnel sur un immeuble* se présente rarement. Autrefois le contrat par lequel une personne promettait à une autre la translation de la propriété d'un immeuble, même déterminé, n'opérait pas par lui-même cette translation; il n'engendrait qu'un droit personnel immobilier. Aujourd'hui, dans le même cas, le contrat transfère directement la propriété, engendre dès lors un droit réel. Cependant, lorsque l'immeuble est *indéterminé,* le contrat, dans le droit actuel comme dans le droit ancien, ne produit qu'un droit personnel : ce *droit personnel immobilier* est immeuble par l'objet auquel il s'applique.

4° IMMEUBLES PAR DÉCLARATION.

VII. Certains droits, *mobiliers d'après leur objet*, peuvent être *immobilisés* par une déclaration formelle de celui qui les possède. La loi n'autorise cette déclaration que pour *deux* sortes de titres (décrets 16 janvier 1808 et 1er mars 1808) :

1° Les *actions de la Banque de France ;*

2° Les *rentes sur l'Etat.*

Il y avait aussi autrefois les actions des canaux d'Orléans et du Loing, mais la loi du 20 mai 1863 a prononcé le rachat de ces titres.

CHAPITRE II.

DES MEUBLES [1].

VIII. Le Code distingue *deux* sortes de meubles (art. 527) :

1° Les *meubles par leur nature ;*

2° Les *meubles par la détermination de la loi.*

Les meubles par leur nature, ce sont les choses mobilières, ou, plus exactement, c'est le *droit de propriété*, en tant qu'il porte sur des choses mobilières.

Les meubles par la détermination de la loi, ce sont les *droits autres que la propriété*, en tant que s'appliquant à des meubles ; ils correspondent exactement aux immeubles par l'objet auquel ils s'appliquent. La plupart des meubles par la détermination de la loi ne sont que des droits personnels, portant sur des choses indéterminées.

1° MEUBLES PAR LEUR NATURE.

IX. Sont meubles par leur nature les *corps qui peuvent se transporter d'un lieu à un autre*, soit qu'ils se meuvent par eux-mêmes, comme les animaux,

1. Voir *Manuel de Droit civil*, I, pag. 540.

soit qu'ils ne puissent changer de place que par l'effet d'une force étrangère, comme les choses inanimées (art. 528).

Les textes appliquent cette règle aux bâtiments qui ne sont point adhérents au sol, quelle que soit leur importance, et aux matériaux destinés à la construction d'un édifice ou provenant de la démolition d'un édifice (art. 531 et 532).

Sont également meubles les *offices et charges* d'avocat à la Cour de cassation, d'avoué, de notaire, de greffier, d'huissier, de commissaire-priseur et d'agent de change. Les offices étaient autrefois rangés parmi les immeubles, comme tout ce qui produisait un revenu annuel ; la Révolution, abolissant la vénalité des charges, supprima cette catégorie d'immeubles ; les nouveaux offices, rétablis par la Restauration, sont meubles.

L'achalandage des *fonds de commerce* est une valeur mobilière.

De même, la *propriété littéraire*, *artistique ou industrielle*, constitue une propriété mobilière.

2° MEUBLES PAR LA DÉTERMINATION DE LA LOI.

X. Le texte ne s'occupe pas des *droits réels mobiliers* : le *droit de propriété*, comme nous l'avons dit, s'est confondu avec les meubles par nature ; quant aux *droits réels démembrés de la propriété*, tous ceux qui ne sont pas immobiliers sont par là même nécessairement mobiliers.

La règle relative aux *droits personnels mobiliers* énonce d'abord, en termes généraux (art. 529) : « les obligations et actions qui ont pour objet des sommes exigibles ou des effets mobiliers ».

Le mot *obligations* est employé ici pour celui de *créances* : l'obligation est la nécessité juridique qui astreint une personne vis-à-vis d'une autre, à donner, à faire ou à ne pas faire ; la créance est le droit d'exiger l'acquittement de l'obligation.

La créance qui porte sur un meuble constitue un meuble par détermination de la loi. Quant aux *actions*, nous avons dit que l'action était mobilière ou immobilière, selon que le droit dont elle est la sanction avait lui-même pour objet un meuble ou un immeuble.

D'après cette règle, l'art. 529 indique comme meubles par détermination de la loi :

1° Les *actions ou intérêts dans les sociétés commerciales ;*

2° Les *rentes perpétuelles ou viagères.*

1° Actions ou intérêts dans les sociétés commerciales[1].

XI. Les sociétés *commerciales* sont celles qui ont pour but de faire des actes de commerce ; toute société qui n'est pas commerciale, notamment toute société relative à des spéculations sur des immeubles, est *civile*.

On appelle *action* ou *intérêt* le droit des associés à une certaine part du fonds social pour l'époque où la société sera dissoute, et à une certaine participation aux bénéfices, tant qu'elle subsiste : l'*action* n'oblige l'associé aux dettes de la société que dans la limite de sa mise ; l'*intérêt*, au contraire, oblige l'associé sur tous ses biens présents et à venir.

La société commerciale affecte *trois* formes princi-

1. *Voir*, sur ce point important, *Manuel de Droit civil*, I, p. 542.

pales: société *en nom collectif*, société *anonyme*, et société *en commandite*[1].

Dans la forme *en nom collectif*, il n'y a que des intérêts;

Dans la forme *anonyme*, il n'y a que des actions;

Dans la forme *en commandite*, il y a des intérêts et des actions.

Les actions ou intérêts dans les *sociétés commerciales*, ou, comme dit le texte, « dans les Compagnies de finance, commerce ou industrie », sont *meubles* alors même que des *immeubles* appartiennent à ces sociétés (art. 529).

D'où vient que le droit de l'associé, intérêt ou action, ne reçoit pas ici la nature de l'objet sur lequel il porte ? Cela vient de ce que les sociétés commerciales sont des *personnes civiles* (voir page 17), considérées comme étant elles-mêmes propriétaires, tant qu'elles existent, des biens meubles et immeubles dont se compose le fonds social. De là aussi la conséquence que le droit des associés, jusqu'à l'époque de la dissolution de ces sociétés, ne porte que sur des dividendes, payables en argent. Le droit des associés, intérêt ou action, ayant pour objet les dividendes qui sont des meubles, se trouve ainsi être meuble, alors même que des immeubles appartiennent à la société.

Cet effet cesse, bien entendu, dès que la société est dissoute; à partir de cette époque, le droit des associés porte directement sur le fonds social: chacun d'eux devient propriétaire de ce fonds pour une part indivise; chacun acquiert en conséquence un

1. Voir *Manuel de Droit civil*, I, pag. 542-543.

droit mobilier ou immobilier, selon la nature du fonds social.

Le partage, faisant cesser l'indivision, amène encore une nouvelle transformation, dont l'effet rétroactif remonte au jour de la dissolution de la société. Chaque associé est alors considéré comme ayant été propriétaire, à partir de la dissolution, des objets tombés dans son lot : le droit de chaque associé prend définitivement la nature de ces objets.

L'art. 529 ajoute que, pendant la durée de la société, l'action n'est réputée mobilière qu'*à l'égard de l'associé :* cela veut dire que l'immeuble qui fait partie du fonds social conserve *à l'égard de la société* sa qualité d'immeuble ; il n'y a évidemment aucune raison d'en changer la nature.

Quant aux *sociétés civiles*, dont l'article ne s'occupe pas, il est difficile, dans l'état de la législation, de les considérer comme *personnes civiles :* il en résulte que le droit des associés porte en tout temps, d'une façon directe, sur le fonds social. Cependant les actions ou intérêts dans une société pour l'exploitation des mines sont réputés meubles (loi 21 avril 1810, art. 8).

2° Rentes perpétuelles ou viagères [1].

XII. On appelle *rente* le droit à des prestations périodiques, appelées arrérages, dont le capital est inexigible.

Les arrérages correspondent pour la rente à ce que sont les intérêts pour le prêt.

1. Nous nous bornons ici aux notions indispensables. Voir, pour les détails, *Manuel de Droit civil*, I, pag. 548, et aussi le tome III du *Memento* (art. 1909 et suiv.).

La rente est *perpétuelle*, lorsque le créancier de la rente (crédi-rentier) a le droit d'exiger à perpétuité des arrérages ; *temporaire*, lorsque ce droit n'existe pour lui que durant un temps limité. Parmi les rentes temporaires, on distingue la rente *viagère*, qui donne droit d'exiger des arrérages durant la vie d'une personne déterminée, habituellement la vie du créancier lui-même.

La rente constituée moyennant l'aliénation d'un immeuble est dite *foncière;* la rente constituée moyennant l'aliénation d'un capital mobilier est appelée, par abréviation, rente *constituée*.

Il n'y a pas lieu de distinguer les rentes sur l'État des rentes sur les particuliers.

Autrefois, les rentes foncières, et même les rentes constituées, dans la plupart des Coutumes, étaient *immeubles ;* il en était de même, en général, pour les rentes viagères : c'était le système de l'ancien droit d'immobiliser les biens ayant une importance économique.

Aujourd'hui, *toutes* les rentes, foncières et constituées, perpétuelles et viagères, sont meubles (art. 529).

La rente foncière de l'ancien droit, considérée comme un *démembrement retenu de l'immeuble*, présentait *quatre* caractères ; elle constituait :

1° Un *droit réel ;* 2° un *droit immobilier ;* 3° un *droit non rachetable ;* 4° un *droit sujet à l'impôt.*

Dans le droit actuel, issu des lois de la Révolution, la rente foncière présente *quatre* caractères inverses, parce qu'elle n'est qu'un *simple droit à des arrérages ;* elle constitue :

1° un *droit de créance ;* 2° un *droit mobilier ;* 3° un *droit rachetable* (art. 530) ; 4° un *droit non sujet à l'impôt.*

XIII. Toute rente foncière, c'est-à-dire constituée moyennant l'aliénation d'un immeuble, n'est pas seulement une rente, elle est aussi une *vente*, à *deux* points de vue. *D'une part*, en effet, le crédi-rentier vend son immeuble, moyennant un certain prix payable en arrérages; *d'autre part*, le débi-rentier vend le droit à des arrérages, moyennant un certain prix qui consiste dans l'immeuble.

Le *premier* point de vue produit cette conséquence que le crédi-rentier, comme tout vendeur d'immeubles, a le droit de demander la résolution de la vente, non pas seulement contre l'acheteur, mais contre tout tiers détenteur. Autrefois, la rente foncière, droit réel , permettait au crédi-rentier de poursuivre l'immeuble grevé de la rente entre les mains de tout tiers acquéreur, et celui-ci n'avait que l'alternative, ou de *déguerpir*, c'est-à-dire d'abandonner l'immeuble, ou de payer les arrérages. La rente actuelle, droit de créance, ne donne au crédi-rentier le droit d'exiger les arrérages que vis-à-vis du *débi-rentier;* contre un *tiers détenteur*, il ne peut agir qu'en résolution de la vente.

Du *second* point de vue, dérive l'expression de *rachat*, employée pour signifier le remboursement de la rente. Le débi-rentier, vendeur du droit aux arrérages, rachète le droit qu'il a vendu, s'il rembourse le crédi-rentier et s'exonère envers lui. Ce rachat s'opère en payant au crédi-rentier un capital correspondant au montant des arrérages ; les parties peuvent régler elles-mêmes à l'avance *le taux* et les conditions du rachat ; le Code prohibe seulement toute clause qui astreindrait le débi-rentier à servir la rente plus de *trente ans* (art. 530).

A la *différence* de la rente foncière, la *rente constituée* ne donne pas lieu à une action en résolution, à cause de la prescription instantanée des meubles ; de plus, le rachat de la rente constituée ne peut se faire qu'au taux légal ; enfin, le délai pendant lequel la rente constituée n'est pas rachetable ne peut dépasser *dix ans*.

Remarquons que l'art. 530 ne s'applique qu'à la *rente foncière perpétuelle ;* il ne concerne pas la rente foncière viagère; celle-ci, comme toute *rente viagère*, n'est *jamais rachetable*.

Il n'y a pas lieu d'expliquer les *définitions* que le Code a essayé de donner des expressions : meubles, meubles meublants, biens meubles, mobilier, effets mobiliers, maison meublée, maison avec tout ce qui s'y trouve (art. 533 à 536). La pratique a laissé ces définitions de côté, pour rechercher en fait, et d'après les circonstances, l'intention des parties.

CHAPITRE III.

DES BIENS DANS LEURS RAPPORTS AVEC CEUX QUI LES POSSÈDENT [1].

XIV. Les biens, dans leurs rapports avec ceux qui en sont *propriétaires*, et non, comme dit la rubrique, avec ceux qui les possèdent, se divisent en : 1° biens appartenant à des *personnes privées* , et 2° biens appartenant à des *personnes publiques*.

Les personnes privées comprennent, outre les *particuliers*, les collectivités non politiques revêtues de

1. *Voir*, pour l'idée philosophique, *Manuel de Droit civil*, I, pag. 553-555.

la personnalité, telles que les *sociétés commerciales*.

Les personnes publiques sont les collectivités politiques revêtues de la personnalité : *Etat*, *Départements*, *Communes*, *Etablissements publics* (hospices, établissements universitaires), et *Associations privées autorisées* (établissements ecclésiastiques, communautés religieuses).

Les biens appartenant à des personnes privées sont régis par le Code civil ; ces personnes ont, en principe, la libre disposition de leurs biens (art. 537).

Les biens appartenant à des personnes publiques sont régis par des règles spéciales, qui appartiennent à la législation politique (art. 537).

Le Code se borne à donner l'énumération des biens de l'État, et à définir les biens des communes.

1° BIENS DE L'ÉTAT.

XV. Il existe, d'après les lois actuelles, *deux* sortes de biens de l'Etat :

1° Les biens du *domaine public* de l'État, c'est-à-dire ceux qui, appartenant à l'État, sont affectés d'une manière permanente à un service public ;

2° Les biens du *domaine privé* de l'État, c'est-à-dire ceux qui, appartenant à l'État, ne sont pas affectés à un service public.

Cette distinction a une *double* importance :

1° Les biens du domaine public sont inaliénables ; — ceux du domaine privé de l'État sont aliénables ;

2° Les biens du domaine public sont imprescriptibles ; — ceux du domaine de l'État sont prescriptibles.

Font partie du *domaine public* : les chemins, routes et rues, à la charge de l'État ; — les fleuves et rivières

res navigables et flottables; — les rivages de la mer; — les ports, hâvres et rades (art. 538 ; — les portes, murs, fossés et remparts des places de guerre et des forteresses (art. 540).

Font partie du *domaine privé* de l'État : les lais et relais de la mer (*erreur* de l'art. 538) ; — les biens du domaine public qui ont cessé de l'être, notamment les terrains, fortifications et remparts des places qui ne sont plus places de guerre (*erreur* de l'art. 541); — les biens vacants et sans maître (*erreur* de l'article 539); — les biens des successions en déshérence (*erreur* de l'art. 539); — enfin, les biens acquis par l'État, par legs ou donation.

2° BIENS DES COMMUNES.

XVI. La Commune a aussi *deux* espèces de biens :

1° Les biens du *domaine public* communal;

2° Les biens du *domaine privé* communal.

Cette division entraîne les mêmes conséquences que pour les biens de l'État.

Les biens du domaine privé communal se subdivisent en :

1° Biens *patrimoniaux* de la Commune ;

2° Biens *communaux* proprement dits.

Les biens *patrimoniaux* sont ceux qui, n'étant pas destinés à un service public communal, forment le domaine privé de la commune en tant que personne civile.

Les biens *communaux* proprement dits appartiennent également à la commune considérée comme personne civile ; mais tous les habitants de la commune ont individuellement le droit d'en jouir : tel est le sens de l'inexacte formule de l'art. 542.

Nomenclature des droits réels.

XVII. Le droit réel est celui dans lequel le sujet passif ne se détermine que par la prétention qu'il élève à l'objet du droit (voir page 18).

Le droit réel est plus ou moins complet; le plus complet de tous est la *propriété;* les autres ne sont que des démembrements de la propriété.

La nomenclature des droits réels comprend, d'après l'art. 543 :

1° Le droit de propriété ; — 2° le simple droit de jouissance ; — 3° les services fonciers, ou servitudes réelles.

Il faut rectifier l'expression : *simple droit de jouissance*, qui désigne les servitudes personnelles, usufruit et usage, et ajouter :

4° La possession ; — 5° la superficie ; — 6° l'emphythéose.

Les droits ci-dessus indiqués sont *principaux*, c'est-à-dire existant par eux-mêmes. Les suivants sont au contraire *accessoires*, c'est-à-dire attachés accessoirement à une créance ; ce sont :

7° Le gage; — 8° l'antichrèse ; — 9° le droit de rétention ; — 10° la superficie; — 11° l'emphytéose.

Les nombreux droits réels, usités dans l'ancien droit français : bail à rente, bail à cens, champarts, bail à complant, bail à domaine congéable, locatairerie perpétuelle, bail à vie, etc., ont disparu : la Révolution a supprimé toutes les redevances féodales, et déclaré *mobilières et rachetables* toutes les redevances *foncières* antérieurement perpétuelles et *irracheables*.

On discute la question de savoir si l'emphytéose temporaire existe encore aujourd'hui.

TITRE II.

DE LA PROPRIÉTÉ[1].

SOMMAIRE : I. Qu'est-ce que la propriété? Quels droits comprend-elle? Le droit d'user peut-il être séparé du droit de jouir? Qu'est-ce que le droit de disposer? — II. Quelle différence entre les limitations de la propriété et les servitudes? Comment se fait l'expropriation? Comment se divise la propriété du sol? — III. Qu'est-ce que l'accession? à quoi s'applique-t-elle? — IV. Qu'appelle-t-on fruits naturels? fruits industriels? fruits civils? Qu'appelle-t-on spécialement produits? — V. Qu'est-ce que posséder? Comment définit-on le simple possesseur? Quelles conditions sont exigées pour la possession de bonne foi? Qu'est-ce qu'un titre putatif? — VI. Quels fruits gagne le possesseur de bonne foi? Gagne-t-il es produits? A quel moment la bonne foi est-elle exigée? Le possesseur de mauvaise foi peut-il devenir de bonne foi? Quelles sont les règles sur la possession de bonne foi, quant à la transcription? — VII. Quelle est l'obligation du possesseur de mauvaise foi? Son héritier, étant personnellement de bonne foi, acquiert-il les fruits? — VIII. A quelles hypothèses est appliquée l'accession immobilière? Quelles actions faut-il distinguer? — IX. Quelles sont les présomptions de l'art. 553? Comment peuvent-elles être détruites? Quel est le droit du propriétaire des matériaux? Quel est le droit du propriétaire du sol? — X. Qu'est-ce que l'alluvion? A qui appartiennent les relais de la mer? A qui appartient le lit des rivières non navigables? — XI. Dans quel cas y a-t-il lieu de revendiquer un meuble? Le principe d'équité est-il applicable? — XII. Qu'est-ce que l'adjonction? Dans quel cas peut-on demander la séparation? Comment distingue-t-on la chose principale de la chose accessoire? — XIII. Qu'est-ce que la spécification? A qui est attribué le produit? Que décider, lorsque le spéci-

1. *Voir*, pour l'idée philosophique, *Manuel de Droit civil*, I, pag. 569-573.

ficateur a employé en partie sa propre matière? — XIV. Quand y a-t-il mélange? Comment se règle la propriété des choses mélangées?

Malgré la généralité de sa rubrique, le présent titre ne comprend pas l'ensemble des règles relatives à la propriété; les art. 641 à 686 en contiennent un grand nombre.

D'un autre côté, sauf trois articles directement consacrés à la *propriété* (art. 544, 545 et 552), les autres se réfèrent, non pas à la propriété elle-même, mais à l'*accession* que le Code présente comme un mode d'acquisition de la propriété.

DROIT DE PROPRIÉTÉ.

I. Le droit de propriété a, dans le Code, le double caractère d'être à la fois un droit *absolu* et un droit *limité*.

En tant que *droit absolu*, le droit de propriété comprend la faculté de retirer de la chose tous les avantages qu'elle peut procurer.

Le droit romain décomposait la propriété en *trois* droits : 1° le *jus utendi*, droit de retirer de la chose tous les services qu'elle peut rendre sans toucher aux fruits; — 2° le *jus fruendi*, droit de percevoir les fruits; — 3° le *jus abutendi*, droit de faire de la chose un usage qui la consomme définitivement pour le propriétaire.

D'après le Code, le droit de propriété comprend (art. 544) : 1° le *droit de jouir*; — 2° le *droit de disposer*.

Le *droit d'user* n'est pas séparé du *droit de jouir*; et, bien qu'en fait ces deux droits se présentent rarement isolés l'un de l'autre, il est cependant loisible au propriétaire de créer, au profit d'un tiers, un droit d'usage séparé du droit de percevoir les fruits. Il y a même des cas où le droit de jouir d'une chose ne peut être que le droit d'en user, par exemple l'usufruit de choses mobilières, qui ne sont ni frugifères, ni destinées à être louées.

Le *droit de disposer* se présente sous *deux* aspects : il contient le droit de *transformer*, et le droit d'*aliéner*. Transformer, c'est changer la forme de la chose, soit en augmentant l'utilité, soit en la diminuant et en la détruisant. Aliéner, c'est transférer sa chose à autrui, soit en recevant une valeur en échange, soit en n'en recevant aucune : dans le premier cas, l'aliénation est *à titre onéreux*; dans le second, elle est *à titre gratuit*.

II. En tant que *droit limité*, le droit de propriété comporte des restrictions nombreuses édictées par les lois et règlements (art. 544). Ces limitations sont les suivantes :

1° Les « *servitudes dérivant de la situation naturelle des lieux* », et les « *servitudes légales* » (art. 640-686). Il importe de ne pas confondre ces *limitations de la propriété*, improprement appelées servitudes, avec les véritables servitudes.

La limitation de la propriété est une restriction du droit de propriété d'après le droit commun, c'est-à-dire imposée par la loi à tout propriétaire dans les mêmes circonstances.

La servitude, au contraire, est une restriction de droit exceptionnelle qui dérive de la volonté de l'homme.

2° Les *restrictions administratives*, notamment en ce

qui concerne les bois et forêts, le rayon des places de guerre, les animaux atteints de contagion, etc...

3° L'*expropriation pour cause d'utilité publique* (article 545). L'utilité publique étant déclarée par simple décret, l'administration détermine les propriétés particulières auxquelles l'expropriation doit être appliquée; le tribunal civil prononce l'expropriation, et un jury spécial fixe l'indemnité due à l'exproprié, indemnité qui d'ailleurs doit être préalable, c'est-à-dire payée avant la prise de possession.

4° La *concession d'une mine* au profit d'un autre que le propriétaire du fonds dans lequel elle se trouve.

La propriété du sol comprend, en principe, celle de la *surface*, celle du *dessus*, et celle du *dessous* (art. 552). Cependant il est possible que la surface soit à l'un (droit de superficie), le dessus à un autre, le dessous à un troisième.

Quant au dessus, le droit du propriétaire de faire toutes les plantations et constructions qu'il juge à propos est limité par les servitudes ou services fonciers.

Quant au dessous, la législation sur les mines donne au gouvernement le droit de concéder la mine à qui bon lui semble, et, par conséquent, à tout autre qu'au propriétaire du sol, qui obtient seulement une indemnité. Cette indemnité consiste dans une redevance, qui, aujourd'hui, constitue exceptionnellement une rente immobilière.

DROIT D'ACCESSION [1].

III. Le propriétaire d'une chose acquiert, d'après l'art. 546 :

1° Tont ce que *produit* la chose ;

2° Tout ce qui *s'unit accessoirement* à la chose d'une manière *naturelle* ;

3° Tout ce qui *s'unit accessoirement* à la chose d'une manière *artificielle*.

Cette acquisition est désignée sous le nom *d'accession*. L'accession, qui ne devrait être qu'un effet du droit de propriété, est appelée par le Code un *droit* (art. 546), et une *manière d'acquérir* (art. 712).

CHAPITRE I.

DU DROIT D'ACCESSION SUR CE QUI EST PRODUIT PAR LA CHOSE.

IV. Les fruits sont ou *naturels et industriels*, ou *civils* (art. 547). Ils appartiennent au propriétaire de la chose, à charge par lui de rembourser les frais des travaux faits par des tiers et dont il bénéficie (art. 548).

Fruits naturels et industriels. — Les fruits naturels et industriels sont les *produits périodiques de la chose, selon sa destination*. Le mot *chose* désigne ici exclusivement la terre et les animaux.

Les fruits naturels sont ceux que la chose produit spontanément, tels que le croît des animaux, la laine, le lait, le miel, les fumiers.

Les fruits industriels sont ceux qu'on obtient par la culture de la terre.

1. *Voir*, pour la critique économique, *Manuel de Droit civil*, I, pag. 578.

Quant aux *objets que la chose n'est pas destinée à produire et à reproduire régulièrement*, on les appelle des *produits:* tels sont les bois de haute futaie non mis en coupes réglées, les pierres des carrières qui ne sont pas en exploitation. La futaie mise en coupes réglées et la carrière en exploitation produisent des fruits.

Fruits civils. — On appelle fruits civils la *valeur représentative en nature ou en argent de l'utilité que peut procurer la chose.* Les fruits civils consistent dans les fermages, les loyers des maisons, les intérêts des capitaux, les arrérages des rentes.

ACQUISITION DES FRUITS PAR LA POSSESSION[1].

V. *Posséder* en droit, d'une façon générale, c'est toujours, ou bien *exercer son propre droit soit par soi-même, soit par l'entremise d'un autre*, ou bien *exercer par soi-même le droit d'un autre* (art. 2228). La possession s'applique aux démembrements de la propriété aussi bien qu'à la propriété elle-même.

Spécialement quant à l'acquisition des fruits, le *simple possesseur*, c'est le *possesseur du droit de propriété opposé au propriétaire, et exerçant pour lui-même le droit de propriété ;* en d'autres termes, c'est une *personne qui, sans avoir la qualité de propriétaire, en exerce le droit* (art. 549).

Ce possesseur peut être *de bonne foi* ou *de mauvaise foi.*

I. — POSSESSEUR DE BONNE FOI.

Caractères de la possession de bonne foi. — *Deux* conditions sont exigées en principe pour qu'une

1. Voir *Manuel de Droit civil*, I, pag. 580 et suiv.

personne possède de bonne foi : 1° la bonne foi ; 2° le juste titre (art. 550).

La *bonne foi* consiste dans la conviction qu'a le possesseur que la chose lui appartient.

Le *juste titre* est une cause légale d'acquisition, telle que, si elle eût procédé du véritable propriétaire, elle eût transféré la propriété au possesseur. Les *vices* du titre, soit quant au fond, soit quant à la forme, sont sans importance pour l'acquisition des fruits.

Lorsque le titre n'existe pas, et que la bonne foi porte précisément sur son existence, en d'autres termes, lorsque le titre est *putatif*, le titre, qui n'existe pas, mais à l'existence duquel croit le possesseur, peut-il être suppléé par la bonne foi ? L'art. 550 étant muet, et l'existence d'un titre n'étant pas indispensable à la bonne foi, il y a lieu d'admettre que les tribunaux ont le droit de juger la question en fait[1].

VI. *Effets* de la possession de bonne foi *relativement aux fruits.* — Le possesseur de bonne foi gagne tous les fruits, aussi bien les fruits naturels et civils que les fruits industriels.

A l'égard des produits qui ne sont pas des fruits, on les attribue généralement au possesseur de bonne foi, si, au moment où la possession a commencé, ils peuvent être considérés comme des fruits, à raison de la destination que le propriétaire avait déjà donnée à la chose (futaies déjà mises en coupes réglées, carrières déjà en exploitation, etc.). Dans le cas contraire, on les lui refuse.

1. Voir *Manuel de Droit civil*, I, pag. 582.

Le possesseur de bonne foi gagne les *fruits naturels et industriels, à partir de leur séparation* d'avec la chose, sans distinguer entre la séparation accidentelle et la perception ; quant aux *fruits civils*, il les gagne, comme le propriétaire, *jour par jour*.

Époque à laquelle est exigée la bonne foi. — Il y a, pour le possesseur, autant d'acquisitions nouvelles que de perceptions de fruits : il doit donc être de bonne foi au moment de chacune des acquisitions successives de fruits.

Le possesseur cesse d'être de bonne foi dès qu'il a appris d'une manière quelconque que la chose ne lui appartenait pas (art. 550). Ainsi, le possesseur qui était d'abord de bonne foi peut devenir de mauvaise foi ; réciproquement le possesseur qui était d'abord de mauvaise foi peut devenir de bonne foi, si le titre de sa possession change.

Règles de la possession de bonne foi, *relativement à la prescription*. — L'acquisition des fruits n'est pas le seul effet de la possession. En ce qui concerne spécialement la prescription des immeubles par dix ou vingt ans, les règles ne sont plus les mêmes : à la différence de ce qui se produit pour l'acquisition des fruits, on décide, pour la prescription :

1° Qu'un titre nul par défaut de forme exclut la bonne foi ;

2° Que la bonne foi est nécessaire seulement au commencement de la possession.

II. — POSSESSEUR DE MAUVAISE FOI.

XII. Le possesseur de mauvaise foi est *celui qui sait que le droit de propriété qu'il exerce ne lui appartient pas*.

Il s'oblige envers le propriétaire, soit par un délit, soit par un quasi-délit, selon les circonstances. Dans tous les cas, il doit restituer :

1° Tous les fruits qu'il a perçus, ou leur valeur (art. 549);

2° Tous ceux qu'il a négligé de percevoir et que le propriétaire eût perçus à sa place.

L'héritier pur et simple du possesseur de mauvaise foi, lorsqu'il est personnellement de bonne foi, acquiert les fruits qu'il a perçus depuis l'ouverture de la succession : possédant, en effet, en vertu d'un titre dont il ignore les vices, il est possesseur de bonne foi, et acquiert les fruits comme possesseur de bonne foi. Cette décision est cependant contestée [1].

CHAPITRE II.

DU DROIT D'ACCESSION SUR CE QUI S'UNIT ET S'INCORPORE A LA CHOSE.

VIII. Tout ce qui s'unit accessoirement à la chose, soit naturellement, soit artificiellement, et tout ce qui s'y incorpore, appartient au propriétaire (articles 546 et 551).

SECTION I.

DU DROIT D'ACCESSION RELATIVEMENT AUX CHOSES IMMOBILIÈRES.

Le Code applique le droit d'accession, en matière immobilière :

1° Aux *constructions*, *plantations et ouvrages* qui

1. Voir *Manuel de Droit civil*, I, pag. 586-587.

peuvent être faits au-dessus et au-dessous du sol (553-555);

2° Aux *accroissements* résultant, pour le sol, du *voisinage des fleuves et rivières* (art. 556-563);

3° Aux *animaux sauvages*, qui, en se fixant sur un fonds, en deviennent les accessoires (art. 564).

Dans toutes ces hypothèses, il peut y avoir lieu à l'*action en dommages-intérêts* pour la personne privée de son droit de propriété, et en même temps à l'*action pénale* contre le tiers qui a porté atteinte à ce droit.

1° Constructions, plantations et ouvrages.

IX. La loi admet *deux* présomptions, relativement aux constructions, plantations et ouvrages sur un terrain ou dans l'intérieur d'un terrain (art. 553):

La *première* consiste en ce que toutes constructions, plantations et ouvrages quelconques, qui se trouvent sur un terrain ou dans l'intérieur, sont réputés avoir été faits *par* le propriétaire du terrain;

La *seconde* consiste en ce que, fût-il prouvé que ces constructions, plantations et ouvrages ont été faits par un autre que par le propriétaire, ils sont réputés avoir été faits *aux frais* du propriétaire.

Ces présomptions dispensent le propriétaire de toute preuve; mais elles peuvent être détruites par des preuves contraires.

La *première* ne peut être détruite qu'en alléguant, pour la propriété de constructions sur le sol d'autrui, ou d'un souterrain sous le sol d'autrui, soit un titre, soit la prescription.

La *seconde* cède, soit devant la preuve que les travaux ont été faits *par le propriétaire avec les matériaux d'autrui*, soit devant la preuve que les travaux ont été faits *par un tiers, avec ses propres matériaux.*

Travaux faits par le propriétaire du sol avec les matériaux d'autrui.

C'est d'abord à autrui de prouver son droit sur les matériaux; ce droit prouvé, il ne peut réclamer qu'une indemnité, il ne peut pas enlever ses matériaux (art. 554). Le propriétaire des matériaux se trouve donc exproprié par suite de l'incorporation des matériaux dans le bâtiment qui lui-même fait partie du sol.

Dans le cas où les matériaux sont détachés du sol avant que le propriétaire en ait reçu la valeur, la revendication doit renaître.

A l'égard des arbres et des plantes, le seul fait de la plantation dans le sol d'autrui anéantit l'action en revendication.

Travaux faits par un tiers avec ses matériaux sur le sol d'autrui.

Il y a lieu, d'après l'art. 555, de distinguer si le tiers qui a fait les travaux est de bonne ou de mauvaise foi.

Si le tiers est de *bonne foi*, le propriétaire ne peut pas le forcer à rétablir les lieux dans le premier état; il doit une indemnité calculée sur la plus-value que les travaux ont procurée au terrain.

Si le tiers est de *mauvaise foi*, le propriétaire a le droit d'opter entre le rétablissement des lieux dans le premier état, et le maintien des travaux. Lorsqu'il opte pour le maintien, il doit au tiers une indemnité calculée, dit le texte, sur le montant de la dépense, plus vraisemblablement sur la plus-value, comme pour le tiers de bonne foi.

Le propriétaire du sol ne peut donc jamais retenir les matériaux sans indemniser le constructeur. Le tiers possesseur, soit de bonne foi, soit de mauvaise foi, a le droit de retenir l'immeuble jusqu'à ce que le propriétaire lui ait payé les indemnités qui lui sont dues [1].

2° Accroissements par les fleuves et rivières.

X. Les propriétaires riverains profitent :

1° Des *alluvions* et des *relais* qui se forment sur la rive des *fleuves* ou des *rivières* (art. 556 et 557). L'alluvion est un amas de terre qui se forme successivement et imperceptiblement sur le bord de la rive; le relais est la portion du lit que les eaux courantes laissent à sec en se retirant de l'une des rives pour se porter sur l'autre. Les lais et relais qui se forment sur le rivage de la *mer* appartiennent au domaine privé de l'État.

L'alluvion n'a pas lieu à l'égard des *lacs* et des *étangs* (art. 558).

Lorsque c'est une portion reconnaissable et considérable d'un terrain qui a été apportée par la violence du fleuve ou de la rivière, à côté d'un autre fonds, le propriétaire de la partie détachée est admis à la revendiquer, pendant le délai d'une année (art. 559).

2° Des *îles*, *îlots* et *atterrissements* qui se forment dans le lit des *rivières non navigables ni flottables* (art. 561).

1. Voir *Manuel de Droit civil*, I, pag. 592.

Si l'île s'est formée d'un seul côté, elle appartient exclusivement aux riverains du côté où elle s'est formée ; dans le cas contraire, elle profite aux riverains des deux côtés, à partir d'une ligne tracée au milieu de la rivière.

Les îles qui se forment dans le lit des *fleuves* et des *rivières navigables et flottables* appartiennent à l'État (art. 560).

Il ne s'agit d'ailleurs que des îles qui se forment soit par l'abaissement du niveau des eaux, soit par l'exhaussement d'une portion de son lit ; celles qui se forment lorsque le fleuve ou la rivière coupe et entoure un terrain particulier, restent au propriétaire du terrain primitif (art. 562).

Quant au lit des rivières non navigables ni flottables, on n'est pas d'accord pour en reconnaître la propriété aux riverains ; quatre systèmes sont enseignés sur ce point [1].

Lorsqu'un fleuve ou une rivière, navigable ou non, se forme un nouveau cours en abandonnant son ancien lit, le lit abandonné, au lieu d'être attribué aux riverains, passe, à titre d'indemnité, aux propriétaires des fonds nouvellement occupés (article 563).

3° Animaux sauvages.

Les animaux sauvages, en se fixant sur un fonds, deviennent des accessoires de ce fonds, et deviennent la propriété du maître du fonds. Ainsi, les pigeons, lapins et poissons passant dans un colombier, garenne ou étang, appartiennent au maître de ces objets (art. 564).

1. Voir *Manuel de Droit civil*, I, pag. 596.

Cependant, lorsqu'ils ont été attirés par fraude et artifice, on doit admettre la revendication du propriétaire antérieur.

SECTION II.

DU DROIT D'ACCESSION RELATIVEMENT AUX CHOSES MOBILIÈRES.

XI. La revendication des meubles ne peut avoir lieu, d'après le Code, qu'exceptionnellement, puisqu'*en fait de meubles*, *possession vaut titre.* Pour qu'il y ait lieu d'appliquer les règles de l'accession mobilière, il faut qu'il s'agisse d'un meuble corporel particulier possédé soit sans juste titre, soit de mauvaise foi, soit perdu, soit volé.

On distingue *trois* sortes d'accession mobilière : 1° l'adjonction ; 2° la spécification ; 3° le mélange.

Règles générales. — L'accession, ayant pour objet deux choses mobilières appartenant à deux maîtres différents, est réglée, dit l'art. 565, d'après l'équité naturelle. Ce principe reste sans application possible, toutes les hypothèses étant expressément prévues par les articles postérieurs.

Lorsque la chose est commune aux propriétaires des matières dont elle a été formée, nul n'étant tenu de rester dans l'indivision, chacun des copropriétaires peut exiger que la chose soit partagée en nature, ou licitée, c'est-à-dire transformée en argent (art. 575).

Lorsque l'accession profite à celui des maîtres à l'insu duquel elle a eu lieu, celui-ci peut, à son choix, prendre l'un ou l'autre de ces deux partis : ou réclamer la chose entière, en indemnisant l'autre maître, ou la laisser à l'auteur de l'accession, en exigeant soit une chose absolument pareille à celle qu'il a perdue, soit sa valeur en argent (art. 576).

De même que dans l'accession des immeubles, le propriétaire qui perd une chose mobilière a toujours une *action en dommages-intérêts ;* de plus, la personne à qui profite l'accession peut être passible d'une *action pénale* (art. 577).

1° Adjonction.

XII. L'adjonction est l'*adhérence de deux meubles non dénaturés et continuant en réalité à former des choses distinctes.*

Dans ce cas, la chose accessoire appartient au maître de la chose principale (art. 566). Il n'y a d'exception que pour le cas où la chose accessoire a une valeur beaucoup plus grande que la chose principale : il est permis alors de demander la séparation (art. 568).

Trois règles sont posées pour distinguer la chose principale de la chose accessoire :

1° Est réputée principale la chose à laquelle l'autre n'a été unie que pour l'usage, l'ornement ou le complément de la première (art. 567) ;

2° Lorsque le premier signe de distinction manque, est réputée principale la chose qui a le plus de valeur (art. 569) ;

3° Lorsque les deux premiers signes de distinction manquent, est réputée principale la chose du plus gros volume (art. 569).

S'il est impossible de distinguer le principal de l'accessoire, on peut demander la séparation ; si les choses sont inséparables, le tout est commun entre les deux maîtres.

2° Spécification.

XIII. La spécification est la *transformation d'une matière en un produit, ou d'un produit en un autre.*

En principe, la matière l'emporte sur le travail : le produit est attribué au propriétaire de la matière (art. 570).

Cependant, si le travail est tellement important qu'il surpasse de beaucoup la valeur de la matière employée, l'industrie sera alors réputée la partie principale, et le produit attribué au spécificateur (art. 571).

Lorsque le spécificateur a employé en partie la matière qui lui appartenait, et en partie celle qui ne lui appartenait pas, on recherche d'abord s'il y a une chose accessoire et une chose principale; à défaut de cette distinction, on sépare les matières, s'il est possible; sinon, le produit est commun aux deux maîtres des matières (art. 572).

3° Mélange.

XIV. Il y a mélange ou confusion, lorsque les *choses* sont *mêlées et confondues, de manière à ne pouvoir plus être distinguées les unes des autres, mais sans qu'il y ait eu, à proprement parler, un fait industriel.*

On applique préalablement les règles sur la distinction de la chose principale et de la chose accessoire.

Si cette détermination peut avoir lieu, l'accessoire suit, comme toujours, le principal (art. 574). Si elle n'est pas possible, on distingue : — les matières mélangées peuvent-elles être facilement séparées, celui des maîtres à l'insu duquel le mélange a eu lieu peut demander la division et revendiquer sa matière; — les matières mélangées ne peuvent-elles être séparées sans inconvénient, le mélange appartient indivisément à chacun des deux maîtres, dans la proportion de la quantité, de la qualité et de la valeur des matières lui appartenant (art. 573).

TITRE III.

DE L'USUFRUIT, DE L'USAGE ET DE L'HABITATION[1].

SOMMAIRE : I. Qu'est-ce qu'une servitude personnelle? Quelles sont-elles? — II. Qu'est-ce que l'usufruit? Le droit de disposer reste-t-il intact? En quoi le droit d'usufruit est-il aléatoire? Dans quel cas l'usufruit est-il établi par la loi? L'usufruit existe-t-il sur les choses fongibles? — III. Qu'est-ce que *jouir* d'une chose? Quel est le signe caractéristique des fruits? Comment l'usufruitier acquiert-il les fruits naturels ou industriels, et les fruits civils? — IV. Qu'entend-on par choses fongibles? Quelles différences entre l'usufruit et le quasi-usufruit? entre le quasi-usufruit et le prêt de consommation? Quel est le sens de l'art. 787? — V. Comment définit-on les risques? Quel droit résulte de l'usufruit sur une créance? sur une rente? sur un autre usufruit? — VI. Qu'est-ce que l'aménagement des bois? Quel est le droit de l'usufruitier sur une futaie non aménagée? En quoi importe-t-il de distinguer si les mines et carrières sont ou non en exploitation à l'ouverture de l'usufruit? Quelle est l'obligation de l'usufruitier d'un troupeau? — VII. L'usufruitier jouit-il des servitudes du fonds? Les baux consentis par l'usufruitier sont-ils opposables au nu-propriétaire? Quels sont les droits du cessionnaire d'usufruit? — VIII. Quelle est l'obligation du nu-propriétaire

1. *Voir*, pour l'idée philosophique et pour la critique économique, *Manuel de Droit civil*, I, pag. 606.

à l'égard de l'usufruitier ? Que décide-t-on pour les constructions faites par l'usufruitier ? — IX. Quelles sont les obligations de l'usufruitier avant l'entrée en jouissance ? Dans quelle forme doit être fait l'inventaire ? A défaut de caution, l'usufruit subsiste-t-il ? Les termes de l'art. 604 sont-ils exacts ? — X. Quelles sont les obligations de l'usufruitier pendant la jouissance ? Qu'entend-on par réparation d'entretien ? L'usufruitier peut-il s'en libérer pour le passé ? Le nu-propriétaire peut-il être contraint de faire les grosses réparations ? Que décider si l'usufruitier a fait lui-même les grosses réparations ? — XI. Pourquoi la distinction entre les charges ordinaires et les charges extraordinaires ? Quelle est l'hypothèse prévue par l'art. 614 ? — XII. Quelle est la règle générale pour le règlement des dettes et charges de la succession, en cas de legs d'usufruit ? A quoi est tenu le légataire d'usufruit universel ? à titre universel ? Quels sont les trois procédés indiqués par l'art. 612 ? Le légataire d'usufruit particulier peut-il être forcé d'acquitter l'hypothèque ? — XIII. Que doit rendre l'usufruitier, en cas de perte de la chose ? — XIV. Quelles sont les causes d'extinction de l'usufruit ? La constitution sur plusieurs têtes est-elle valable ? Qu'est-ce que la consolidation ? Quel est le pouvoir des tribunaux en cas d'abus de jouissance ? Quel est le droit des créanciers en cas de renonciation de l'usufruitier ? Quelle différence entre la prescription libératoire et la prescription acquisitive ? — XV. Qu'est-ce que l'usage ? L'usager a-t-il toujours le droit de jouir par lui-même ? Qu'est-ce que le droit d'habitation ?

I. Au nombre des principaux démembrements de la propriété, figurent les *servitudes personnelles*, désignées, dans l'art. 543, sous le nom de *simple droit de jouissance*.

La servitude personnelle est un *droit qui appartient à une personne déterminée contre le propriétaire d'un meuble ou d'un immeuble, et qui astreint ce dernier à souffrir*.

Une servitude est donc dite *personnelle*, en ce sens qu'elle est inhérente à la personne qui a le droit ; elle est en même temps un *droit réel*, car elle est opposable à quiconque élève une prétention à l'objet du droit.

Les servitudes personnelles sont : l'*usufruit*, l'*usage* et l'*habitation*. Le Code a évité d'employer la dénomination commune de servitudes personnelles, qui rappelait les abus de la féodalité.

CHAPITRE I.

DE L'USUFRUIT.

II. **Caractères généraux de l'usufruit.** — L'usufruit est le droit de *jouir* des choses dont un autre a la propriété, comme le propriétaire lui-même, mais à la charge d'en conserver la substance (art. 578).

Le droit d'*user* n'est pas séparé du droit de jouir. Quant au droit de *disposer*, il subsiste dans la personne du nu-propriétaire, mais diminué d'un de ses attributs : le nu-propriétaire ne peut pas, plus que l'usufruitier, changer la substance de la chose; autrement, il causerait à ce dernier un préjudice.

L'usufruit, droit réel, est un démembrement de la propriété; il résulte de là qu'un propriétaire ne peut avoir l'usufruit de sa propre chose.

L'usufruitier doit jouir *comme le propriétaire* lui-même, c'est-à-dire, comme jouirait un propriétaire supposé bon et sage administrateur.

L'usufruitier doit conserver la *substance* de la chose ; on définit à ce propos la substance juridique, en disant qu'elle est la manière d'être de la chose qui la rend propre à un certain usage. Ainsi, l'usufruitier ne peut faire d'un pré une vigne, et réciproquement.

L'art. 578 omet un caractère essentiel de l'usufruit : celui d'être un droit viager (art. 617), et par conséquent aléatoire.

Causes de l'usufruit. — L'art. 579 indique, comme causes d'où peut dériver l'usufruit : 1° la *loi* ; 2° la *volonté de l'homme*.

L'effet de la *loi* s'applique à un cas de succession *ab intestat :* le père ou la mère qui succède à son enfant, en concours avec des collatéraux autres que les frères et sœurs ou leurs descendants, a droit à l'usufruit du tiers des biens auxquels il ne succède pas en propriété (art. 754).

La jouissance légale des père et mère (art. 384), de même que les droits de jouissance qui existent sous les trois régimes matrimoniaux de communauté, d'exclusion de communauté et dotal (articles 1401, 1530 et 1549), présentent d'importantes différences avec l'usufruit ordinaire (voir page 197).

En tant qu'il est établi par la *volonté* expresse *de l'homme*, l'usufruit comporte, en général, tous les modes d'établissement de la propriété auxquels sa nature particulière ne fait pas obstacle.

Modalités que comporte l'usufruit. — Tout droit, en général, est susceptible d'être *pur et simple*, ou à *terme* (événement futur et certain), ou *sous condition* (événement futur et incertain).

Ces différentes manières d'être, qu'on appelle les modalités du droit, s'appliquent sans difficulté à l'usufruit (art. 580).

Biens susceptibles d'usufruit. — L'usufruit peut porter sur toute espèce de biens, sur les meubles comme sur les immeubles (art. 581), sur les biens incorporels comme sur les biens corporels :

ainsi sur une créance, sur une rente, et aussi sur un autre droit d'usufruit.

Sur les choses fongibles, c'est-à-dire qui se consomment par le premier usage, on ne peut constituer qu'un *quasi-usufruit* (art. 587).

Quant aux servitudes réelles, elles sont toujours et nécessairement comprises, à titre d'accessoire, dans l'usufruit du fonds au profit duquel elles existent; mais elles ne peuvent être considérées séparément du fonds auquel elles sont attachées pour faire l'objet principal et direct d'un droit d'usufruit.

SECTION I.

DES DROITS DE L'USUFRUITIER.

III. L'usufruitier a le droit de *jouir* de la chose, c'est-à-dire d'en retirer tous les *services* et d'en percevoir tous les *fruits*. Il a sur les fruits, non un droit de jouissance, comme dit l'art. 582, mais bien un droit de propriété.

ACQUISITION DES FRUITS.

Les fruits sont des produits *périodiques*, provenant de la chose, selon sa destination. La loi distingue les fruits naturels ou industriels, et les fruits civils (art. 583-584).

La périodicité est, en réalité, le signe caractéristique des fruits : de là, il résulte que l'usufruitier n'a droit ni aux bois de haute futaie qui n'ont pas été mis en coupes réglées, ni aux produits des carrières qui n'ont pas été mises en exploitation avant l'ouverture de l'usufruit. Il n'a pas non plus droit au trésor, qui n'est pas même un produit (art. 598).

L'usufruitier acquiert les *fruits naturels et industriels* par le seul fait qu'ils sont séparés du sol, généralement par la perception ; il ne doit d'ailleurs les percevoir qu'à l'époque de la maturité.

C'est pourquoi, si, au moment où l'usufruit commence, il existe des fruits pendants par branches ou par racines, la récolte appartient tout entière à l'usufruitier ; et, à l'inverse, si, au moment où l'usufruit finit, il existe des fruits pendants par branches ou par racines, la récolte appartient au propriétaire (art. 585). Dans les deux cas, il n'y a lieu à aucune récompense de part ni d'autre pour les labours et semences, les droits du colon partiaire étant d'ailleurs réservés (art. 585).

C'est pourquoi encore, la vente de fruits sur pied faite par l'usufruitier est nulle, c'est-à-dire non opposable par l'acheteur au propriétaire, lorsque l'usufruitier meurt avant la récolte : il a, en effet, vendu la chose d'autrui [1].

Les *fruits civils* s'acquièrent jour par jour (art. 586): cela veut dire que le revenu de la dernière année est divisé en 365 parties, et qu'on attribue à l'usufruitier autant de 365es que l'usufruit a duré de jours.

Cette règle s'applique aux baux à ferme comme aux autres fruits civils ; le contraire était admis dans l'ancien droit.

Quant aux fruits qui sont les *produits du travail et du capital*, et qui ne se répartissent pas également sur chacun des jours de l'année, — comme les revenus

1. Voir *Manuel de Droit civil*, I, pag. 614.

des usines et manufactures ne marchant que pendant une partie de l'année, les revenus des mines et carrières exploitées par l'usufruitier lui-même, les dividendes des actions dans les compagnies industrielles, le prix de location des constructions qui ne peuvent être louées que pendant une partie de l'année, — ils ne sont, d'après les définitions du Code, ni industriels (art. 583), ni civils (art. 584) : aucune des deux règles ne leur est donc littéralement applicable[1].

QUASI-USUFRUIT.

IV. Les choses *fongibles* sont susceptibles seulement de *quasi*-usufruit. Les choses fongibles sont celles qui, dans l'intention des parties, peuvent être remplacées par un équivalent de même sorte, ce qui se produit généralement pour les choses qui se consomment par le premier usage, comme l'argent, les grains, les liqueurs (art. 587).

Il faut remarquer que ce n'est pas la nature de la chose qui fait la fongibilité; la nature de la chose ne sert qu'à établir l'intention, lorsque l'intention n'apparaît pas.

Le quasi-usufruit diffère, sous plusieurs rapports, de l'*usufruit* proprement dit :

1° Le quasi-usufruit transfère au quasi-usufruitier la *propriété* de la chose qui fait l'objet du quasi-usufruit ;	1° L'usufruit ne constitue qu'un *démembrement de la propriété* de la chose qui fait l'objet de l'usufruit ;
2° Le quasi-usufruit n'astreint le quasi-usufruitier qu'à rendre l'*équivalent de la chose* qu'il a reçue ;	2° L'usufruit astreint l'usufruitier à rendre la *chose* même qu'il a reçue ;

1. Voir *Manuel de Droit civil*, I, pag. 614-615.

3° Le quasi-usufruit met les *risques* à la charge du *quasi-usufruitier*.	3° L'usufruit laisse les *risques* à la charge du *nu-propriétaire*.

Le quasi-usufruit ressemble encore au *prêt de consommation ;* l'emprunteur, comme le quasi-usufruitier, n'est obligé à rendre, à la place de la chose prêtée, qu'un équivalent de même sorte. Il y a cependant des différences :

1° Le quasi-usufruitier doit donner caution, même *en l'absence de toute convention ;*	1° L'emprunteur ne fournit caution que s'il s'y est spécialement obligé *par convention ;*
2° Le quasi-usufruit peut être établi par *testament ;*	2° Le prêt de consommation constitue toujours un *contrat ;*
3° Le droit du quasi-usufruitier périt avec lui.	3° Le droit de l'emprunteur passe à ses héritiers.

L'*équivalent de la chose reçue*, que doit restituer l'usufruitier, consiste, d'après le texte, dans des « choses de pareille quantité, qualité *et valeur*, ou leur estimation » (art. 587). Cette formule a fait naître plusieurs difficultés.

Il faut d'abord rectifier le texte au point de vue économique, et dire que l'usufruitier est astreint à rendre des choses de pareille quantité et qualité, *quelle qu'en soit la valeur*.

De plus, l'alternative indiquée par le mot « ou » indique-t-elle la faculté pour l'usufruitier de choisir, et de restituer à son gré soit des choses de pareille quantité et qualité, soit leur estimation? Cette opinion a été soutenue par quelques auteurs, les uns appréciant la valeur estimative au moment où l'usufruit a commencé, les autres, au moment où il a pris fin. La solution préférable consiste à distinguer *deux* hypothèses : 1° si le titre constitutif du quasi-usufruit ne contient aucune estimation, l'obligation doit être acquittée en nature; 2° si le titre constitutif contient estimation, l'estimation valant vente de meubles, c'est le prix d'estimation qui doit être payé [1].

USUFRUIT SUR LES CHOSES QUI SE DÉTÉRIORENT PAR L'USAGE.

V. Les choses qui, sans se consommer de suite, se détériorent peu à peu par l'usage, comme le linge, les meubles meublants, sont susceptibles d'un véritable usufruit (art. 589). De là, la conséquence que le nu-propriétaire est passible des *risques*, c'est-à-dire des détériorations ou de la perte de la chose arrivées par cas fortuit ou force majeure, à moins de *dol* ou de *faute* de la part de l'usufruitier.

L'usufruitier commettrait une faute s'il employait les meubles à un autre usage que celui auquel ils sont destinés : les risques passeraient alors à sa charge.

USUFRUIT SUR LES CRÉANCES, RENTES ET USUFRUITS.

L'usufruit peut porter sur une *créance;* il donne à l'usufruitier le droit d'en percevoir les intérêts, qui sont des fruits civils. La créance elle-même reste au nu-propriétaire.

Cependant, si la créance est exigible, l'usufruitier a le droit d'en toucher le capital, et de disposer de ce capital, sauf à en rendre l'équivalent à la fin de l'usufruit.

L'usufruit d'une *rente perpétuelle* se règle de la même façon; les arrérages sont des fruits civils qui laissent

1. Voir *Manuel de Droit civil,* I, pag. 617-618.

intacte la substance de la rente, c'est-à-dire le capital.

Si la rente est remboursée par le débi-rentier, l'usufruitier se servira du capital de la rente, à charge d'en restituer l'équivalent.

Quant à la *rente viagère*, l'ancien droit ne la considérait pas comme un capital distinct des arrérages qu'elle produit; les arrérages sont, disait-on, une fraction du capital, puisque chaque perception d'arrérages éteint en partie la rente elle-même.

Aujourd'hui, la rente viagère est susceptible d'usufruit: si la rente s'éteint pendant l'usufruit, l'usufruitier n'a rien à rendre; si la rente subsiste à la fin de l'usufruit, elle est rendue dans l'état où elle se trouve (art. 588).

Remarquons que, pour la rente viagère, le remboursement n'est jamais possible.

On peut encore constituer l'usufruit sur un *autre usufruit*. Le second usufruitier gagne les fruits qu'il a perçus et ne restitue que le droit d'usufruit.

USUFRUIT SUR LES ARBRES.

VI. Les textes distinguent *quatre* hypothèses

1° *Bois taillis.* — L'usufruitier a, dans tous les cas, le droit de les exploiter à son profit, en se conformant à l'aménagement réglé par le propriétaire (article 590). L'*aménagement* comprend l'*ordre* et la *quotité* des coupes, c'est-à-dire la distribution des bois en coupes successives, et l'étendue des coupes d'après l'âge des bois.

A défaut d'aménagement formel, l'usufruitier s'en référera à l'usage constant des anciens propriétaires.

2° *Arbres des pépinières.* — L'usufruitier d'une pépinière en jouit comme le propriétaire ; il a le droit d'en prendre les arbres, sauf à tenir la pépinière en état.

3° *Arbres de haute futaie.* — Il y a *deux* cas à distinguer :

Ou la futaie a été aménagée, *ou* elle n'a pas été aménagée.

Si la futaie a été aménagée, l'usufruitier en jouit, conformément à l'aménagement des anciens propriétaires (art. 591).

Si la futaie n'a pas été aménagée, elle constitue un capital auquel l'usufruitier ne doit pas toucher (art. 592). Il ne peut jamais établir lui-même un aménagement. Il peut cependant — *d'une part*, recueillir sur les arbres les produits périodiques, suivant l'usage (art. 593), — *d'autre part*, employer les arbres eux-mêmes aux réparations dont il est tenu (art. 592), ou comme échalas pour ses vignes (art. 593).

4° *Arbres fruitiers.* — L'usufruitier a droit a ceux qui meurent ou qui sont arrachés ou brisés par accident ; seulement il est tenu de les remplacer (article 594). Dans les mêmes circonstances, l'usufruitier n'acquiert pas les arbres d'une haute futaie non aménagée.

USUFRUIT SUR LES MINES ET CARRIÈRES.

Deux hypothèses doivent être séparées :

1° La mine ou la carrière n'est *pas encore en exploitation* à l'ouverture de l'usufruit. — L'usufruitier n'a aucun droit aux produits de la mine ou de la carrière (art. 598).

2° La mine ou la carrière est *déjà en exploitation* à l'ouverture de l'usufruit. — Si la concession a été faite par le gouvernement au propriétaire, l'usufruitier a le droit de la continuer, sans avoir besoin d'obtenir personnellement une concession nouvelle (loi 21 avril 1810) ; la concession de la mine est devenue, depuis cette loi, une propriété impersonnelle et transmissible.

Si la concession a eu lieu au profit d'un autre que le propriétaire, l'usufruitier a droit à la redevance annuelle, que doit le concessionnaire; cette redevance immobilière est considérée comme une annexe de la surface.

USUFRUIT SUR LES ANIMAUX.

(Les art. 615 et 616, qui font partie de la section suivante, se rattachent aux objets de l'usufruit.)

Deux cas sont prévus :

1° L'usufruit est établi sur un *animal* ou sur plusieurs animaux considérés isolément. — La mort de l'animal ou de chacun des animaux libère l'usufruitier de toute obligation de rendre (art. 615). Ce cas rentre dans l'art. 589; il rentrerait dans l'art. 587 si l'animal ou les animaux avaient été considérés comme choses fongibles.

2° L'usufruit est établi sur un *troupeau*. — L'usufruit a alors pour objet une collectivité, qu'on ne doit pas laisser périr. L'usufruitier a donc l'obligation d'entretenir le troupeau (art. 616), au moyen du croît actuel et futur. L'usufruit s'éteint si le troupeau périt entièrement sans la faute de l'usufruitier, qui doit alors rendre les cuirs.

ÉTENDUE DU DROIT DE L'USUFRUITIER.

VII. L'usufruitier reçoit la chose telle qu'elle se trouve dans les mains du propriétaire auquel il succède quant au droit de jouissance ; il la reçoit avec toutes les qualités ou prérogatives qui peuvent en augmenter ou en diminuer l'utilité.

Ainsi, les *servitudes* sont des qualités du fonds; l'usufruitier a le droit d'en jouir (art. 597) ; il est même tenu de les entretenir, afin qu'elles ne s'éteignent pas pour le nu-propriétaire. Il jouit également, à l'exclusion du propriétaire, du droit de chasse et de pêche.

Ainsi encore, l'*alluvion* est une amélioration intrinsèque du fonds ; l'usufruitier doit en jouir (art. 596). Il en est de même quant au *lit abandonné* par un fleuve ou une rivière qui envahit le fonds sujet à usufruit ; l'usufruit de ce lot est une compensation à l'envahissement des eaux. Au contraire, l'*île* qui se forme dans le lit de la rivière ne cause à l'usufruitier aucun préjudice ; il n'y a point de raison de lui en attribuer la jouissance.

Le droit qu'a l'usufruitier de jouir de la chose, comme le propriétaire lui-même, entraîne pour lui le droit de donner les biens à ferme ou à loyer (article 595). La durée et le renouvellement des baux consentis par l'usufruitier sont d'ailleurs soumis aux règles des art. 1428 et 1429, qui s'appliquent également en matière de tutelle : le nu-propriétaire peut ainsi se trouver obligé à subir un bail d'une durée maximum de onze ou douze ans, passé sans son consentement.

Outre le droit de louer son droit, l'usufruitier a

celui de le vendre ou de le céder (art. 595) ; il cède non-seulement l'exercice de son droit, c'est-à-dire l'émolument de son usufruit, mais bien son droit lui-même, avec tous les caractères qu'il comporte dans sa personne. Le cessionnaire a donc le droit de jouir de la chose à la place de l'usufruitier, et aussi d'hypothéquer l'usufruit, qui, de même, peut être saisi sur lui. Au surplus, l'usufruit continue à reposer sur la tête du cédant et à être soumis aux mêmes causes d'extinction que si la cession n'avait pas eu lieu.

RAPPORTS DE L'USUFRUITIER AVEC LE NU-PROPRIÉTAIRE.

VIII. La situation du *nu-propriétaire* est celle-ci : En ce qui concerne le droit de l'usufruitier, il n'a qu'à *laisser jouir l'usufruitier.*

En ce qui concerne son propre droit, il a droit de faire tous les actes qui, *sans nuire à l'usufruitier*, constituent l'exercice du droit de propriété (article 599).

L'*usufruitier*, de son côté, est tenu de *conserver la substance* de la chose. S'il l'*améliore*, il n'a droit à aucune indemnité, parce qu'il ne peut grever le nu-propriétaire des dépenses auxquelles celui-ci n'a pas consenti (art. 599).

Cependant, le Code autorise l'usufruitier ou ses héritiers à reprendre les glaces, tableaux et autres ornements placés par lui, sauf la charge de rétablir les lieux dans leur premier état.

Quant aux *constructions* faites par l'usufruitier sur le fonds, l'ancien droit les considérait comme des améliorations, et décidait en conséquence que le propriétaire avait le droit de les garder sans indemniser l'usufruitier ; celui-ci n'avait pas le droit de les enlever, même à la charge de rétablir les lieux dans leur premier état. L'application de l'art. 599 à cette hypothèse produit aujourd'hui les mêmes conséquences. Certains auteurs soutiennent qu'il faut ici assimiler l'usufruitier au possesseur de mauvaise foi, et appliquer l'art. 555 ; dans cette opinion, l'usufruitier qui a fait des constructions a le droit de les détruire et de reprendre ses matériaux, à moins que le propriétaire ne préfère garder les constructions en indemnisant l'usufruitier [1].

SECTION II.

DES OBLIGATIONS DE L'USUFRUITIER.

IX. Les obligations que la loi impose à l'usufruitier doivent être accomplies soit *avant*, soit *pendant*, soit *après* la jouissance.

I. — OBLIGATIONS AVANT LA JOUISSANCE.

L'art. 600 commence par déclarer que l'usufruitier prend les choses *dans l'état où elles sont :* ce qui revient à dire que, l'usufruit étant un droit réel, l'usufruitier a sans doute le droit de jouir de la chose par lui-même, mais qu'il ne peut forcer le propriétaire ni à l'entretenir, ni même à la lui remettre en bon état. — Ce point, qui constitue une des *différences* capitales de l'*usufruit* et du *louage*, est étranger aux obligations de l'usufruitier.

Deux obligations antérieures à l'entrée en jouissance sont imposées à l'usufruitier :

1. Voir *Manuel de Droit civil*, I, pag. 625-627.

La *première* consiste à faire dresser, en présence du propriétaire ou lui dûment appelé, un inventaire des meubles et un état des immeubles sujets à l'usufruit (art. 600);

La *seconde* consiste à donner caution (art. 601-604).

1° Obligation de faire inventaire.

Cette obligation n'est qu'une suite de l'obligation plus générale de conserver la substance. L'inventaire des meubles et l'état des immeubles serviront à déterminer ce que l'usufruitier a reçu, et, par conséquent, ce qu'il doit rendre.

Lorsque l'usufruitier et le nu-propriétaire sont tous les deux majeurs, capables et d'accord, la forme sous *seing privé* suffit pour l'inventaire; dans le cas contraire, la forme *authentique* est indispensable.

Lorsque l'usufruitier se met en possession des *meubles* avant d'en avoir fait dresser un inventaire, le nu-propriétaire peut en prouver contre lui la consistance, tant par titres que par témoins et même par commune renommée (art. 1415 et 1504).

Lorsque l'usufruitier se met en possession des *immeubles* avant d'en avoir fait dresser un état, il est présumé les avoir reçus en bon état (art. 1731).

2° Obligation de donner caution.

L'usufruitier doit donner caution de jouir *en bon père de famille* (art. 601). Le bon père de famille, c'est le propriétaire soigneux.

Les cas dans lesquels l'usufruitier est *dispensé* de fournir caution sont de *trois* sortes :

1° Le cas de la jouissance légale des père et mère sur les biens de leurs enfants mineurs (art. 601);

2° Le cas du vendeur et du donateur, sous réserve d'usufruit (art. 601) ;

3° Les cas de jouissance légale, se référant aux régimes matrimoniaux (art. 1401, 1530, 1550).

D'ailleurs, le titre constitutif de l'usufruit peut contenir, *en général*, la dispense de fournir caution.

Si l'usufruitier ne parvient pas à trouver une caution, il doit être admis à fournir un gage ou une hypothèque. A défaut de caution, de gage ou d'hypothèque, la loi prescrit diverses mesures qui se résument en ceci : on retire à l'usufruitier l'*exercice* de son droit, en lui en conservant le *bénéfice* (articles 602-603).

Le retard de donner caution ne nuit pas à l'usufruitier; les fruits lui sont dus à compter du jour où il y aurait eu droit, s'il eût immédiatement satisfait à son obligation (art. 604). Les mots « du moment où l'usufruit a été ouvert » doivent être rectifiés : pris dans un sens absolu, ils amèneraient ce résultat qu'un *légataire particulier d'usufruit*, en retard de donner caution, aurait les fruits à compter du décès du testateur, tandis que le légataire qui ne serait pas en retard n'aurait les fruits qu'à partir du jour de la demande en délivrance (art. 1014.)

II. — OBLIGATIONS PENDANT LA JOUISSANCE.

X. Ces obligations se ramènent à *trois;* l'usufruitier est tenu :

1° De faire les *réparations d'entretien* (art. 605-607);

2° De payer seul les *charges annuelles* et ordinaires, et de contribuer avec le nu-propriétaire au payement des *charges accidentelles* et extraordinaires (articles 608, 609 et 613);

3° De répondre de certaines *fautes* (art. 614).

Les textes contiennent en outre une *digression* sur le règlement des *dettes et charges de la succession*, dans le cas où l'usufruit a été constitué par testament (art. 610-612).

(Les art. 615 et 616, relatifs à l'*usufruit établi sur des animaux*, ont été expliqués dans la section précédente (voir page 313).

1° Dépenses d'entretien.

L'usufruitier est tenu aux *réparations d'entretien ;* les *grosses réparations* sont à la charge du nu-propriétaire, qui est libre de les faire ou de ne pas les faire (art. 605).

Les réparations d'entretien ont pour caractères : d'être régulières et périodiques, — d'avoir une durée qui ne dépasse pas la vie de l'homme, — de pouvoir d'ordinaire être soldées sur les revenus.

La liste limitative des *grosses réparations* contenue dans l'art. 606 ne s'applique qu'aux bâtiments.

L'usufruitier est tenu aux réparations d'entretien à cause de la jouissance de la chose: son obligation commence donc, en même temps que sa jouissance, au moment où son droit est ouvert.

L'usufruitier serait tenu même des grosses réparations, si elles avaient été occasionnées par le défaut de réparations d'entretien depuis l'ouverture de l'usufruit (art. 605), et, plus généralement, toutes les fois qu'elles proviendraient d'une faute de sa part.

Les réparations d'entretien auxquelles l'usufruitier est tenu de pourvoir sont seulement celles qui ont une cause *postérieure* à l'ouverture de l'usufruit; pour celles-là, le nu-propriétaire peut le contraindre à acquitter son obligation. Les réparations ayant une cause *antérieure* à l'ouverture de l'usufruit ne sont pas à la charge de l'usufruitier, puisqu'il prend les choses dans l'état où elles sont.

Il n'est pas douteux que l'usufruitier ne puisse se libérer *pour l'avenir* de l'obligation d'entretien en renonçant à la jouissance qui en est la cause, c'est-à-dire à son usufruit; mais, quant à l'obligation de faire les réparations qui ont pour cause sa jouissance *passée*, il ne peut pas plus l'effacer par une renonciation qu'il ne peut effacer pour le passé son droit réel. Cette décision est contestée[1].

L'usufruitier ne peut pas d'ailleurs contraindre le nu-propriétaire à faire les grosses réparations; l'usufruit constitue un droit réel, droit sur une chose, qui ne lui permet pas de rien demander à personne[2].

Cependant, si l'usufruitier a fait lui-même les grosses réparations, on lui permet de réclamer à l'extinction de l'usufruit une indemnité au nu-propriétaire, lorsqu'il y a lieu de présumer que le nu-propriétaire aurait fait les réparations : personne ne doit s'enrichir injustement aux dépens d'autrui. Cette indemnité sera le montant de la plus-value créée par ses travaux, ou le montant de la dépense, si elle est inférieure à la plus-value.

L'art. 607, qui ajoute que « ni le propriétaire, ni l'usufruitier ne sont tenus de rebâtir ce qui est tombé de vétusté, ou ce qui a été détruit par cas fortuit », n'a aucune espèce de sens.

1. Voir *Manuel de Droit civil*, I, pag. 633-635.
2. Voir *Manuel de Droit civil*, I, pag. 634-635.

2° Charges ordinaires et extraordinaires.

XI. Les charges *annuelles et ordinaires* de l'héritage, par ex. les impôts, les frais de garde, de curage des rivières et fossés, etc., doivent être supportées par l'usufruitier *seul* (art. 608) ; une bonne administration acquitte ces charges avec les revenus.

Pour les charges *extraordinaires et accidentelles*, telles qu'un emprunt forcé, une contribution de guerre, etc., le nu-propriétaire doit en payer le *capital*, et l'usufruitier doit lui tenir compte des *intérêts* (art. 609) ; les charges extraordinaires sont une diminution de la propriété tout entière. Les charges extraordinaires imposées *avant* l'usufruit pèseraient exclusivement sur le nu-propriétaire, tant pour les intérêts que pour le capital.

La distinction entre les charges qui ne pèsent que sur la jouissance et celles qui concernent la pleine propriété s'applique encore aux *procès* (art. 613). Il faut remarquer cependant que, lorsque l'usufruit est constitué *à titre onéreux*, le constituant est tenu, en principe, de la garantie envers l'usufruitier.

3° Responsabilité en cas de faute.

L'usufruitier est, en principe, responsable envers le nu-propriétaire de la faute que ne commettrait pas un propriétaire diligent (art. 1137).

Cette règle est appliquée par le texte à une hypothèse spéciale (art. 614). L'usufruitier ne possède pour lui-même que son usufruit ; il possède la nue propriété pour le compte du nu-propriétaire, ou plutôt, c'est le nu-propriétaire qui la possède par lui. De là la double conséquence suivante :

1° *En tant qu'il s'agit de son usufruit,* l'usufruitier a qualité pour exercer toutes les actions possessoires ou pétitoires qui s'y rapportent ;

2° *En tant qu'il s'agit de la nue propriété,* c'est le nu-propriétaire qui intente lui-même l'action possessoire ou pétitoire; l'usufruitier doit seulement lui dénoncer le fait de tout tiers qui commet quelque usurpation sur le fonds, ou attente autrement aux droits du nu-propriétaire.

S'il néglige d'avertir le nu-propriétaire, l'usufruitier est alors responsable (art. 614).

DIGRESSION

SUR LE RÈGLEMENT DES DETTES DE LA SUCCESSION DANS LE CAS DE LEGS D'USUFRUIT.

XII. Lorsque l'usufruit est établi par legs, le légataire usufruitier est-il tenu, dans une mesure quelconque, des charges de la succession, et en particulier des dettes du testateur ?

En *règle générale,* on peut dire : les légataires de l'*usufruit* supportent les *intérêts* des dettes que les légataires de la *pleine propriété* doivent acquitter en *capital* et en *intérêts.*

Ainsi, les créanciers de la succession n'ont jamais le droit de poursuivre personnellement le légataire de l'usufruit pour le *capital* de ce qui leur est dû : au contraire les *charges des fruits,* et, en particulier, les *intérêts des dettes* du constituant, doivent être déduits de la jouissance.

Il faut cependant faire une distinction entre les *différents* legs d'usufruit.

Legs d'usufruit universel ou à titre universel. — Le légataire d'usufruit universel (éventuellement appelé à l'usufruit de l'universalité des biens), et le légataire d'usufruit à titre universel (appelé à une quote-part de l'usufruit de l'universalité des biens, ou à l'usufruit de tous les immeubles, ou à l'usufruit de tous les meubles, ou enfin à l'usufruit d'une quote-part des immeubles ou des meubles), sont tenus d'acquitter les charges des fruits, tous deux au prorata de leur émolument.

S'agit-il de créances qui soient de *pures charges des fruits* (rentes viagères, pensions alimentaires, etc.), le légataire de l'usufruit *universel* les acquitte dans leur intégrité, et le légataire de l'usufruit *à titre universel* dans la proportion de sa jouissance, sans aucune répétition contre personne (art. 610).

S'agit-il de dettes qui, pour le capital, soient des *charges de la propriété*, et, pour les intérêts, des *charges des fruits*, le *nu-propriétaire* est tenu d'acquitter le capital ; le *légataire de l'usufruit universel* acquitte tous les intérêts ; le *légataire de l'usufruit à titre universel* paye les intérêts au prorata de sa jouissance (art. 612). Pour le payement de ces dettes, qui comportent une double obligation, il y a une sorte de contribution de fait entre le nu-propriétaire et les légataires. *Trois* procédés servent à faire ce règlement entre le nu-propriétaire et l'usufruitier (article 612) :

1er *procédé :* l'usufruitier avance le capital de la dette et n'en réclame la restitution qu'à la fin de l'usufruit, sans aucun intérêt ;

2e *procédé :* lorsque l'usufruitier ne veut pas faire l'avance du *capital*, le nu-propriétaire paye lui-même le créancier, et l'usufruitier lui tient compte des intérêts pendant la durée de l'usufruit ;

3e *procédé :* lorsque ni l'usufruitier ni le nu-propriétaire ne veulent faire l'avance du capital, le nu-propriétaire fait vendre jusqu'à due concurrence la pleine propriété d'une portion des biens soumis à l'usufruit.

D'après ces trois procédés, l'usufruitier n'a toujours la jouissance que de l'actif net laissé par le testateur.

L'art. 612 parle d'estimation du fonds sujet à usufruit : cette estimation n'est nécessaire que dans le cas de l'usufruit *à titre universel;* mais alors elle doit porter sur l'ensemble des biens.

Legs d'usufruit particulier. — Le légataire d'usufruit particulier (appelé à l'usufruit d'un bien particulier) n'est pas même tenu des intérêts des dettes (art. 611).

Si le fonds, dont l'usufruit a été légué à titre particulier, est grevé d'une hypothèque, le légataire de l'usufruit, comme tout tiers détenteur d'un bien hypothéqué, peut être forcé de payer le montant de l'hypothèque. Mais, comme il ne doit pas supporter la dette, il a un *recours* contre le nu-propriétaire d'après l'art. 611, contre les héritiers et successeurs à titre universel d'après l'art. 874.

Le renvoi à l'art. 1020 signifie que l'héritier n'est pas tenu de dégager la chose léguée de l'hypothèque qui la grève ; il n'a qu'à attendre le recours du légataire de l'usufruit particulier [1].

III. — OBLIGATIONS APRÈS LA JOUISSANCE.

XIII. L'usufruitier doit rendre la chose sujette à

1. Voir *Manuel de Droit civil*, I, pag. 638-642.

usufruit. S'il prouve que la chose a péri par cas fortuit ou force majeure, il est libéré.

Si la chose a péri par sa faute, il est passible de tous dommages-intérêts envers le propriétaire.

SECTION III.

COMMENT L'USUFRUIT PREND FIN.

XIV. Les causes d'*extinction* de l'usufruit sont au nombre de *dix;* sept sont mentionnées dans les art. 617, 618 et 622; trois autres dérivent des principes du droit commun.

1° Mort de l'usufruitier (art. 617). — L'usufruit est un droit essentiellement *viager,* intransmissible aux héritiers; la convention des parties ne peut le prolonger au delà de la vie de l'usufruitier, même alors qu'il est constitué pour un laps de temps déterminé.

La constitution d'un usufruit sur plusieurs têtes est cependant valable, pourvu que les personnes au profit desquelles cette constitution a lieu soient vivantes ou au moins conçues.

L'usufruit peut être constitué au profit de *personnes civiles.* Comme les personnes civiles peuvent subsister indéfiniment, le Code a fixé un terme à la durée de l'usufruit qui leur appartient; cette durée est de trente ans (art. 619).

2° Arrivée du terme (art. 617). — La fixation d'un terme pour la durée de l'usufruit n'est jamais que la fixation d'un *maximum* de durée; la mort de l'usufruitier, quoique survenue avant l'expiration du temps pour lequel l'usufruit a été constitué, n'en anéantit pas moins l'usufruit.

Toutefois, l'usufruit constitué jusqu'à ce qu'un *tiers* ait atteint un âge fixé dure jusqu'à cette époque, bien que le tiers soit mort avant l'âge fixé (art. 620).

3° Consolidation (art. 617). — La consolidation est la réunion sur la même tête des deux qualités d'usufruitier et de propriétaire, toutes les fois que cette réunion s'opère sans que l'usufruit lui-même soit atteint dans ses conditions d'existence et de durée. Elle peut avoir lieu soit dans la personne de l'usufruitier, soit dans la personne du nu-propriétaire.

Le droit d'usufruit est plutôt paralysé qu'il n'est éteint : si la consolidation vient à cesser en vertu d'une cause préexistante, par exemple par suite d'annulation du titre d'acquisition de la nue propriété ou de l'usufruit, le droit de l'usufruitier est réputé ne s'être jamais éteint.

4° Non-usage (art. 617). — L'inaction pendant un délai de trente ans est une cause d'extinction générale du droit de créance, et de certains droits réels. Cette cause d'extinction, dite *prescription libératoire*, s'applique à l'usufruit sous le nom de non-usage.

5° Perte totale de la chose (art. 617). — On entend par perte de la chose, non-seulement la perte physique, mais aussi la perte de la substance, un changement tel qu'il rend la chose impropre à l'usage auquel elle était destinée. Il y a donc une question de fait à résoudre.

L'usufruit ne se conserve ni sur les débris de la chose, ni sur les accessoires, par exemple les matériaux d'un bâtiment (art. 624). Il se conserve au contraire sur le reste d'une chose dont une partie seulement est détruite (art. 623).

6° Abus de jouissance (art. 618). — Les faits qui constituent l'abus de jouissance de l'usufruitier doivent être déterminés d'après les circonstances ; le texte indique les dégradations et le manque d'entretien.

L'extinction n'a pas lieu de plein droit. Les tribunaux ont un droit d'appréciation ; ils peuvent, ou prononcer l'extinction absolue, ou ordonner les mesures conservatoires organisées par les art. 602-603, ou encore, tout en rendant la jouissance au nu-propriétaire, l'astreindre à payer annuellement à l'usufruitier ou à ses ayants cause une somme déterminée. Les créanciers de l'usufruitier peuvent intervenir pour la conservation de leurs droits.

7° Renonciation (art. 621). — La renonciation de l'usufruitier n'est assujettie à aucune formalité ; mais il faut qu'elle soit expresse ; le consentement à la vente de la chose grevée d'usufruit ne ferait pas présumer la renonciation (art. 621).

La renonciation peut être faite soit à titre onéreux, soit à titre gratuit.

Elle devient *irrévocable* pour l'*usufruitier*, dès qu'elle est acceptée par le nu-propriétaire ; elle reste néanmoins *révocable* pour ses *créanciers* (art. 622). Les créanciers doivent d'ailleurs prouver, conformément à la théorie de l'action Paulienne, que la renonciation leur cause un *préjudice*, et qu'elle a été faite en *fraude* de leurs droits (art. 1167).

8° Accomplissement de la condition résolutoire. — Si l'usufruit a été établi sous une condition résolutoire, l'événement de la condition met fin à la jouissance.

9° Résolution du droit du constituant. — Le propriétaire ne peut transmettre que les droits qu'il a ; si la propriété est révocable ou résoluble, l'usufruit constitué est également révocable ou résoluble, et ce qui amène la résolution du droit de propriété produit en même temps la résolution du droit d'usufruit.

10° Prescription acquisitive. — Cette manière d'acquérir, qui ne s'applique qu'aux droits réels, résulte de la possession continuée durant un certain temps. Le délai est de trente ans pour le possesseur de mauvaise foi, de dix ou vingt ans pour le possesseur de bonne foi.

Appliquée à une chose déjà grevée d'usufruit, la prescription acquisitive produit un double effet : en même temps qu'elle fait acquérir un nouvel usufruit au possesseur, elle éteint l'usufruit antérieur. Le possesseur peut d'ailleurs posséder soit à titre d'usufruitier, soit à titre de propriétaire; au point de vue de l'usufruit, l'effet de la possession est le même dans les deux cas.

Extinction du quasi-usufruit.

A cause de sa nature même, le quasi-usufruit ne s'éteint que par *quatre* causes :

1° Mort du quasi-usufruitier;

2° Expiration du terme;

3° Renonciation du quasi-usufruitier;

4° Accomplissement de la condition résolutoire.

CHAPITRE II.

DE L'USAGE ET DE L'HABITATION.

XV. Le droit d'*usage* est un usufruit restreint.

Il s'établit et se perd, en général, de la même façon que l'usufruit (art. 625), est soumis aux mêmes règles en ce qui concerne la caution, l'inventaire des meubles et l'état des immeubles (art. 626).

L'exercice du droit d'usage comporte les mêmes obligations que celles qu'impose l'usufruit, autant qu'elles sont compatibles avec le droit d'usage (article 627). L'usager doit notamment faire les réparations d'entretien ou y contribuer (art. 635).

L'étendue du droit d'usage se règle d'après le titre constitutif (art. 628). A défaut du titre, le droit se mesure sur les besoins de l'usager et sur ceux de sa famille (art. 629-630) ; on entend généralement ici par famille, l'agrégation dont l'usager est le chef. L'usager a, en principe, le droit de jouir par lui-même, et c'est ce que supposent les textes ; mais, dans certains cas, il devrait se contenter de recevoir sa part de fruits des mains du propriétaire [1].

L'usage, se mesurant sur les besoins personnels de l'usage, n'est susceptible ni d'être cédé, ni d'être loué (art. 631).

Des lois particulières, notamment le Code forestier, règlent l'usage des bois et forêts (art. 636).

L'*habitation* n'est autre chose que le droit d'usage appliqué aux maisons (art. 632-634).

1. Voir *Manuel de Droit civil*, I, pag. 657.

TITRE IV.

ES SERVITUDES OU SERVICES FONCIERS [1].

SOMMAIRE : I. Qu'est-ce que la servitude réelle? Quel en est le caractère distinctif? Quelles différences entre la servitude réelle et la servitude personnelle? entre la servitude réelle et l'obligation? — II. Comment le Code divise-t-il les servitudes? Cette division est-elle exacte? Les limitations de la propriété ont-elles un caractère réel, ou sont-elles des obligations? — III. Quelle distinction est faite par l'art. 640, relativement aux eaux qui découlent d'un héritage? Quelle est la règle pour les eaux qui en découlent naturellement? pour les eaux dont l'écoulement est le fait du propriétaire? Ces règles peuvent-elles être modifiées? — IV. Quel est le droit du propriétaire sur une source? Ce droit peut-il être restreint? D'où résulte l'empiètement caractérisé, nécessaire pour la prescription? Les ouvrages apparents doivent-ils être faits sur le fonds supérieur ou inférieur? Quel est le sens du mot *prescrit*, dans l'art. 643? Comment considère-t-on les eaux pluviales? A qui appartiennent-elles lorsqu'elles tombent sur un héritage privé? sur la voie publique? — V. A quels cours d'eau s'applique l'art. 644? Quel est le droit du riverain dont l'héritage est bordé ou traversé? Quelle est en cette matière le pouvoir des tribunaux? La législation administrative est-elle d'accord avec le droit civil? — VI. Quelles sont les dispositions de la loi de 1845? Par qui sont établies les servitudes qu'elle a créées? Quelles sont ces servitudes? Qu'a fait la loi de 1847? A quelles eaux s'applique la loi de 1854? Par qui la servitude est-elle établie? — VII. Qu'est-ce que le bornage? Le droit de bornage est-il une servitude? Quel est le juge compétent en matière de bornage? — VIII. Qu'est-ce que le droit de parcours et de vaine pâture? Quelle est sur ce point

1. *Voir*, pour l'idée philosophique, *Manuel de Droit civil*, I, pag. 660 et 708.

la législation de 1791 ? Une servitude pourrait-elle être stipulée relativement au droit de se clore ? — IX. Quelles sont les servitudes dites légales ? Qu'est-ce que la mitoyenneté ? — X. Quelles différences entre la mitoyenneté du mur et la copropriété ? Comment se prouve la mitoyenneté ? Sur quel motif sont fondées les présomptions de l'art. 653 ? Comment peut se faire la preuve contraire ? — XI. Quelle est l'obligation du copropriétaire quant à l'entretien du mur mitoyen ? Peut-il s'en libérer dans tous les cas ? Quelle est la disposition de l'art. 663 ? La faculté d'abandon s'applique-t-elle aux murs situés dans les villes et faubourgs ? — XII. Quelle est la règle pour les droits des copropriétaires ? Quelles hypothèses faut-il distinguer quant au droit d'exhaussement ? Que décider pour les travaux non réglementés par le Code ? Quelle différence entre l'acquisition de la mitoyenneté d'un mur et celle de la mitoyenneté de l'exhaussement ? — XIII. Dans le cas prévu par l'art. 664, quelles sont les parties mitoyennes de la maison ? Quel est le droit des divers propriétaires en cas de destruction de la maison ? — XIV. La mitoyenneté du fossé est-elle identique à celle du mur ? Quelle est la présomption relative au fossé ? Comment se fait la preuve contraire ? La prescription peut-elle faire acquérir ou faire perdre la mitoyenneté du fossé ? — XV. A quelles haies s'applique la présomption de mitoyenneté ? Quand cesse cette présomption ? Qu'est-ce que la possession suffisante ? Quelle est la règle pour l'arbre placé dans une haie mitoyenne ? Pour les arbres plantés trop près de la ligne séparative des deux héritages ? Quelle différence entre les racines et les branches, quant au droit du voisin ? — XVI. Lorsque les précautions prescrites pour les travaux indiqués en l'art. 674 ont été observées, y a-t-il lieu à indemnité ? — XVII. Que sont les jours ? les vues ? Peut-on ouvrir des jours ou des vues dans un mur mitoyen ? Quelles conditions sont exigées pour les jours et pour les vues dans un mur non mitoyen ? La prescription fait-elle acquérir, outre le droit de conserver les vues, celui d'empêcher le voisin de construire à une distance plus rapprochée ? — XVIII. Un propriétaire peut-il être obligé de recevoir l'égout des toits du voisin ? Dans quels cas peut-on réclamer un droit de passage ? Qui désigne le fonds et l'endroit sur lesquels le passage s'exerce ? — XIX. Que signifie la perpétuité des servitudes ? Peut-on stipuler la faculté de rachat? — XX. Sous quelles restrictions peut-on établir des servitudes? Quelles sont les divisions des servitudes réelles? Qu'entend-on par servitudes continues et apparentes? — XXI. Quelles sont les causes d'acquisition des servitudes? A quelles servitudes s'applique le titre? Qu'entend-on par *titre?* par *acte récognitif?* Le titre peut-il être établi par la preuve testimoniale? Les servitudes s'acquièrent-elles par la possession de dix ou vingt ans? A quelles servitudes s'applique la prescription? Qu'est-ce que la destination du père de famille? A quelles servitudes s'applique-t-elle? — XXII. Quelles règles indique le Code pour l'étendue et l'exercice des servitudes non réglées par le titre constitutif? Le partage du fonds dominant peut-il aggraver la condition du fonds servant? Le partage du fonds servant peut-il diminuer les droits du fonds dominant? — XXIII. Quelles sont les causes d'extinction indiquées par le Code? Les mots *cessent* et *revivent* sont-ils exacts? Le défaut d'exercice peut-il éteindre la servitude? La confusion éteint-elle le droit? — XXIV. La prescription libératoire s'applique-t-elle aux servitudes continues et apparentes comme à toutes les autres? Le changement du mode d'exercice peut-il augmenter et diminuer toutes les servitudes? Pourquoi l'indivision de la propriété du fonds dominant conserve-t-elle pour tous la servitude exercée par un seul? — XXV. Quelles sont les autres causes d'extinction? La prescription acquisitive du fonds éteint-elle les servitudes?

I. Sous le nom de *servitudes* ou *services fonciers*, le Code désigne les *servitudes réelles.*

Au point de vue *actif,* la servitude réelle est un droit qui appartient au propriétaire d'un héritage contre le propriétaire d'un autre héritage, et qui astreint ce dernier à souffrir ou à ne pas faire.

Au point de vue *passif,* la servitude réelle est une charge imposée sur un héritage pour l'avantage d'un héritage appartenant à un autre propriétaire (art. 637).

L'avantage (usage, utilité, agrément) pour un

héritage est caractéristique ; s'il n'y a avantage que pour une *personne*, le droit stipulé ne peut être qu'une *servitude personnelle* ou une *obligation*.

Différences

ENTRE LA SERVITUDE RÉELLE ET LA SERVITUDE PERSONNELLE.

1° La servitude réelle ne peut être établie que pour l'avantage d'un *héritage*.

2° La servitude réelle appartient au propriétaire de tel héritage, c'est-à-dire à une personne *indéterminée*.

3° La servitude réelle est établie sur un *héritage*.

4° La servitude réelle, seule entre tous les démembrements de la propriété, est *perpétuelle*.

1° La servitude personnelle peut être établie pour l'avantage d'une *personne*.

2° La servitude personnelle appartient à une personne *déterminée ;* elle est inhérente à cette personne.

3° La servitude personnelle est établie sur un *meuble* ou sur un *immeuble*.

4° La servitude personnelle, étant inhérente à la personne, est essentiellement *temporaire*.

Différences

ENTRE LA SERVITUDE RÉELLE ET L'OBLIGATION.

1° La servitude réelle ne peut être établie que pour l'avantage d'un *héritage*.

2° La servitude réelle appartient au propriétaire de tel héritage, c'est-à-dire à une personne *indéterminée*.

3° La servitude réelle est un droit opposable à tout détenteur de l'héritage sur lequel elle est établie ; elle constitue donc un *droit réel*.

4° La servitude réelle n'as-

1° L'obligation peut exister pour l'avantage d'une *personne*.

2° L'obligation appartient à une personne *déterminée ;* elle est cependant transmissible à ses héritiers.

3° L'obligation n'est opposable qu'à une personne déterminée et à ses héritiers ; elle constitue donc un *droit personnel*.

4° L'obligation peut astrein-

treint jamais le propriétaire de l'héritage servant qu'à *souffrir* ou à *ne pas faire.*	dre le débiteur même à *faire.*
5° Le propriétaire de l'héritage servant *n'a pas la faculté* de se libérer de cette charge, en payant la valeur en argent.	5° Le débiteur de l'obligation *a toujours la faculté* de se libérer par le payement, dès que l'obligation est échue.
6° La servitude réelle oblige le propriétaire d'un *héritage déterminé,* qui peut se libérer en abandonnant le fonds.	6° L'obligation oblige telle *personne indéterminée,* qui ne peut se libérer, même en abandonnant tous ses biens.

Les servitudes réelles n'impliquent aucune hiérarchie des héritages, aucune prééminence d'un fonds sur l'autre (art. 638) ; elles établissent cependant l'assujettissement juridique d'un fonds à un autre, de l'héritage servant à l'égard de l'héritier dominant.

II. Le Code divise (art. 639) les servitudes réelles, au point de vue de leur origine, en *trois* catégories :

1° Les servitudes *dérivant de la situation naturelle des lieux ;*

2° Les servitudes *dérivant des obligations imposées par la loi;* la rubrique du chap. II dit plus brièvement : *servitudes établies par la loi ;*

3° Les servitudes *dérivant des conventions entre les propriétaires;* la rubrique du chap. III dit plus exactement : *servitudes établies par le fait de l'homme.*

Les *deux premières* branches de la division ne sont pas des servitudes réelles. Une servitude réelle est une exception, une dérogation au droit commun de la propriété ; or, ce droit commun de la propriété implique certaines limites, certaines restrictions, qui sont justement ce que le Code appelle les servitudes *dérivant de la situation des lieux,* et *établies par la loi.*

En d'autres termes, loin de constituer des dérogations au droit commun, ces prétendues servitudes forment le droit commun : elles sont donc, non pas des servitudes réelles, mais des *limitations de la propriété.*

Il n'y a de véritables servitudes réelles que celles qui sont *établies par le fait de l'homme.*

Quant aux limitations de la propriété, l'art. 1370 les range, sous le nom d'engagements entre propriétaires voisins, parmi les *obligations ;* l'article 639 applique la même qualification à celles qu'il déclare imposées par la loi. Cependant, comme il en est traité aux chap. I et II du titre *Des servitudes*, ces limitations doivent être regardées comme ayant le *caractère réel* des servitudes. D'où il résulte :

1° Que les limitations de la propriété (art. 640-685) se transmettent activement et passivement avec les héritages auxquels elles s'appliquent ;

2° Que le propriétaire du fonds assujetti n'a pas la faculté de s'en libérer à prix d'argent ;

3° Qu'il a la faculté de s'en affranchir en abandonnant l'héritage.

CHAPITRE I.

DES SERVITUDES QUI DÉRIVENT DE LA SITUATION DES LIEUX.

III. Les servitudes dites *naturelles* sont relatives : 1° aux *eaux ;* 2° au *bornage* des propriétés contiguës ; 3° à la *clôture.*

I. — EAUX.

Le Code distingue : 1° les eaux qui *découlent* d'un

héritage ; 2° les eaux qui *bordent* un héritage ; 3° les eaux qui *traversent* un héritage.

Des *lois postérieures* complètent la législation relative aux eaux.

1° EAUX QUI DÉCOULENT D'UN HÉRITAGE.

Le texte se place *d'abord* au point de vue des *inconvénients* qui peuvent naître des eaux (art. 640) ; il se place *ensuite* au point de vue des *avantages* qu'elles peuvent procurer (art. 641-643).

Inconvénients. — Il faut distinguer entre les eaux qui découlent *naturellement* du fonds supérieur, et les eaux dont l'écoulement est le *fait du propriétaire* du fonds supérieur.

Dans le *premier* cas, la nature physique des choses limite l'étendue du droit de propriété. Le propriétaire du fonds inférieur est tenu de recevoir : — les eaux pluviales qui tombent directement sur le fonds supérieur ou que ce fonds a lui-même reçues des fonds plus élevés ; — les eaux provenant de la fonte des neiges ; — les eaux qui découlent des terres par infiltration ; — les eaux de source, lorsqu'elles ont jailli d'elles-mêmes. Il ne peut élever aucune digue qui en arrête l'écoulement.

Dans le *second* cas, le droit de propriété n'est pas limité. Le propriétaire du fonds inférieur n'est pas tenu de recevoir : — les eaux ci-dessus indiquées, lorsque des travaux exécutés par le propriétaire du fonds supérieur en ont déterminé ou facilité l'écoulement ; — les eaux ménagères ; — les eaux provenant d'une fabrique. S'il est impossible d'empêcher que les eaux de cette catégorie ne s'écoulent sur le fonds inférieur, le fait s'impose, et il y a alors seulement lieu à une indemnité au profit du propriétaire de ce fonds.

La règle relative aux eaux s'applique également à tous autres inconvénients (éboulements, avalanches) que la situation du terrain supérieur peut causer naturellement, et sans main-d'œuvre, au terrain inférieur.

Une *véritable servitude* établie par le fait de l'homme pourrait modifier ces règles, par ex. : obliger le propriétaire supérieur à garder les eaux qui découlent naturellement de son fonds, ou le propriétaire inférieur à recevoir les eaux dont l'écoulement est le fait du propriétaire du fonds supérieur.

IV. **Avantages.** — Le propriétaire d'un fonds a la propriété de la source qui s'y trouve renfermée, et il a par là même le *droit d'en disposer* (art. 641) : c'est une application du principe que « la propriété du sol emporte la propriété du dessus et du dessous » (art. 552). Les propriétaires des fonds inférieurs qui sont obligés de recevoir les eaux de la source, n'ont pas le droit de s'en servir.

Deux circonstances peuvent modifier pour le propriétaire du fonds supérieur le droit de disposer de la source : la *première*, conforme au droit commun, est celle où le propriétaire du fonds inférieur a acquis un droit à la source (art. 641) ; la *seconde*, exceptionnelle, est celle où l'eau est nécessaire à une commune, village ou hameau (art. 643).

1er *cas.* — Les modes généraux d'acquisition des servitudes sont : le *titre*, la *prescription*, la *destination du père de famille* (art. 690, 692). Pour le cas des eaux de source, l'art. 641 ne mentionne que le *titre* et la *prescription;* il n'est pas douteux que la *destination du père de famille* ne puisse également établir cette servitude.

En ce qui concerne l'acquisition par prescription, le Code ne l'admet que tout autant qu'il y a *empiètement caractérisé* du propriétaire du fonds inférieur sur le droit du propriétaire du fonds supérieur. Un acte de *pure faculté*, par exemple le fait que le propriétaire supérieur a laissé ses eaux s'écouler pendant plus de 30 ans sur le fonds inférieur, ou un acte de *simple tolérance*, par exemple le fait que le propriétaire du fonds inférieur a usé des eaux pendant plus de 30 ans, ne peuvent servir de fondement à la prescription (art. 2232).

L'*empiètement caractérisé* résulte ici, pour le propriétaire du fonds inférieur, d'une *jouissance* non interrompue pendant 30 ans, à compter du moment où il a terminé des *ouvrages apparents* destinés à faciliter la chute et le cours de l'eau dans sa propriété. Ces ouvrages doivent-ils être exécutés sur le fonds supérieur, ou suffit-il qu'ils le soient sur le fonds inférieur ? La théorie de la prescription, qui est qu'on ne prescrit qu'à la condition d'empiéter sur le droit d'autrui, appuie la première opinion ; l'intention des rédacteurs semble être en faveur de la seconde [1].

2e *cas.* — Lorsque l'eau d'une source est nécessaire aux habitants d'une commune, le propriétaire de cette source perd le droit d'en changer le cours (art. 643) : il est en quelque sorte exproprié pour cause d'utilité publique.

1. Voir *Manuel de Droit civil*, I, pag. 667-668.

e propriétaire peut réclamer une indemnité, si les habitants de la commune n'ont pas acquis ou prescrit l'usage de l'eau (art. 643). Malgré les termes de l'article, on pense généralement qu'il s'agit ici, non d'une prescription *acquisitive de l'usage*, mais d'une prescription *libératoire de l'indemnité* : le propriétaire se trouve de plein droit exproprié au profit des habitants de la commune, dès le jour où l'eau leur est nécessaire, et, dès ce même jour, ceux-ci commencent à prescrire libératoirement l'indemnité qu'ils doivent [1].

Eaux pluviales.

Le Code ne s'occupe (art. 641-643) que des eaux de source ; quant aux *eaux pluviales*, on les considère comme *res nullius*, ce qui amène les décisions suivantes :

Les eaux pluviales, tombant *sur un héritage privé*, sont acquises, par *droit d'occupation*, par le propriétaire du fonds sur lequel elles tombent; les propriétaires des fonds inférieurs peuvent acquérir une servitude relative à ces eaux par titre, prescription ou destination du père de famille.

Les eaux pluviales, tombant *sur la voie publique*, restent à la disposition des propriétaires riverains; chacun d'eux a le droit de s'en emparer à leur passage devant son fonds, sans qu'il puisse d'ailleurs acquérir ainsi une servitude à l'égard des riverains supérieurs. Mais, une fois qu'elles sont amenées par un riverain sur son fonds, elles deviennent la propriété de ce riverain, et, par conséquent, le propriétaire

1. Voir *Manuel de Droit civil*, I, pag. 669-670.

d'un fonds inférieur peut acquérir une servitude relative à ces eaux, par titre, prescription ou destination du père de famille.

2°-3° — EAUX QUI BORDENT OU TRAVERSENT UN HÉRITAGE.

V. En ce qui concerne seulement les *cours d'eau non navigables ni flottables*, le Code déclare que le propriétaire dont l'héritage est bordé ou traversé a un droit propre sur le cours d'eau (art. 644).

Si l'héritage est *bordé*, le riverain peut se servir de l'eau à son passage, seulement pour l'irrigation de ses propriétés : il ne peut ni faire une prise d'eau qui nuise aux autres riverains, ni changer le cours de l'eau.

Si l'héritage est *traversé*, le propriétaire peut user de l'eau, à la charge de la rendre, à la sortie de son fonds, à son cours ordinaire ; il peut faire toutes les prises d'eau dont il a besoin, déplacer le lit du cours d'eau, sous la seule restriction de la rendre, à la sortie, à son cours ordinaire.

Plusieurs questions sont soulevées au sujet du droit aux eaux courantes. Nous admettons : 1° que le riverain peut faire participer à l'irrigation son fonds non riverain ; 2° qu'il peut concéder l'eau à un tiers non riverain ; 3° qu'il peut augmenter sa prise d'eau pour faire participer à l'irrigation des fonds non riverains nouvellement acquis ; 4° que les portions non riveraines du fonds riverain démembré conservent le droit à l'usage de l'eau, si réserve en est faite dans l'acte d'aliénation ou de partage.

Il faut d'ailleurs remarquer que l'application du droit *civil* se trouve ici restreinte :

1° Par les *règlements* particuliers et locaux sur le cours et l'usage des eaux (art. 645) ;

2° Par le pouvoir discrétionnaire des *tribunaux*, qui doivent tenir compte de l'intérêt général de l'agriculture (art. 645) ;

3° Surtout, par l'ensemble de la législation *administrative*, qui attribue à l'État, comme propriétaire des cours d'eau navigables et flottables, et comme surveillant des cours d'eau non navigables ni flottables, le droit de permettre ou d'empêcher les prises d'eau nécessaires à l'industrie et à l'agriculture. L'État est représenté ici spécialement par les préfets.

Lois postérieures.

(29 AVRIL 1845, 11 JUILLET 1847, 10 JUIN 1854.)

VI. **Loi du 29 avril 1845.** — Cette loi a autorisé l'établissement de *deux* servitudes légales de passage : 1° pour les *eaux d'irrigation ;* 2° pour l'écoulement des *eaux nuisibles*.

Ces deux servitudes, qui constituent une sorte d'expropriation restreinte, puisque le propriétaire n'a pas le droit de se refuser à livrer passage aux eaux, sont, à défaut de concession amiable, prononcées et établies par les tribunaux, qui sont libres d'accorder ou de refuser, suivant les circonstances, leur autorisation.

Servitude de passage pour les eaux d'irrigation. Cette servitude consiste à obtenir passage d'abord sur les fonds intermédiaires par lesquels l'eau doit être conduite au fonds que l'on veut arroser, puis sur les fonds inférieurs par lesquels elle doit s'écouler après l'arrosement.

Elle concerne strictement le passage nécessaire à

l'*irrigation.* Elle suppose établi le droit de disposer des eaux, par propriété, concession ou droit d'usage. Elle s'applique à toute espèce d'eaux courantes ou stagnantes.

Une juste et préalable indemnité est toujours due aux propriétaires des fonds par lesquels l'eau est amenée au fonds arrosé; elle est due aux propriétaires des fonds par lesquels l'eau s'écoule après l'arrosement, lorsqu'ils éprouvent un dommage.

Servitude de passage pour l'écoulement des eaux nuisibles. Cette servitude s'applique au cas où un fonds est *submergé* en tout ou en partie, sans distinction entre les différentes causes de submersion.

A l'égard de l'indemnité, elle est due ou ne l'est pas, selon que l'écoulement des eaux procure aux propriétaires des fonds traversés une utilité ou un dommage.

Loi du 11 juillet 1847. — Cette loi n'a fait que compléter la servitude d'irrigation.

Elle autorise les tribunaux à permettre au propriétaire riverain d'un seul côté d'*appuyer* sur la propriété du riverain opposé les ouvrages d'art nécessaires à sa prise d'eau, moyennant une juste et préalable indemnité.

Loi du 10 juin 1854. — Cette loi s'applique à l'écoulement des eaux provenant du drainage.

La servitude de passage pour l'écoulement des eaux ne s'appliquait, d'après la loi de 1845, qu'aux propriétés submergées, c'est-à-dire couvertes d'eau à la surface. La loi de 1854 l'étend aux terrains où les eaux ne séjournent qu'à l'intérieur, sans envahir la surface.

Tout propriétaire qui veut assécher son fonds pourra, moyennant une juste et préalable indemnité, faire passer les eaux par les fonds intermédiaires.

L'établissement de la servitude est ici complétement légal et nécessaire; les tribunaux n'ont plus d'appréciation discrétionnaire.

La compétence en matière de drainage est attribuée en premier ressort aux juges de paix.

II. — BORNAGE.

VII. Le bornage est l'opération qui consiste à fixer la limite de deux propriétés contiguës. Le droit de bornage est inhérent au droit de propriété; il est imprescriptible, et on ne peut y renoncer.

Le bornage n'est point véritablement une servitude, c'est-à-dire un démembrement de la propriété. Il constitue, pour celui qui veut borner son fonds, la consécration du droit de propriété, et pour le voisin, l'obligation de concourir au bornage et de payer sa part des frais (art. 646).

Le Code, cependant, a classé le bornage parmi les servitudes; il en a fait un *droit réel*. Il en résulte que l'action en bornage doit être portée, non devant le juge du domicile du défendeur, mais devant le juge de la situation des lieux.

Le juge compétent est le juge de paix lorsque la propriété n'est pas contestée, et le tribunal de première instance, si la propriété est contestée.

L'usufruitier, l'usager, le possesseur, ont qualité pour intenter l'action en bornage, comme le propriétaire.

III. — CLOTURE.

VIII. La faculté de se clore est encore une conséquence immédiate du droit de propriété.

L'ancien droit entravait le droit de clôture, d'une part par le droit de chasse attribué aux seigneurs, d'autre part par les droits de parcours et de vaine pâture appartenant soit à des particuliers, soit à des communes. La Révolution abolit le droit de chasse, et chercha à faire disparaître les droits de parcours et de vaine pâture.

La loi du 28 septembre 1791 déclare que le droit de parcours existant au profit d'une commune ne met jamais obstacle à la libération des héritages par la clôture; quant au droit de vaine pâture existant entre particuliers, les propriétaires ont aussi, en principe, le droit de libérer leurs héritages au moyen de la clôture. C'est seulement lorsque le droit est fondé sur un titre, que la clôture n'affranchit pas les héritages : le propriétaire ne peut s'exonérer que par le rachat à dire d'experts, soit à prix d'argent, soit par voie de cantonnement.

Le Code reproduit à peu près les dispositions de la loi de 1791; il consacre en principe la faculté de se clore (art. 647); dans l'hypothèse d'un droit réciproque, il déclare que le propriétaire qui voudra se clore perdra son droit au parcours et à la vaine pâture en proportion du terrain qu'il y soustrait (art. 648).

L'exception reste maintenue pour le droit de vaine pâture entre *particuliers*, fondé sur un *titre;* il est seulement rachetable.

Une convention pourrait, aujourd'hui encore, stipuler, à titre de *servitude réelle* entre deux propriétaires voisins, que l'un des deux ou tous deux réciproquement ne pourraient clore leurs héritages.

CHAPITRE II.

DES SERVITUDES ÉTABLIES PAR LA LOI.

IX. Les servitudes dites *légales* ont pour objet : 1° l'utilité publique ; 2° l'utilité communale ; 3° l'utilité des particuliers (art. 649).

Les servitudes établies pour l'utilité *publique* et pour l'utilité *communale* sont du ressort du droit administratif ; elles concernent principalement le marchepied le long des rivières navigables ou flottables, la construction ou réparation des chemins ou autres ouvrages publics ou communaux (art. 650).

Pour l'utilité des *particuliers*, la loi déclare assujettir les propriétaires à différentes obligations l'un à l'égard de l'autre, indépendamment de toute convention (art. 651). De ces dernières servitudes, les unes sont réglées par les lois sur la police rurale ; d'autres, par le Code civil (art. 652).

SECTION I.

DU MUR ET DU FOSSÉ MITOYENS [1].

La *mitoyenneté* est une sorte de copropriété applicable, en général, à une clôture qui se trouve sur la limite de deux héritages.

On trouve dans cette section les règles relatives : 1° au mur mitoyen (art. 653-663, et 665) ; 2° au cas où les différents étages d'une maison appartiennent

1. Voir *Manuel de Droit civil*, I, pag. 679-681.

à différents propriétaires (art. 664) ; 3° au fossé mitoyen (art. 666-669) ; 4° à la haie mitoyenne (article 670) ; 5° aux arbres mitoyens (art. 673) ; 6° à la distance requise pour la plantation des arbres et des haies (art. 671-672).

Mur mitoyen.

X. La mitoyenneté du mur diffère de la copropriété à plusieurs égards.

1° La copropriété est soumise pour la preuve aux règles du droit commun.	1° La mitoyenneté du mur comporte un système spécial de preuves ou de présomptions (art. 653-654).
2° Nul ne peut être contraint de céder à un autre la copropriété de la chose.	2° Tout propriétaire peut être contraint de céder à son voisin la mitoyenneté du mur bâti sur la limite de son héritage (art. 660-661).
3° Nul ne peut être obligé à faire, en vertu du droit de propriété d'un autre.	3° Dans les villes et dans les faubourgs, chaque propriétaire a le droit d'obliger son voisin à la construction d'un mur mitoyen (art. 663).
4° Dans la copropriété ordinaire, le copropriétaire ne peut faire d'innovation sur la chose commune sans le consentement de son copropriétaire.	4° Dans la mitoyenneté du mur, le copropriétaire peut faire certaines innovations sur le mur commun sans le consentement de son copropriétaire (art. 657-658).
5° Dans la copropriété ordinaire, nul n'est contraint de rester dans l'indivision ; chaque copropriétaire a le droit de demander le partage de la chose indivise.	5° Dans la mitoyenneté du mur, le copropriétaire ne peut forcer son copropriétaire au partage ; il ne peut sortir de l'indivision que par l'abandon de son droit (art. 656).

Preuves de la mitoyenneté. — Le fait à établir peut affecter les *deux* formes suivantes : ou le mur a été construit à frais communs par les deux propriétaires et par moitié sur le sol de chacun d'eux, ou bien l'un des propriétaires a acquis de l'autre, à titre onéreux ou gratuit, la mitoyenneté du mur.

Dans les deux cas, la meilleure des preuves est le titre. A *défaut de titre*, l'article 653 établit une *présomption* spéciale, applicable à *deux* hypothèses : la *première* concerne le mur de séparation entre bâtiments, présumé mitoyen jusqu'à l'héberge, c'est-à-dire jusqu'à la hauteur du toit le moins élevé ; la *seconde* concerne le mur qui sert de séparation entre cours et jardins et même entre enclos dans les champs. La présomption, dans les deux hypothèses, est fondée sur l'égale utilité que les deux voisins retirent de l'existence du mur.

En s'en tenant au texte, il faut décider que la mitoyenneté n'est pas présumée pour le mur qui sépare un bâtiment d'un terrain non bâti ; qu'elle est présumée au contraire entre cours et jardins, lorsque les deux fonds ne sont pas clos de tous les côtés, et de même entre enclos dans les champs, lorsque les champs sont entourés de clôtures autres que des murs [1].

Indépendamment du titre et de la présomption de l'article 653, la *prescription*, lorsque les faits de possession commune sont suffisamment caractérisés, peut faire acquérir la mitoyenneté d'un mur (article 2229).

La présomption de mitoyenneté admet d'ailleurs la *preuve contraire* (présomption *juris*). Cette preuve contraire peut résulter :

1° Du *titre* (art. 653) ;

1. Voir *Manuel de Droit civil*, I, pag.

2° De la *prescription* acquisitive de la propriété de tout le mur par l'un des voisins (art. 2229) ;

3° De l'une des *marques de non-mitoyenneté* (article 654).

Les marques de non-mitoyenneté résultent de la forme du mur et de certains signes extérieurs ; elles se ramènent à *trois* points :

1° Une *sommité* de mur *inclinée* d'un seul côté ;

2° L'existence d'un *chaperon* ou de *filets* d'un seul côté ;

3° L'existence de *corbeaux* d'un seul côté du mur.

Ces marques n'ont de valeur probante que tout autant qu'elles datent de la construction du mur, ou qu'elles y ont été ajoutées après coup du consentement des deux voisins.

XI. *Charges relatives à la mitoyenneté.* — Tout copropriétaire est tenu de contribuer à l'entretien et même au rétablissement de la chose commune, parce qu'il est obligé de sauvegarder le droit de son copropriétaire ; cette obligation s'applique à la réparation et à la reconstruction du mur mitoyen (art. 655).

Toutefois, et à cause du caractère *réel* de la mitoyenneté, celui des propriétaires mitoyens qui abandonne le droit de mitoyenneté doit nécessairement être dispensé de contribuer aux réparations et reconstructions (art. 656). *Deux* exceptions sont apportées à la faculté de se soustraire, par l'abandon de la mitoyenneté, aux charges qu'elle entraîne : la *première*, pour le cas où le mur soutiendrait un bâtiment appartenant au copropriétaire qui voudrait refuser la contribution (art. 656) ; la *seconde*, pour le cas où les dégradations proviennent du fait d'un des propriétaires (application de l'art. 1382).

Tout propriétaire, dans les villes et faubourgs, peut être contraint par son voisin de contribuer à la construction d'un mur mitoyen entre les maisons, cours et jardins (art. 663). Cette disposition est fondée sur un motif d'intérêt public.

On s'est demandé si, dans les *villes et* les *faubourgs*, le copropriétaire d'un mur mitoyen a la faculté de se dérober à l'obligation que lui imposent les art. 655 et 663, en abandonnant soit la mitoyenneté du mur déjà existant, soit la moitié du sol nécessaire à la construction du mur à élever, ou si, au contraire, la faculté d'abandon ne s'applique qu'aux murs situés à la *campagne*. Le caractère réel de la mitoyenneté appuierait la première opinion ; la tradition des anciennes Coutumes de Paris et d'Orléans, auxquelles le Code a emprunté la réglementation de la mitoyenneté, est certaine en faveur de la seconde opinion [1].

XII. *Droits relatifs à la mitoyenneté.* — On pose comme règle que chacun des copropriétaires peut se servir du mur selon l'usage auquel il est destiné, à la condition de ne pas nuire au droit de son copropriétaire.

Le Code applique cette règle :

1° Au droit de faire bâtir contre le mur mitoyen, d'y faire placer des poutres et solives, d'y adosser une cheminée (art. 657) ;

2° Au droit d'exhausser le mur mitoyen (art. 658-659). Quant au droit d'exhaussement, *deux* hypo-

1. Voir *Manuel de Droit civil*, I, pag. 693.

thèses sont prévues : la *première* est celle où le mur peut supporter l'exhaussement sans qu'il soit nécessaire de le reconstruire; dans ce cas, le copropriétaire qui exhausse doit payer, outre la dépense de l'exhaussement, l'indemnité de la charge en raison de l'exhaussement, indemnité réglée soit d'un commun accord, soit par experts (art. 658). La *seconde* est celle où l'exhaussement du mur en entraîne la reconstruction : dans ce cas, le copropriétaire qui exhausse doit payer en entier les frais de reconstruction, et, en outre, prendre sur son terrain l'excédant de l'épaisseur (art. 659) ; il est d'ailleurs responsable envers son copropriétaire des dommages qui font partie des frais de reconstruction, mais non des dommages qui ne se rapportent pas aux frais de reconstruction.

En dehors de l'énumération des art. 657 et 658, les tribunaux ont le pouvoir de permettre ou de défendre les travaux de toute espèce relatifs au mur mitoyen, selon qu'ils estiment que ces travaux sont ou ne sont pas préjudiciables au mur ou au copropriétaire (art. 662). A défaut du consentement de l'autre copropriétaire, il y a lieu à un règlement d'experts.

Nous avons vu plus haut que le voisin peut contraindre son voisin à construire un mur mitoyen à frais communs (art. 663). Le voisin peut aussi forcer son voisin à lui céder la *mitoyenneté d'un mur* déjà construit (art. 661), aussi bien que la *mitoyenneté de l'exhaussement* pratiqué aux frais du copropriétaire sur un mur mitoyen (art. 660). Ces atteintes au droit de propriété sont fondées sur le motif de l'intérêt public.

Le voisin qui acquiert la *mitoyenneté d'un mur* est tenu de payer la *moitié de la valeur* de ce mur, et la moitié de la valeur du sol sur lequel il est bâti ; le voisin qui acquiert la *mitoyenneté de l'exhaussement* paye la valeur de la moitié du sol fourni pour l'excédant d'épaisseur, et, en outre, non plus la moitié de la plus-value procurée par l'exhaussement, mais la *moitié de la dépense* que cet exhaussement a coûtée.

Enfin, l'art. 665 déclare que, lorsque l'on construit un mur mitoyen ou une maison, les servitudes actives et passives se continuent à l'égard du nouveau mur ou de la nouvelle maison ; c'est une application du principe général qui régit les servitudes réelles (art. 703 et 704).

Cas où les différents étages d'une maison appartiennent à divers propriétaires.

XIII. Ce cas forme un mélange de *propriétés distinctes* et de *mitoyennetés* : la propriété distincte s'applique à chaque étage séparément ; la mitoyenneté s'applique à toutes les parties de la maison qui sont d'une utilité commune (gros murs, toit, escalier, etc.).

Pour les *parties mitoyennes*, les réparations et reconstructions sont à la charge de tous les propriétaires, qui y contribuent chacun en proportion de la valeur de l'étage qui lui appartient. Il est fait exception pour l'*escalier*, le propriétaire de chaque étage n'étant tenu de réparer que la partie de l'escalier qui conduit de l'étage inférieur à celui qui lui appartient (art. 664).

Si la maison est détruite par incendie, le terrain est *indivis* entre tous les propriétaires ; il y a lieu d'appliquer la règle : « Nul n'est contraint de rester dans l'indivision » (art. 815).

Fossé mitoyen.

XIV. Comparée à la mitoyenneté du mur (voir page 346), la mitoyenneté du fossé présente *deux* ressemblances et *trois* différences :

1re *Ressemb.* : la mitoyenneté du fossé comporte des preuves ou présomptions spéciales.

2e *Ressemb.* : le copropriétaire d'un fossé ne peut forcer son copropriétaire au partage ; il ne peut sortir de l'indivision que par l'abandon de son droit.

1re *Diff.* : le propriétaire d'un fossé ne peut être contraint de céder la mitoyenneté à son voisin.

2e *Diff.* : dans les villes et faubourgs, l'un des voisins ne peut contraindre son voisin à contribuer à l'établissement d'un fossé mitoyen.

3e *Diff.* : le copropriétaire d'un fossé mitoyen ne peut faire d'innovations sur ce fossé.

Preuves de la mitoyenneté. — La mitoyenneté du fossé est présumée d'une façon beaucoup plus large que celle du mur. Tout fossé entre deux héritages est réputé mitoyen (art. 666).

Cette présomption tombe devant la preuve de la non-mitoyenneté, qui peut être établie :

1o Par un *titre* (art. 666) ;

2o Par la *marque du contraire*, résultant soit de bornes placées sur l'un des côtés du fossé, soit de la levée ou rejet de terre se trouvant d'un côté du fossé (art. 667-668).

Les usages locaux doivent d'ailleurs être observés.

La prescription de trente, vingt ou dix ans, selon

les cas, peut faire acquérir soit la mitoyenneté, soit la propriété exclusive du fossé (art. 2229).

Charges relatives à la mitoyenneté. — Le fossé mitoyen doit être entretenu à frais communs (article 669).

Le copropriétaire du fossé, obligé seulement à titre de détenteur, peut se libérer de l'obligation de contribuer à l'entretien par l'abandon du droit de mitoyenneté. La faculté d'abandon ne s'appliquerait pas au fossé qui servirait à borner deux héritages (art. 646).

Haie mitoyenne.

XV. Il existe entre la mitoyenneté de la haie et celle du mur, les mêmes ressemblances et les mêmes différences qu'entre la mitoyenneté du fossé et celle du mur (voir pag. 352).

Preuves de la mitoyenneté. — La présomption de mitoyenneté s'applique à toute haie servant de *clôture* (art. 670). Elle cesse :

1° Lorsqu'*un seul* des héritages est en état de *clôture ;*

(Il suffit, pour que la présomption soit applicable, que les deux héritages soient en état de clôture, quel que soit le mode de clôture employé.)

2° Lorsqu'il y a un *titre*, ou des bornes placées sur l'un des côtés de la haie;

3° Lorsqu'il y a *possession* suffisante en sens contraire; cette possession est celle qui est nécessaire à la *prescription*, c'est-à-dire la possession de trente, vingt ou dix ans, selon les cas. La prescription peut également faire acquérir la mitoyenneté de la haie (art. 2229).

Arbres mitoyens.

L'arbre placé dans une haie mitoyenne est mitoyen comme cette haie : il appartient donc toujours, par *moitié*, aux deux copropriétaires de la haie (article 673).

Mais chacun des deux copropriétaires a le droit d'exiger l'abatage de l'arbre mitoyen et de mettre ainsi fin à la mitoyenneté. Le droit d'abatage ne s'applique, bien entendu, qu'à l'arbre, et non à la haie.

Distance requise pour la plantation des arbres et des haies.

Le Code contient ici un règlement applicable à *deux* objets : 1° aux corps des arbres et des haies vives ; 2° aux branches et aux racines des arbres.

1re *Règle.* En ce qui concerne les corps des arbres et des haies vives, et pour le cas où il n'existe ni règlements particuliers, ni usages constants et reconnus, l'article 671 exige :

Que les arbres de haute tige ne soient plantés qu'à la distance de deux mètres de la ligne séparative des deux héritages ;

Que les autres arbres et les haies vives ne soient plantés qu'à la distance d'un demi-mètre.

La *sanction* de cette double disposition consiste en ce que le voisin peut exiger que les arbres et haies plantés à une moindre distance soient arrachés (art. 672).

Ce règlement peut être modifié :

1° Par un *titre* ;

2° Par la *prescription* ;

3° Par la *destination du père de famille.*

Il y a alors *servitude* acquise contre le propriétaire voisin.

2e *Règle.* En ce qui concerne les branches et les racines des arbres plantés à la distance légale, et avançant sur le fonds du voisin, on distingue :

Le voisin a le droit de couper lui-même les *racines ;* il ne peut que forcer le propriétaire à couper les *branches* (art. 672).

Il peut perdre ces droits par l'effet d'un *titre* , et par la *destination du père de famille ;* il ne peut jamais les perdre par la *prescription* [1].

SECTION II.

DE LA DISTANCE ET DES OUVRAGES INTERMÉDIAIRES REQUIS POUR CERTAINES CONSTRUCTIONS.

XVI. Pour certains travaux énumérés en l'article 674, et autres analogues, la loi, dans l'intérêt de l'utilité publique ou dans l'intérêt privé des voisins, prescrit d'observer les précautions indiquées dans les usages et règlements particuliers : ces précautions se rapportent soit à la distance à garder, soit aux ouvrages à faire.

Au reste, même après que les précautions prescrites auront été observées, le constructeur restera tenu du dommage causé par ses travaux (art. 1382).

1. Voir *Manuel de Droit civil*, I, pag. 698-699.

SECTION III.

DES VUES SUR LA PROPRIÉTÉ DE SON VOISIN.

XVII. On distingue les simples jours des vues: les *jours* sont des ouvertures qui ne donnent passage qu'à la lumière; les *vues* sont des ouvertures qui donnent à la fois passage à l'air et à la lumière. Les vues sont *droites*, lorsqu'elles sont pratiquées dans un mur parallèle, ou à peu près, à la ligne séparative des deux héritages; *obliques*, lorsqu'elles sont pratiquées dans un mur perpendiculaire, ou à peu près, à la ligne séparative des deux héritages.

Dans un mur *mitoyen*, la prohibition de pratiquer des ouvertures, sans le consentement du copropriétaire, est absolue (art. 675).

Dans un mur *non mitoyen*, on peut ouvrir des jours et des vues, sous certaines restrictions.

Quant aux *jours*, *deux* conditions sont exigées :

1° Qu'ils soient à fer maillé et à verre dormant (art. 676);

2° Qu'ils ne soient établis qu'à hauteur déterminée au-dessus du plancher ou sol de la chambre qu'on veut éclairer (26 décimètres au rez-de-chaussée, 19 décimètres aux étages supérieurs) (art. 677).

Quant aux *vues*, elles ne peuvent être pratiquées que dans un mur ne joignant pas immédiatement l'héritage voisin : pour les vues *droites*, balcons et autres semblables saillies, la distance doit être de 19 décimètres; pour les vues *obliques*, de 6 décimètres (art. 678-679). La manière de mesurer la distance varie aussi, selon que la vue est droite ou oblique (art. 680).

Les art. 678-679 sont applicables entre deux fonds qui sont séparés par un fonds appartenant en commun aux deux propriétaires, et aussi à la toiture d'un bâtiment formant terrasse; ils ne sont pas applicables lorsque les deux fonds sont séparés par la voie publique, ni lorsqu'il existe entre les vues et l'héritage voisin un mur appartenant au voisin, qui dépasse la hauteur où des vues sont ouvertes [1].

Lorsque les distances réglementaires n'ont pas été observées, le voisin a le droit d'exiger que les ouvertures soient supprimées, ou du moins ramenées aux conditions légales.

Il perd évidemment ce droit lorsqu'il y a *servitude*. La servitude peut résulter soit d'un *titre*, soit de la *destination du père de famille*, soit de la *prescription*. On a soutenu que la prescription faisait acquérir seulement le droit de conserver la vue; mais les dispositions des art. 678-679 étant des limitations de la propriété, formant dès lors le droit commun, la vue qui existe pendant trente ans, contrairement à ces dispositions, existe bien contrairement au droit commun de la propriété, c'est-à-dire à titre de véritable servitude: elle fait donc acquérir aussi le droit d'empêcher le voisin de construire sur son fonds sans observer la distance légale [2].

SECTION IV.

DE L'ÉGOUT DES TOITS.

XVIII. Tout propriétaire doit établir ses toits de façon à ne pas envoyer ses eaux chez le voisin (arti-

1. Voir *Manuel de Droit civil*, I, pag. 703-704.
2. Voir *Manuel de Droit civil*, I, pag. 705.

de 681), sauf l'application de l'art. 640, s'il y a lieu.

Lorsqu'un propriétaire est obligé de recevoir l'égout des toits de son voisin, il y a alors *servitude*, laquelle peut résulter d'un *titre*, de la *prescription*, ou de la *destination du père de famille*.

SECTION V.

DU DROIT DE PASSAGE.

Le propriétaire dont le fonds est *enclavé*, c'est-à-dire sans issue sur la voie publique, a le droit de réclamer un passage sur le fonds de ses voisins pour l'exploitation de son héritage (art. 682).

Les tribunaux désignent le *fonds* qui doit être assujetti au passage, et l'*endroit* par lequel le passage sera exercé : la loi recommande de désigner le fonds par lequel le trajet est le plus court et l'endroit sur lequel il est le moins dommageable (art. 683-684).

Le propriétaire du fonds enclavé doit une indemnité au propriétaire du fonds sur lequel le passage est pris (art. 682); cette indemnité se prescrit par trente ans, à partir du moment où le propriétaire du fonds enclavé a commencé à exercer son droit (art. 685).

L'enclave à laquelle s'applique l'art. 682 est celle qui provient d'un *cas fortuit* ou d'une *force majeure* (éboulement, inondation, etc.); l'enclave cessant, le droit de passage disparaît.

Si l'enclave résulte d'un *partage* ou d'une *vente*, les copartageants ou le vendeur doivent seuls le passage, et sans indemnité.

CHAPITRE III.

DES SERVITUDES ÉTABLIES PAR LE FAIT DE L'HOMME.

XIX. Les chapitres précédents traitent des *limitations de la propriété;* la matière des *servitudes réelles* commence au présent chapitre.

Nous rappelons que la *servitude réelle* est le droit qui appartient au propriétaire d'un héritage contre le propriétaire d'un autre héritage, et qui astreint ce dernier à souffrir ou à ne pas faire (voir page 332).

Nous rappelons aussi que, dans le système du Code, la servitude réelle est *perpétuelle*, c'est-à-dire qu'une fois créée, elle devient activement une qualité du fonds dominant, passivement une qualité du fonds servant, et se transmet indéfiniment avec ces fonds (voir page 333). La *faculté de rachat* peut d'ailleurs être stipulée dans la constitution de toutes les servitudes; si cette stipulation a eu lieu, la faculté de rachat, étant alors inhérente à la constitution de la servitude, peut être exercée par tout propriétaire du fonds servant contre tout propriétaire du fonds dominant.

SECTION I.

DES DIVERSES ESPÈCES DE SERVITUDES QUI PEUVENT ÊTRE ÉTABLIES SUR LES BIENS.

XX. Le droit, reconnu aux propriétaires, d'établir sur leurs propriétés ou en faveur de leurs propriétés telles servitudes que bon leur semble, est soumis à *trois* restrictions (art. 686) :

1° *La servitude réelle ne doit pas être imposée à la*

personne. — Cette formule veut dire juridiquement que la convention, par laquelle le propriétaire d'un fonds stipule du propriétaire d'un autre fonds un *fait actif principal*, est *nulle* en tant qu'engendrant une *servitude réelle*, mais elle est *valable* en tant qu'engendrant une *obligation.*

De là, toutes les différences entre la servitude réelle et l'obligation (voir page 333).

Si la nécessité de faire n'est qu'*accessoire*, elle emprunte à la servitude son caractère réel, et ne se transforme pas en droit propre d'obligation.

2° *La servitude réelle ne doit pas être imposée en faveur de la personne.* — Cette formule veut dire juridiquement que la convention par laquelle le propriétaire d'un fonds stipule du propriétaire d'un autre fonds une chose de pur agrément, ou même de pure utilité individuelle, est *nulle* en tant qu'engendrant une *servitude réelle ;* mais elle est *valable* en tant qu'engendrant une *servitude personnelle.*

De là, toutes les différences entre la servitude réelle et la servitude personnelle (voir page 333).

3° *La servitude réelle ne doit pas être contraire à l'ordre public.* — L'ordre public n'est pas plus défini ici qu'il ne l'est ailleurs (voir page 15).

Le Code indique *trois* divisions des servitudes réelles :

1° *Urbaines ou rurales* (art. 687). Sont urbaines, celles qui sont établies pour l'usage des *bâtiments;* rurales, celles qui sont établies pour l'usage des *fonds de terre.* Cette distinction est sans intérêt.

2° *Continues ou discontinues* (art. 688). Sont continues, celles dont l'usage est ou peut être continuel *sans avoir besoin du fait actuel* de l'homme; discontinues, celles qui *ont besoin du fait actuel* de l'homme pour être exercées.

3° *Apparentes ou non apparentes* (art. 689). Sont apparentes celles qui s'annoncent par un *signe extérieur* de nature à en révéler l'existence au propriétaire du fonds servant ; non apparentes, celles qui ne présentent pas ce signe extérieur.

Les deux dernières distinctions sont importantes. Une servitude peut être *à la fois :*

1° *Continue et apparente;* ex. : la servitude de vue s'exerçant au moyen d'une fenêtre ;

2° *Continue et non apparente ;* ex. : la servitude de ne pas bâtir ;

3° *Apparente et discontinue ;* ex. : la servitude de passage, se manifestant par l'existence d'une porte ;

4° *Discontinue et non apparente;* ex. : la servitude de passage, ne se manifestant par aucun signe extérieur.

SECTION II.

COMMENT S'ÉTABLISSENT LES SERVITUDES.

XXI. Les servitudes réelles s'établissent toujours par la volonté de l'homme ; mais cette volonté est tantôt formellement déclarée, tantôt seulement présumée.

Les *trois* formes ou modes que cette volonté peut affecter, et qu'on appelle des causes d'acquisition, sont : 1° le *titre ;* 2° la *prescription ;* 3° la *destination du père de famille.*

1° Titre.

Le titre est une cause générale d'acquisition des servitudes (art. 690-691).

Le *titre* signifie ici la *cause* génératrice du droit, et non pas l'*écrit* qui constate cette cause ; le titre peut être une vente, un échange, une donation, un testament : d'après la loi du 23 mars 1855, la *convention* constitutive d'une servitude n'est opposable aux tiers que si elle a été *transcrite.*

Pour qu'une personne ait le droit de constituer une servitude réelle, il faut, en principe, qu'elle soit propriétaire et capable d'aliéner ; on admet cependant que l'usufruitier peut concéder un droit de servitude, pour la durée de l'usufruit.

L'existence du titre, c'est-à-dire de la cause génératrice du droit, peut être prouvée, à défaut de l'acte constitutif ou primordial, par un *acte récognitif* (art. 695), c'est-à-dire un acte par lequel est reconnu un droit déjà constaté par un autre acte. L'acte récognitif doit d'ailleurs émaner du propriétaire du fonds servant.

A défaut d'acte constitutif et d'acte récognitif, le titre, cause de la servitude, peut être établi par tous les moyens de preuve de droit commun, la preuve testimoniale notamment.

2° Prescription.

La possession de trente ans, dont parle l'art. 690, n'est autre chose que la *prescription acquisitive de trente ans,* d'après le droit commun. Malgré le silence du texte, il est probable que, selon le droit commun également, les servitudes s'acquièrent par la prescription de dix ou vingt ans, lorsque le possesseur a juste titre et bonne foi [1].

1. Voir *Manuel de Droit civil,* I, pag. 716-717.

La prescription ne s'applique qu'aux servitudes *continues et apparentes* (art. 690); quant aux continues non apparentes et aux discontinues apparentes ou non apparentes, la possession, même immémoriale, ne suffit pas pour les établir, sauf réserve des servitudes déjà acquises (art. 691).

3° Destination du père de famille.

La destination du père de famille est un certain arrangement qu'*un même propriétaire* établit ou laisse subsister entre deux fonds, et qui serait de nature à constituer une servitude de l'un à l'autre de ces fonds, s'ils appartenaient à deux propriétaires différents.

La destination du père de famille astreint celui qui l'invoque à prouver : 1° que les deux fonds actuellement divisés ont appartenu au même propriétaire ; 2° que c'est par lui que les choses ont été mises ou laissées dans l'état duquel résulte la servitude (art. 693). La preuve par témoins est admissible pour prouver ces deux faits.

L'art. 692 déclare que la destination du père de famille s'applique aux servitudes *continues et apparentes;* l'art. 694, qu'elle s'applique aux servitudes *simplement apparentes.* L'explication de cette contradiction a donné lieu à cinq systèmes. L'opinion généralement soutenue admet que la destination du père de famille a une force plus ou moins grande selon que les servitudes sont à la fois continues et apparentes, ou simplement apparentes : dans le premier cas, la personne qui invoque la servitude n'a besoin de prouver que la destination du père de famille; dans le second cas, il faut, en outre, qu'elle représente l'acte par suite duquel la séparation s'est opérée, afin qu'on voie s'il ne contient rien de contraire à l'existence de la servitude [1].

SECTION III.

DES DROITS DU PROPRIÉTAIRE DU FONDS AUQUEL LA SERVITUDE EST DUE.

XXII. Lorsqu'il n'existe point de titre constitutif de la servitude, ou que le titre qui existe n'explique pas l'étendue et le mode d'exercice de la servitude, on les détermine par certaines règles générales.

1° L'établissement d'une servitude implique la concession de tout ce qui est nécessaire pour en user (art. 696).

2° Le propriétaire du fonds dominant a le droit de faire, même sur le fonds servant, tous les ouvrages nécessaires pour l'exercice et la conservation de la servitude (art. 697); ces ouvrages sont faits à ses frais (art. 698), à moins que le propriétaire du fonds servant ne soit chargé par le titre de les faire, et, dans ce cas, celui-ci peut toujours s'affranchir de cette obligation en abandonnant le fonds servant (art. 699). Quand c'est seulement une partie du fonds qui est grevée de la servitude, il suffit d'abandonner cette partie.

3° Le partage du fonds dominant entre plusieurs propriétaires ne change rien à la servitude; elle n'a, après le partage, ni plus ni moins d'étendue (article 700). Cela s'applique aux différents acheteurs du fonds dominant comme aux héritiers du propriétaire de ce fonds.

1. Voir *Manuel de Droit civil*, I, pag. 718-720.

Dans le cas où ce serait le fonds servant qui viendrait à être divisé, l'analogie veut que cette division ne puisse diminuer les droits du propriétaire du fonds dominant.

4° Le propriétaire du fonds servant ne peut rien faire qui tende à diminuer l'usage de la servitude ou à le rendre plus incommode (art. 701).

5° De son côté, le propriétaire du fonds dominant ne peut user de la servitude que suivant son titre, sans pouvoir faire de changement qui aggrave la condition du fonds servant (art. 702).

SECTION IV.

COMMENT S'ÉTEIGNENT LES SERVITUDES.

XXIII. Le texte indique *trois* causes d'extinction des servitudes réelles :

1° Le *changement des lieux*, lorsqu'il produit l'impossibilité d'user de la servitude (art. 703-704) ;

2° La *confusion* (art. 705) ;

3° Le *non-usage* ou prescription libératoire (article 706-710).

D'autres causes d'extinction sont admises.

1° Changement des lieux.

Lorsque le fonds servant se trouve hors d'état de fournir au fonds dominant l'utilité que procurait la servitude, ou que le fonds dominant se trouve hors d'état d'en profiter, l'exercice du droit est suspendu (art. 703). Si la nécessité de fait disparaît, la servitude reparaît (art. 704). Les termes du texte « *cessent* » et « *revivent* » sont inexacts.

Toutefois, le défaut d'exercice de la servitude

amène, s'il se prolonge pendant trente ans, l'*extinction* même de la servitude ; mais alors elle sera éteinte par le non-usage : c'est un cas de véritable prescription libératoire, laquelle doit être appliquée sans distinction entre le non-usage forcé et le non-usage volontaire [1].

2° Confusion.

La confusion est une cause d'extinction, ou plutôt de paralysie des droits, qui appartient au droit commun ; elle s'applique aux servitudes réelles, comme à l'usufruit (art. 705).

La confusion cessant, la servitude ne renaît que si la cessation de la confusion a lieu en vertu d'une cause préexistante au fait juridique qui l'a produite, par exemple par suite d'annulation du titre.

3° Non-usage.

XXIV. La prescription acquisitive ne concerne que les servitudes continues et apparentes. La *prescription libératoire* s'applique à toutes les servitudes (art. 706) ; cependant, pour les servitudes *continues*. elle n'est possible que tout autant qu'il a été fait, par le propriétaire du fonds servant, un *acte contraire* à la *servitude* (art. 707).

Le mode d'exercice de la servitude, c'est-à-dire la manière d'en user, peut se prescrire comme la servitude elle-même (art. 708). Cette disposition s'applique à la prescription acquisitive aussi bien qu'à la prescription libératoire. La prescription peut

1. Voir *Manuel de Droit civil*, I, pag. 724-725.

changer la manière dont s'exerce la servitude, et, en la changeant, il est évident qu'elle peut faire acquérir au propriétaire du fonds dominant un mode d'exercice plus avantageux. Le changement du mode d'exercice ne peut toutefois *augmenter* que les servitudes continues et apparentes, tandis qu'il peut *diminuer* toutes les servitudes.

Ainsi, soit que le non-usage ait été volontaire, soit qu'il ait été forcé, s'il a duré trente ans, la servitude est et reste éteinte. Mais il n'est pas nécessaire, pour la conservation de la servitude, que celui auquel elle est due l'exerce en personne : il peut l'exercer par un locataire, par un usufruitier, par un mandataire quelconque.

Par application de cette idée, le Code décide que, dans le cas où le fonds dominant est *indivis*, c'est-à-dire commun entre plusieurs personnes, il suffit, pour la conservation de la servitude, qu'elle soit exercée par l'un des copropriétaires (art. 709). La servitude est, en effet, indivisible; celui qui l'exerce ne peut pas l'exercer pour lui seul; il l'exerce nécessairement pour tous les autres.

La même idée a fait encore décider que si, parmi les copropriétaires du fonds dominant, il s'en trouve un contre lequel la prescription ne peut pas courir, comme un mineur ou un interdit, il aura, en conservant son droit, conservé le droit de tous (art. 710).

Autres causes d'extinction.

XXV. En dehors des causes expressément indiquées par le Code, la doctrine en admet six autres:

1° L'*échéance du terme* marqué pour la durée de la servitude;

2° L'*accomplissement de la condition* sous laquelle la servitude a été établie;

3° La *remise* ou *renonciation*, qui peut être expresse ou tacite, à titre onéreux ou à titre gratuit. Tout acte portant renonciation à des droits de servitude doit être *transcrit* (loi 23 mars 1855);

4° La *résolution du droit du constituant*, qui n'éteint la servitude que lorsqu'elle procède d'une cause contemporaine ou antérieure à l'établissement de la servitude;

5° L'*expropriation* pour cause d'utilité publique, réglée par la loi du 3 mai 1841, art. 21;

6° La *prescription acquisitive*, c'est-à-dire la possession du fonds sujet à la servitude pendant dix ou vingt ans par un tiers acquéreur de bonne foi. L'article 2265 s'applique, en effet, à tous les immeubles, et la servitude est un immeuble, puisqu'elle est un démembrement de la propriété.

FIN DU PREMIER VOLUME.

TABLE DES MATIÈRES.

FIN DE LA TABLE.

A LA MÊME LIBRAIRIE :

RIVIÈRE, FAUSTIN HÉLIE et PAUL PONT. — **Codes français et Lois usuelles, Décrets, Ordonnances et Avis du Conseil d'Etat** qui les complètent et les modifient, conformes aux textes officiels, avec une conférence des articles basée principalement sur la Jurisprudence, et annotés des arrêts de la Cour de cassation. 7e édition. 1 très fort volume grand in-8 jésus, broché : 25 fr. — Relié, 28 fr.

— *Le même*, en 2 volumes, broché, 25 fr. — Relié, 31 fr.

— *Les mêmes Codes*, édition in-32, broché, 6 fr. — Relié, 7 fr. 50.

ACOLLAS (Emile). — **Manuel de Droit civil**, commentaire philosophique et critique du Code Napoléon, contenant l'exposé complet des systèmes juridiques. 2e édition. — 3 forts volumes in-8 (ouvrage complet) accompagnés d'un Appendice et de Tables analytiques très détaillées, ces dernières formant, dans leur corrélation avec le manuel, un véritable dictionnaire des matières du droit civil. — Prix, 40 francs. — Chaque volume du Manuel se vend séparément 12 fr. — Le volume d'Appendice et de Tables se vend également à part au prix de 4 fr.

RAMBAUD (Prosper). — **Le Code civil par demandes et réponses.** 3 volumes in-8, 18 fr. — 5e édition, 1881. — Chaque volume comprend la matière d'un examen.

RAMBAUD (Prosper). — **Procédure civile par demandes et réponses**, comprenant les matières du deuxième examen, suivies de tableaux synoptiques et d'un formulaire. 1874. 1 vol. in-18. 5 fr.

RAMBAUD (Prosper). — **Droit commercial par demandes et réponses**, comprenant les matières exigées pour le quatrième examen, suivies de tableaux synoptiques. 1874. 1 vol. in-18. 5 fr.

DEMANGEAT. — **Cours élémentaire de Droit romain**, contenant : 1° un abrégé de l'histoire externe du droit romain ; — 2° l'explication complète des Institutes de Gaïus et des Institutes de Justinien ; — 3° l'explication des principaux textes du Digeste et du Code, ainsi que des Novelles, qui s'y rapportent. — 3e édition, revue et augmentée. 1876. 2 vol. in-8. 20 fr.

COUDER (Ruben de). — **Résumé de Répétitions écrites sur le Droit romain**, conformément au programme officiel. — 5e édition, revue et augmentée. 1878. 1 fort vol. in-12, 6 fr.

DUBOIS (Ernest). — **Les Institutes de Gaïus.** 6e édition (1re française) d'après l'Apographum de Studemund, contenant : 1° le texte pur du manuscrit de Vérone sans correction ni addition ; 2° les diverses restitutions proposées, avant Studemund ou depuis, en Allemagne, en France, ou ailleurs. 1 fort volume in-18, jésus. 9 fr.

DIEUDONNÉ (Alfred). — **Répétitions de Droit criminel** (Code pénal et Code d'instruction criminelle). 2e édition entièrement refondue et considérablement augmentée, mise au courant des lois nouvelles et suivie d'une étude sur la législation pénale militaire, et du formulaire en usage au parquet de la Seine. 1 fort vol. in-18 jésus. 6 fr.

RIVIÈRE (H. F.), conseiller à la Cour de cassation, docteur en droit, membre correspondant de l'Académie de législation de Toulouse. — **Répétitions écrites sur le Code de commerce**, contenant l'exposé des principes généraux, leurs motifs, l'analyse des opinions de plusieurs professeurs ou auteurs et de la jurisprudence sur les questions controversées, la solution de ces questions, l'explication des lois qui complètent ou modifient le Code, l'exposé de la législation sur le timbre et l'enregistrement en matière commerciale, un résumé à la fin de chaque titre. 7e édition, revue, corrigée, augmentée et suivie d'un formulaire. 1 fort volume in-8. 12 fr.

Paris. — Imprimerie de Ch. Noblet, 13, rue Cujas. — 8031

www.ingramcontent.com/pod-product-compliance
Ingram Content Group UK Ltd.
Pitfield, Milton Keynes, MK11 3LW, UK
UKHW012007240726
13965UKWH00001B/203

9 782013 454612